本书获重庆科技学院科研资助项目（ckrc2019037）支持

醒与觉

民初离婚中的男女平权

张小玲◎著

中国政法大学出版社
2021·北京

图书在版编目（CIP）数据

醒与觉：民初离婚中的男女平权/张小玲著. —北京：中国政法大学出版社，2021.1

ISBN 978-7-5620-8740-3

Ⅰ. ①醒…　Ⅱ. ①张…　Ⅲ. ①离婚法－研究－中国－民国 ②男女平等－研究－中国－民国　Ⅳ. ①D923.914 ②D693.968

中国版本图书馆CIP数据核字(2020)第136160号

出 版 者　中国政法大学出版社

地　　址　北京市海淀区西土城路 25 号

邮寄地址　北京 100088 信箱 8034 分箱　邮编 100088

网　　址　http://www.cuplpress.com (网络实名：中国政法大学出版社)

电　　话　010-58908289(编辑部) 58908334(邮购部)

承　　印　北京九州迅驰传媒文化有限公司

开　　本　880mm×1230mm　1/32

印　　张　9

字　　数　210 千字

版　　次　2021 年 1 月第 1 版

印　　次　2021 年 1 月第 1 次印刷

定　　价　55.00 元

序言

自周以降，母系权威消弭，父系权威崛起，以男权为中心的传统社会性别制度逐渐构建，并获得宗法伦理的确认、支撑及巩固。农耕社会男耕女织的分工形式促使了男尊女卑社会的形成。在男“主外”女“主内”的社会分工模式下，女性能力的发展受到限制与压抑，对男性的依附日益增加。当妇女们沦为男性的附庸时，她们受奴役的时代开始到来。随着社会文明向前演进，社会性别分工愈加泾渭分明，男女差等对待的沟壑更加明显，再加上亲亲、尊尊、卑卑宗法伦理的潜移默化，男尊女卑的社会性别观开始在华夏大地萌蘖并绵延数千年。中国传统社会是男权为中心的男尊女卑社会，男女厚此薄彼差别对待在婚姻家庭领域尤为突出。在古代中国社会，缔结婚姻的目的不是男女之间爱情的延续，而是为了实现“上以事宗庙，下以继后世”的纲常礼教之“义”。设立婚姻之“义”的初衷是为了“别男女”。两姓因“义”缔结婚姻关系，因“义”绝而解除婚姻关系，因此除了“礼”认可“七出”“义绝”“和离”是合理的离婚理由外，在引“礼”入法的架构下，国家法也以法律规范的形式将“七出”“义绝”“和离”予以固化并沿用千年。以家国主义为中心的中国传统礼法在离婚问题上当然不可能赋予女子与男子同等的自由与权利，不平等的社会性别区分观念在传统中国婚姻问题上烙下了深深的男尊女卑印记。

清末民初，西学东渐，崇尚自由、平等的“天赋人权”理念传播至中国，为当时的社会革新派所接受，并被视为彼时进行社会改革救亡图存的一剂良药。“天赋人权”观认为人生而平等，自由、平等是人理所当然拥有的自然权利，其核心要素之一是性别平等。“天赋人权”自由平等理念质疑了层级分明的社会等级制度，男女平等的呼声得到格外的关照。《周易·系辞下》曰：“穷则变，变则通，通则久”，诸多因素合力之下，一场“男女平权”的革命拉开了序幕。先是一批早期的改良主义者，郑观应、宋恕、王韬等，在探寻救国救民方略时，发现“解放女性，男女平权”也是救亡图存的路径之一。戊戌维新时期，以康有为、梁启超、谭嗣同为代表的维新志士们发出了“男女大同”“废缠足，兴女学”“冲破网罗”的呼号，“扶阳抑阴”之说为大部分维新志士们所驳斥，时人著述中开始出现“英雄”“英雌”的对应话语，“莫重男儿薄女儿，平台诗句赐蛾眉。吾侪得此添生色，始信英雄亦有雌”。在近代中国男女平权的漫长征途中，除了具有先见之明的男性倡导者的把薪助火之外，这一时期也涌现出了不少主张男女平权的女性觉醒者，她们以女性的视角，发出解放女性的呐喊。在这群早期的女性觉醒者中，谋求“二万万女同胞”解放的“鉴湖女侠”秋瑾与倡导“男女绝对之平等”的何殷震颇为瞩目。

立足于“理想风俗政治学问上处于过渡时代”之民初中国研究离婚中的男女平权问题，法律制度与司法实践是不可回避的两个研究着力点。在新旧递嬗的历史背景下，如何选择涉及离婚的法源？新生的南京临时政府面临两个选择：一是重新修订法律；二是承袭旧律，援用前清律典。经过临时参议院几经磋商，决定援引前清《大清现行刑律》中的“现行律民事有效部分”作为解决民国初期民事纠纷包括离婚冲突的法源。然而《大清现行刑律》“现行律民事有效部分”作为帝制时期的旧律，必然携带着传统礼法“抑阴扶阳”的基因。面对风起云涌的自由、民主、平等思潮，面对此起彼伏的男女平权、离婚自由的呼号，面对中国传统法律精神与近代西方法律理念的冲突，前清旧律显得力不从心。如何化解法律乏力的尴尬？民初全国最高司法机关大理院兼营“司法”与“立法”，充当了司法领域的“平衡器”和“推动器”。当“民事法规，既缺焉未备”之际，在解决离婚冲突的司法实践中，大理院的判决例、解释例发挥了统制法律、创设法律、调适法律与习惯的三大功能。

婚内虐待与婚姻奸情一直是人类社会中具有普遍性的问题。通过整理民初时期的文献资料，并结合时人的统计数据，发现民初时期因虐待、通奸而提起离异诉请的案例不在少数，大理院的判解中也不乏因虐待、通奸离婚的裁断。事实上，民初大理院的推事们对虐待、通奸离婚事件的处理，已经明显有异于帝国时期司法官员们对类似案件的决断。他们在处理虐待、通奸离婚冲突时，开始尝试着植入男女平权的考量因素，即使这样的尝试尚未深入，但不可否认的是，离婚司法实践中“夫权”与“妇权”（“男权”与“女权”）在现实中的博弈逐渐开始突破“厚男薄女”的旧观。

“聘则为妻，奔则为妾。”妾是旧式婚姻家庭中的特殊群体，是受礼法差等秩序戕害最烈的女性群体。民初时期，随着欧风东渐捎来的一夫一妻主义给予了国人极大的冲击，人们开始反思妾制的弊端，开始发出废妾的呐喊，开始以实际行动来抵制蓄妾。在新旧势力的此消彼长中，“废妾之声”与“纳妾之风”进行着艰难的角力。这个时期，妾与家长之间的关系发生了质的变化，国家法重塑了夫妾关系，夫妾之间由身份依附关系改造为契约关系。与之相对应，夫妾离异即脱离关系的法定方式、法定理由也发生了变化，夫妾脱离较夫妻离婚，更为自由松散。通过考察民初时期夫妾脱离的案例，不难发现，在司法实践中，妾之权利获得一定扩展，发生了相应的变化，这些扩展与变化可以视为对当时法律文本中妾权亏欠的弥补。如因家长或其亲属的过错解除关系时，妾可以获得赔偿请求权；如通过判解将妾定性为夫之“契约”伙伴，一定程度上赋予了妾有限独立的法律主体资格。夫妾脱离中对妾的有限赋权，在某种程度上也是当时婚姻家庭中男女平权醒觉的体现。然而，根深蒂固的蓄妾之风不可能因为辛亥革命的枪响一夕之间灰飞烟灭，妾作为独立个体的人之权利也不可能在一夜之间得以落实，民初夫妾脱离中对妾权的扩展，仅仅是有限的扩展，并不能完全弥补妾权的缺失。

张小玲

2019 年 12 月

目 录

导　论

一、再识过往烟云

社会性别，它体现为一类制度规范体系、一种意识形态表现、一组价值衡量标准，同时在权力运作与社会风习中可窥见它的斑影，在特定的群体中，社会性别又彰显为一种“强大的惰性力量”[1]。传统中国以男权为中心，清晰的社会性别区分架构了男尊女卑性别不对等对待的固有伦常。在这样的社会里，女子通常被视为男子的附庸，地位低至尘埃里。男男女女在出生之际，已经根据性别贴上了贵贱的标签，并在现实中受到差等对待。据《诗经・小雅・斯干》载，生男孩被谓之“弄璋”之喜，得穿上衣裳，小心放床上，好好看护他，给一块玉作为他的玩具。生女孩则被谓之“弄瓦”之喜，直接把她放地上，给个纺锤当玩具，意指从出生就熟悉女红之作、体味生活之苦。清末民初，西方列强们的坚船利炮攻开了故步自封的帝制中国的大门，思想领域的欧风西雨随之裹挟而至。近代西方自由、平等思潮，以西学译著为媒介在中土大地播散，再加上自西取经归来的留洋学子们的把薪助火，由思想、观念到体验，给传

---

〔1〕 杜芳琴、王向贤主编：《妇女与社会性别研究在中国（1987—2003）》，天津人民出版社2003年版，第45页。

统中国带来了极大的震撼。西学东渐之下，新潮萌蘖且暗自涌动，有势不可挡之趋势，传统纲常伦理网罗下男尊女卑性别差等对待之旧制，遭遇了携自由平等之新潮空前的冲击，对不平等的社会性别区分的质疑之声接连不断，“虽然思想的普及与实现尚需假以时日，但新潮既已涌动，其势便不可阻挡”〔1〕。此时，自西东来的“天赋人权”理念是新潮的前浪。“天赋人权”，即人生而享有人人平等、尊重生命、追求自由等基本权利，这些权利源自人性与自然法则的天然权利，因此具有与生俱来性与不可剥夺性。人天然地对自由、平等有着执着的追求，这种人的本性“体现了人作为人所具有的特性和尊严”〔2〕。“天赋人权”理念向当时的中土民众展示了一种全新的权利观，并为当时的社会革新派所接受，以“回应—反思—融通”的模式被援引作为当时进行社会改革救亡图存的重要思想依据。为了防止中国陷入亡国灭种的境地，许多改革者与革命者将“天赋人权”之“人人平等”理念奉为圭臬，而“人人平等”的重要内容是男女平等，因此在当时中国，男女平权被视为天赋人权观的核心要素，“因为它削弱了现有的固有的、无法动摇的性别差异观念”〔3〕。在清末民初这个激扬而动荡的时期，传统受到西方的挑战，家国主义受到个人主义的挑战，“天赋人权”的平等自由理念质疑了层级分明的等级制度，男女平等的呼声得到格外的关照。中西两股力量凝合在一起以内外驱动的方式促使

〔1〕夏晓虹：《晚清文人妇女观》（增订本），北京大学出版社 2016 年版，第 64 页。

〔2〕韩廉：《社会性别视角中的戊戌妇女运动——兼与西方早期女权运动相比较》，湖南人民出版社 2008 年版，第 32 页。

〔3〕［澳］李木兰：《性别、政治与民主：近代中国的妇女参政》，方小平译，江苏人民出版社 2014 年版，第 43 页。

尊卑分明的不平等的男女社会性别区分制度潜移默化地发生着微妙的变化。

思想的洗礼不仅革新了社会观念意识，也慢慢侵蚀着传统婚姻制度的根基，“婚姻自由”的呼号早在清季晚期已经发出。一方面，“父母之命，媒妁之言”的传统婚制开始动摇，结婚自由的希望之光开始迸射，诸如“要把这阻碍自由结婚的禽兽去掉”〔1〕、要将崇高的婚姻自由“攫而献之于我同胞四万万自由结婚之主人翁!”〔2〕的呼声层出不穷；另一方面，离婚自由的思潮开始涌动。婚姻自由除了结婚自由之外，还包括离婚自由。早期维新派宋恕托古改制，在其著作《六字课斋卑议》中勾勒了“夫可出妻，妻亦可请去”的男女平等的“三出礼”“五去礼”离婚制度愿景。宋恕的男女平等主张既是朴素的又是突进的。当代学者夏晓虹认为，虽然宋氏没有完全脱离以男性为中心的传统性别区分理念，仍将女性视为需要获得更多关注的天生弱者，其以“出”“去”为中心的离异理由有明显的男性偏颇倾向，但毋庸置疑的是，宋氏所秉持的是平等的离婚观，他主张妻子在解除婚姻关系之际应当获得平等的对待。〔3〕

随着男女平等、女权思潮的深入传播，人们对“离婚”的态度稍微宽容，“离婚”不再是男子的专擅权利。尤其是当时名人的离婚事件撕开了传统道德伦理的桎梏罗网，人们开始重新审视离婚行为，从而为离婚行为甚至女方主动提出的离婚提供

---

〔1〕 斧：“社说：自由结婚”，载《竞业旬报》1908年第30期，第1~6页。

〔2〕 高旭、高燮、高增原编，高铦、谷文娟整理：《〈觉民〉月刊整理重排本》，社会科学文献出版社1996年版，第30页。

〔3〕 夏晓虹：《晚清文人妇女观》（增订本），北京大学出版社2016年版，第54页。

了社会公众包容性心理建设。以“妃子离婚案”为例，对主动求离的妃子，出现了同情支持女方的舆论倾向。前清逊帝溥仪的金淑妃文绣以“未被蒙幸、遭受虐待”[1]为由要与溥仪解除近九年的婚姻关系，小小的妃子竟敢“休”帝，这在中国几千年的封建历史中是前所未闻啊，一夜之间以《前清废帝家庭之变》《溥仪妃子离婚》等为头版新闻的报纸传遍大街小巷，文绣的离婚行动亦被当时媒体称为“妃子革命”。对于“妃子革命”，虽然其中不乏遗老们对妃子要离婚“休”帝夫的震惊及反对，但当时社会舆论对文绣离婚的主张是宽容的、支持的。最终，通过协商，文绣与溥仪脱离关系，取得了“妃子革命”的胜利。在国家法方面，民初时期关于离婚的法律制度也发生了根本性的变化。立法指导原则已经逐渐由夫权主导转向夫妻共导，即使这个“转向”是不彻底的，桎梏重重，但也意味着离婚权男子专擅的时代已经逐渐逝去，男女平权观念已经开始蔓延到实践的层面。通过考察清末至民初出台的《大清民律草案》、北洋政府《民律草案》等法律文本，可以觑见这个“转向”的端倪。

值得注意的是，虽然从性别差等到性别平权，是人类社会向前发展的主流趋势。然而，“男女平权”还有漫漫长路要跋涉。即使是在处处倡导男女平等的当代欧洲国家，“男强女弱、男主女从、男富女穷”[2]——因性别不平等导致的女性权利缺失依旧是令许多欧洲国家头疼的社会问题。联合国2015年可持续发展峰会通过的《变革我们的世界：2030年可持续发展议程》(Transforming Our World：The 2030 Agenda for Sustainable De-

---

〔1〕 文绣声称：“事帝九年，未蒙一幸，孤衾独抱，愁泪暗流，备受虐待，不堪忍受。”参见赵雅丽：《宣统王朝》，中国青年出版社2014年版，第264页。

〔2〕 王金玲：“笔谈：多学科再话‘社会公正视野下的性别问题’——论人权与性别平权”，载《华中科技大学学报（社会科学版）》2010年第4期，第111~113页。

velopment）就以“实现性别平等，增强所有妇女和女童的权能”作为未来要实现的重要目标之一，期望在 2030 年完全消除男女性别歧视，实现性别平等。同样，在男女性别差等影响深远的中国，根深蒂固的男权社会的影响是否能够逐渐完全消退，中国女性是否能够彻底清除“第二性”[1]的印记，依然是一个值得商榷的课题。中国女性虽然登上了“创造辉煌历史的舞台”，但在这个舞台上往往被“刻意忽略或遗忘了”[2]。在婚姻家庭领域，丈夫对妻子施以家庭暴力与虐待比比皆是，离婚时妻子在分割夫妻财产[3]及争取子女抚养权方面常常处于劣势，离异女性较离异男性更易陷入经济窘境，社会舆论在婚恋观念方面对女性的要求较男性更严苛。

正如黄宗智先生所言，缺乏对过去的追溯、对历史的认知的法律与社会是不切实际的、是病态的、是不健康的，要脱离这样的困境，就必须重新认识过去的历史。幸运的是“今天，中国已经完全有条件走出这种认识上和精神上的困境，重新认识自己的历史，不仅是为了要更好地认识过去，也是为了要更好

---

〔1〕 此说源自法国女性主义代表人物西蒙·波伏娃（Simone de Beauvoir）著作《第二性》（*The Second Sex*）。

〔2〕 此为 20 世纪女性主义者、知名作家艾德琳·弗吉尼亚·伍尔芙（Adeline Virginia Woolf）的论点：“女性不是没有创造历史，而是男性史学家刻意忽略或遗忘了它……女性被赶下了可能创造辉煌历史的舞台。”转引自乔玲玲：“论伍尔夫女性主义思想的特质传统、超越与融合”，载《山西大同大学学报（社会科学版）》2016 年第 5 期，第 66~69 页。

〔3〕 如涉及夫妻个人婚前贷款购买的不动产产权的归属问题，最高人民法院给出的司法解释是“原则上归登记方所有”，此解释一出，有人质疑该解释的公正性：“这个司法解释貌似平衡了财产权，但实际上破坏了最终的公平。以中国国情论，婚姻中通常以男方为买房主体，但是在婚姻市场中，女性通常处于劣势地位，而平权，是承认特殊基础上的权利平衡”。参见五岳散人：《中国人的里子与面子》，九州出版社 2013 年版，第 22 页。

地认识现在和将来”。[1] 本书意在“穿越”到民初探寻在1912年至1928年离婚事件中“夫权”“妇权”的博弈历程，揭示在民初这个过渡时期，婚姻领域中，男女平权的理念是如何形成的？如何在离婚事件中由理念转化为实践？最终转化的程度如何？在“妇”与“夫”的艰难决绝中，是否真正实现“英雄英雌”平等对待？其间，既关涉“新”“旧”离婚律令制度的考察，也有当时社会“新”思潮与“旧”观念的呈现。本书循迹“历史背景—观念变迁—制度变革—司法实践”这一研究路径，试图通过离婚事件中“夫权”(“男权”)、“妇权”(“女权”)的现实博弈与实际结果，描绘出民初时期的“男女平权”图景，归纳总结，以史为鉴，进一步思索阻碍“平权”“女权”的因素到底是哪些。我们可以做什么样的努力来清除这些障碍，以期纠正当代社会男女平权实现历程中的偏颇，为推动当代“男女平权”进程提供历史的经验与借鉴。

二、更迭中的“男女平权”之光

“那是好得不能再好的年代；那是糟得不能再糟的年代；那是闪烁着智慧的岁月；那是充斥着愚蠢的岁月；那是信心百倍的时期；那是疑虑重重的时期；那是阳光普照的季节；那是黑夜沉沉的季节；那是充满希望的春天；那是令人绝望的冬日。”[2] 在此，借查尔斯·狄更斯（Charles Dickens）在《双城记》（*A Tale of Two Cities*）中对“时代”的感触，以表达本书选择“民初”作为研究时代背景的初衷。

---

〔1〕［美］黄宗智：“法律不能拒绝历史”，载《法制资讯》2013年第10期，第15页。

〔2〕［英］查尔斯·狄更斯：《双城记》，郭赛君译，北京燕山出版社1995年版，第1页。

本书提及的“民初”，采用了学界历史分期共识，即 1912 至 1928 年共 16 年的历史时期。[1] 历史的车轮行进至此，中国社会发生了翻天覆地的变化，“民初”（1912—1928 年），在中国近代史上，是一个新旧交替、历史转折、西风东渐、移风换俗的时代。传统之“堤”经过漫长历史的侵蚀，在溃于一旦之时，即使是有千年历史的“阀门”也难以抵挡变革“洪水”的猛烈冲击，固有的、旧的传统“景象”将随着“堤”的溃决而毁灭。[2] 1911 年发起的辛亥革命就是冲击旧制的汹涌洪水，冲破了传统中国长达两千多年的帝王专制之“堤”，建立了有限的民主共和政权，自此，中国开始了由传统社会向近现代社会推进的转型历程。旧的政治体制彻底颠覆，“士、农、工、商”的阶层结构被打乱，传统社会的儒家伦理观也面临了前所未有的挑战。随着辛亥革命席卷而来的不仅仅是政治体制的更新换代，还包括思想领域的全面革新，“1911 年为中国带来前所未有的全局性改变”[3]。

“男女平权”是更迭变换中刺破黑暗的那一束之光。“男女平权”是本书的核心术语，将频频见于各章节。何为“平权”？何为“男女平权”？“男女平权”一词在民初时期之肇起及实践如何？民初“男女平权”要“平”的是哪些具体权利？是本书开篇之际，要厘清的四个问题。首先，什么是“平权”？基于天赋人权平等、公平、公正理念的指引，所谓“平权”即社会资源的分配及社会权利的配置，不受男女、年龄、贫富、地位、种群、宗教等因素的影响，社会中的每一个个体均应该受到无

〔1〕 由于研究的需要，本书所涉及的资料可能会超出 1912—1928 年这一时代定限。本书中所指的中国传统社会亦指辛亥革命以前的中国社会。

〔2〕 参见［美］林毓生：《中国意识的危机：“五四”时期激烈的反传统主义》（增订再版本），穆善培译，贵州人民出版社 1988 年版，第 17 页。

〔3〕 张玉法：《中国现代史》（上），东华书局股份有限公司 1977 年版，第 2 页。

差别的对待，享有平等的生存权与发展权。而“男女平权”，即消除一切性别歧视，女性享有与男性同等的权利与发展的机会。[1] 在传统中国，自由、平等、公平等理念是匮缺的，尤其是在男女两性社会权利的配置方面一向奉行的是“重男轻女”分配原则。通常情况下，女性被视为男性的附庸甚至玩物，几乎没有独立享有权利的资格，且失衡的权利配置通过“三纲五常”等伦理制度将“男强女弱、男外女内、男尊女卑的性别文化观念，深深嵌入中华民族的肌理中”[2]。

那么，持续了几千年的“男权专擅”在民初时期如何被“男女平权”所动摇，“男女平权”术语在近代中国如何肇起及经历了什么样的实践径路呢？从晚清期刊全文数据库（1833—1911年）获得的数据显示，近代中国“男女平权”一词最早于1833年（清道光十三年）提出，当年有人在《秦中书局汇报》上撰文《男女平权说》，认为要逐泰西各国男女平权之风，女子年少时“入塾读书”，成年后“出门寻友”，教育与出行“皆与男子相等”，是以“女子之桀黠者倡为男女平权之说”，[3] 而后截止到1929年，见诸报端的“男女平权”呼号、倡导、研究，呈历年上升的趋势。

晚清至民国初期，一批具有先见之明的“桀黠者”开始为“男女平权”奔走呼号。如晚清启蒙思想家宋恕在其作《六字课

[1] 联合国《消除对妇女一切形式歧视公约》（The Convention on the Elimination of All Forms of Discrimination Against Women，CEDAW）第3条规定：应在所有领域，特别是在政治、社会、经济、文化领域，采取包括立法在内的一切适当措施，保证妇女得到充分发展和进步，以确保妇女在与男子平等的基础上，行使和享有人权和基本自由。

[2] 马英华：“中国社会性别平权路径审视”，载《哈尔滨工业大学学报（社会科学版）》2015年第4期，第57页。

[3] 明道：《男女平权说》，载秦中书局编：《秦中书局汇报》，秦中书局1833年铅印本，第28~29页。

斋卑议（初稿）·婚嫁章第三十》中提出了夫妻平权的主张；康有为认为男女应平等地参与国家政事，接受教育，在婚姻家庭中保持自立自主之权利；梁启超游历西方后认为美国在西方国家中独占鳌头，日本则为东方新兴国家之翘楚，男女平权的倡导与施行，先是在美国盛行，而后在日本播扬〔1〕，于是他期望通过“禁止缠足，兴办女学”，主要从身体权与教育权两个方面实现男女平等。虽然清末民初时期的仁人志士们把绵延数千年的男尊女卑罗网撕开了一条口子，但民初时期“男女平权”由理论观念到现实实践的历程是艰难的，从民初政党纲领文件中“男女平权”的命运便可以窥见其艰难的“一斑”。1911 年 3 月 3 日中国同盟会总章程第 3 条规定：“主张男女平权”；同年 3 月 11 日通过的《中华民国临时约法》，“男女平权”不见踪影，取而代之的是“中华民国人民一律平等，无种族、阶级、宗教之区别”〔2〕的笼统、抽象话语；1911 年 8 月 13 日，多党合并组成国民党，在新的政党纲领中，同盟会“男女平权”政纲直接被删除；至 1914 年 7 月 8 日，中华革命党总章规定：“宪法颁布后，国民一律平等”，“男女平权”踪迹难寻；到了 1924 年 1 月，中国国民党第一次全国代表大会宣言中恢复了“男女平等之原则”，主张从法律、经济、教育、社会四个层面推行男女平等以发展女权。〔3〕自此以后，“男女平权”在华夏大地上进入了全新的发展阶段，从原先的理论口号、观念倡导开始付诸实

---

〔1〕参见梁启超、张品兴主编：《梁启超全集》（第 1 册），北京出版社 1999 年版，第 30 页。

〔2〕桑兵主编，谷小水编：《各方致孙中山函电汇编》（第 6 卷 · 1921. 1—1922. 12），社会科学文献出版社 2012 年版，第 217 页。

〔3〕“于法律上，经济上，教育上，社会上确认男女平等之原则，助进女权之发展。”参见 1924 年 1 月《中国国民党第一次全国代表大会宣言》。

践。在婚姻家庭法领域，离婚法律制度骤变，呈现出从“男权专擅”到“男女平权”转型的趋势。如1929年，司法部就妾可否提出离婚、离异归家妇女对父母财产的继承权等，基于男女平权的原则作出了有利于女方的解释。

具体而言，民初“男女平权”要“平”的是哪些权利呢？通常，社会性别平权所诉求的权利既包括生存发展权，也应当包括受教育权、就业权、政治权等，其中生存、发展权是社会性别平权的核心要素。〔1〕这里的权利，既包括平等的生存权利，也包括平等的发展权利，前者包括家庭权、生活权、社会福利权等权利，后者包括受教育权、参政议政权、就业权等权利。总而言之，“男女平权”就是要求“男女两性法律地位平等，具有相同的权利”。〔2〕

马克思认为平等是人的一种意识，意识到自己与他人平等，意识到自己要平等对待他人。〔3〕在马克思的视野里，平等的要素是“统一”与“同一”，“统一”表示人与人之间是无差别的，而“同一”意指无差别的人应该获得同等的对待。皮埃尔·勒鲁（Pierre Leroux）则从权利主张的角度论证了平等，他认为人类具有同样的“知觉—感情—认识”，在同等条件下，每一个人享有维持存在必需的同样的财富，且在任何条件下不受他人的支配与控制，因此平等是“一切人类同胞所具有的权利”，“是一切人都可以享受的权利和正义”〔4〕。男女两性平

〔1〕参见马英华：“中国社会性别平权路径审视”，载《哈尔滨工业大学学报（社会科学版）》2015年第4期，第57~62页。

〔2〕陈向阳：《现代中国人的诞生：从19世纪中叶到20世纪中叶》，花城出版社2013年版，第327页。

〔3〕参见《马克思恩格斯全集》（第2卷），人民出版社1957年版，第1248页。

〔4〕［法］皮埃尔·勒鲁：《论平等》，王允道译，商务印书馆2009年版，第282~283页。

等[1]即是人人平等理念的建构下，男女两性在社会中享有平等的发展机会与承认差异的结果平等。

“男女平等”是早期西方女性主义（Feminism）运动的主题之一[2]及努力要实现的最终目标。玛丽·沃斯通克拉夫特（Mary Wollstonecraft）[3]认为性别差等意识毫无理由地赋予了男性更多的权势，人们往往夸大性别的差异，将男性推至神坛，女性失去了作为人的独立资格，通常被视为男性的附属。[4]她竭力主张妇女应当获得与男性同等的教育、就业、参政的机会。而约翰·斯图亚特·密尔（John Stuart Mill，又译作约翰·斯图尔特·穆勒）也持同样的理念，他把“男女平等”的关注点聚焦于“政治权利”与“经济机会”两个方面，“女性必须获得平等的政治权利和经济机会”。关于“男女平等”的内涵，既包括事实平等，又包括形式平等；既包括具体权利的平等，又包括享有权利机会的平等。[5]总体而言，“男女平等”就是清除“男尊女卑”的性别差等，人类社会中的女性与男性受到同等的

〔1〕“两性平等是指建立在性别平等意识的前提下，实现生活中的两性机会平等，实现理想层面的结果平等。两性机会平等包括两性在法律、政治、经济等机会上的平等；两性在工作报酬上的平等和在获得人力资本和其他生产资源上的机会平等；还包括两性在‘发声’上的平等，因为两性平等的发声机会可以展示两性影响决策的能力和贡献的大小。结果平等是指在承认基本差异之上的事实平等。”参见佟新：《社会性别研究导论》，北京大学出版社 2011 年版，第 6 页。

〔2〕早期西方女性主义（Feminism）运动的另一个主题是妇女解放。

〔3〕玛丽·沃斯通克拉夫特（Marry Wollstonecraft），英国早期的女性自由主义者，她在其著作《女性辩护》（*A Vindication of the Right of Women*）中反对将妇女视为男性的附庸。

〔4〕参见［英］玛丽·沃斯通克拉夫特、［英］约翰·斯图尔特·穆勒：《女权辩护：妇女的屈从地位》，王蓁、汪溪译，商务印书馆 2009 年版，第 4 页。

〔5〕联合国《消除一切形式对妇女歧视公约》最终目的是通过消除一切形式歧视而达到男女事实上的平等（de facto equality），形式上的平等（de jure equality），共同构成实质平等（substantive equality）。

对待，享有同等的发展机会。尤其是在婚姻领域，妻子与丈夫在权利体系中是否受到平等的对待，是否享有同样的发展机会，是影响整个社会持续发展的重要因素。约翰·斯图亚特·密尔就论证了婚姻关系中男女平等的价值与意义："夫妻在法律面前平等并不是使这种特定关系能够做到对双方公正并有助于双方幸福的唯一方式"，如果想要提升人类在日常生活中的道德修养水平，如此的平等将是"唯一的手段"。[1] 即使人们现在或是将来感觉不到这样的真理甚至不认可这样的真理。"男女平权"与"男女平等"，是相互交织而又相互独立的两个术语。"男女平等"关注焦点是"男女之间有同等的待遇与机会"，"男女平权"的要"平"的是具体的人格权利、身体权利、教育权利、参政权利等，无论男女均平等地享有各项具体的权利，不因性别不同而受到区别对待。男女享有平等权利的最终目的就是要实现社会中的妇女与男性一样获得平等、公平、正义的对待。从某种意义上来讲，"男女平等"是"男女平权"所追寻的终极目标。在本书中，"男女平权"与"男女平等"两个相互联系而又相对独立的术语均有所使用，将会根据不同的研究场景加以运用，但本书的核心术语为"男女平权"，本书的研究重心在于民初时代背景下，离婚事件中男性与女性的平权问题。

三、动静中历史的呈现

"工欲善其事，必先利其器。"在本书落笔之际，研究方法的选择令人咬笔。本书意图通过观察在1912年至1928年离婚事件中"夫权""妇权"的博弈，揭示民初时期婚姻领域中男女

---

〔1〕［英］玛丽·沃斯通克拉夫特、［英］约翰·斯图尔特·穆勒：《女权辩护：妇女的屈从地位》，王蓁、汪溪译，商务印书馆2009年版，第330页。

平权的理念是如何形成的？如何在离婚诉讼中由理念转化为实践？最终转化的程度如何？在“妇”与“夫”的艰难决绝中，是否真正实现“英雄英雌”平等相待？其间，既关涉到对“新”“旧”离婚法律制度的考察，也有当时社会“新”思潮与“旧”观念的呈现。仔细斟酌，本研究的核心理念是民初时期离婚中男女平权的醒觉问题，而承载这个核心理念，引导整个研究循序展开的研究径路是传统中国离婚历史背景——清末民初男女平权思想的肇始——由社会观念变化引发的法律制度变革——民初大理院离婚案件司法判解中男女平权的具体体现。基于研究的核心理念及研究径路，本研究不管是对民初时期离婚的社会观念、法律制度、司法实践进行考察，还是讨论民初离婚事件中“夫权”“妇权”由不平等到平等的变迁历程，都涉及历史背景、社会观念、法律制度、司法实践相互交织的共融性研究，因此，历史学与社会学的研究方法将贯穿于本研究的整个进行历程中。

历史法学派代表人物梅因认为法学研究离不开对历史的考察。法学研究需要历史方法，那么，如何对法学研究进行历史的考察呢？梅因提出的研究方案是：“要把注重观察人类的历史真实情况结合起来，讲求调查研究，得出结论要根据实际材料，排除任何假设和虚构”。[1] 黄宗智在谈及中国法制史的研究困境时，也将缺乏历史基础的研究比喻为一个实践经验欠缺、没有历史传承的“性情非常浮躁、易变的青年”。[2] 因此，他主

〔1〕 程琥：《历史法学》，法律出版社2005年版，第116页。

〔2〕 ［美］黄宗智：“法律不能拒绝历史”，载《法制资讯》2013年第10期，第16页。

张“法律不能拒绝历史”[1]。当前中国法制史的研究要脱离缺乏历史积淀且华而不实的困境，就需要转变固有的思维模式，重新寻找认识过去与现在新方法[2]。本书秉承了历史研究的方法，首先讨论了性别差等视角下中国传统的离婚制度，回归到历史长河中，追溯中国古代“离婚”用语的源起，分析“七出”“义绝”“和离”，从历史的视野考察了在传统中国婚姻领域中“男尊女卑”“夫权独擅”的形成及原因。

既然“法律不能拒绝历史”，那么，如何通过对离婚历史背景的研究揭示漫漫历史发展历程里关涉离婚的社会观念、法律制度的变与不变？如何考察特定历史条件下离婚司法实践的具体运作及实践？归结到一点，应该如何对民初这段过去的历史中离婚男女平权问题进行更有价值、更有意义的研究？要回答上述问题，就必须从社会实践出发，进行“实践历史”[3]的研究。追溯黄宗智“实践历史”研究的思想根源，可以窥探到法国社会学家布迪厄（Pierre Bourdieu）的实践社会学与中国近代著名历史学家瞿同祖先生法社会学的思想踪迹。布迪厄颠覆了传统的从理论出发的认识方法，主张从实践开始的认识方法，

---

〔1〕［美］黄宗智：“法律不能拒绝历史”，载《法制资讯》2013年第10期，第15~16页。

〔2〕［美］黄宗智：“法律不能拒绝历史”，载《法制资讯》2013年第10期，第16页。

〔3〕“实践历史”是黄宗智主张的研究方法，在对民国时期离婚法律制度的研究中，他就充分运用了该方法，注重离婚司法实践的考察。有学者评述道“离婚法实践的考察则有反思立法和制度设计的重要意义。当前离婚法实践由审判员调查取证变成了主要由当事人举证的制度，日趋程序化，其中有合理成分，也有不合理的官僚主义、不起实际作用的证人制度等原因，背后则是由于盲从了主流的‘现代化’的法律形式主义模式。”参见陈柏峰：“‘迈向实践’的法学——读黄宗智著《过去和现在》”，载《学术界》2010年第3期，第225页。

“他又要求从微观研究的人类学出发，一反过去的宏观认识方法”[1]，同时布迪厄又试图解决两个长久以来的分歧：“形式主义中的主观主义和马克思主义中的客观主义之间的长期分歧，以及形式主义的意志主义和马克思主义的结构主义间的分歧”[2]。瞿同祖先生在进行中国法制史的研究中，创新性地融入了社会学的研究方法，他特别关注法律制度作用于社会所产生的实际效应，认为法律文本的描述与具体的施行是两回事，通常现实需求与法律规定之间往往存在一定的落差，要降低这样的落差，需要法律文本规定与社会现实需求并重，既注重与时俱进完善法律体系，也要考察这些法律规范产生的社会效应及影响。[3]同样，动态历史——实践历史较于静态历史——理论历史更能展现过去的真实情况，关注动态历史，“我们才有可能跳出百年来中国的自我否定和历史与现实隔离的状态”，因此，黄宗智呼吁要改变博物馆陈列型的研究范式，把“中国法律史从博物馆中挪移出来，重建中国法律历史的现实意义，重建中国法律历史在全世界的法学和法律中所应有的地位”。[4]

要突破这种“博物馆”陈列式的研究模式，黄氏开出的“药方”是“建立一种新型的、关心实践和运作的，即现实世界”[5]的实践历史的研究模式。余华林在进行民国城市妇女婚

[1] 黄宗智认为，从马克思、韦伯下来，包括在20世纪美国的历史社会学，从巴林顿·摩尔（Barrington Moore）到查尔斯·蒂利（Charles Tilly），再到西达·斯考切波（Theda Skocpol）和迈克尔·曼（Michael Mann），全是宏观的研究。

[2] [美] 黄宗智：“认识中国——走向从实践出发的社会科学”，载《中国社会科学》2005年第1期，第85页。

[3] 瞿同祖：《中国法律与中国社会》，中华书局1981年版，导论。

[4] 李向军：“历史反思与理论构建——黄宗智学术研究座谈会综述”，载《史学理论研究》1994年第1期，第124~134页。

[5] [美] 黄宗智：《清代以来民事法律的表达与实践：历史、理论与现实》（卷三·过去和现在：中国民事法律实践的探索），法律出版社2014年版，第7页。

姻问题的研究时，认为研究观念史，既要呈现观念本身，又要探究“这些观念对于当时的实际生活究竟产生了哪些影响，又是如何发生影响的，影响的力度有多大”[1]。如上述二位学者所述，不管是制度史的研究还是观念史的研究，“阳春白雪”式的研究径路颇有“高处不胜寒”“不食人间烟火”的清冷气息，要更能客观反映特定时代背景下的观念制度，还需“从生活中来，到生活中去”，将研究的着力点回归到生活，进行“下里巴人”式的有烟火气息的动态研究。在本书的撰写中，一方面时刻警惕着沦为历史资料的堆砌者；另一方面，期望摆脱抽象的拘束，鲜活地勾勒出民国初期离婚事件中的男女平权图景。“存在就是合理的”，在经历了长篇累牍的论述后，还是要回归到价值的归结，民初离婚男女平权研究的价值在于：一是男女平权在婚姻领域的当时价值；二是男女平权在婚姻领域的当代价值。

四、撷采判解以描“醒觉”图景

本书主要通过研究离婚事件考察民初时期的男女平权之醒觉问题。在研究的过程中，虽然有对传统离婚制度、民初离婚法律渊源的考察，但本研究的具体展开还是从对离婚理由的探讨开始，因此，离婚理由是本书选取的研究视野。之所以将离婚理由作为研究视野，原因在于离婚理由的变迁在很大程度上反映了在民初这个新旧更迭的历史时期，婚姻关系逐渐由男女尊卑有别向男女平权醒觉的现实状况。得益于西风东渐，国人的自我反省，及应运而起的女权运动，相较于传统男权主导的“七出”“义绝”“和离”传统离婚理由，民初时期离婚理由逐

〔1〕 余华林：《女性的“重塑”——民国城市妇女婚姻问题研究》，商务印书馆2009年版，第7页。

渐淡化了男尊女卑的色彩，出现了男女平权的特质。在静态的离婚法律制度层面，开始出现了赋权于女性的尝试，在动态的司法实践方面，也出现了一些支持妻子诉求的判例。不管是赋权于女性，还是支持女性的诉求，都意味着婚姻关系中传统男尊女卑格局逐渐被打破，男女平权醒觉并已经开始付诸实践。依据《大清民律草案》、《大清现行刑律》“现行律民事有效部分”（以下简称《现行律》“民事有效部分”）、北洋政府《民律草案》及民初大理院判决例及解释例等文献中所载的解除婚姻关系的理由，“婚内虐待”涉及丈夫对妻子人身的侵犯，“婚内通奸”涉及男女双重标准的性道德伦理，而此两项离婚理由中包含的男女平等因素，可以较好地体现社会观念、法律制度、司法实践三方面男女平权的醒觉状态。同时，由于妾制是男女不平等社会的产物，妻与妾都是妾制的牺牲品，妾的问题也是讨论民初时期离婚问题不可回避的问题。因此，为了深层次进行民初离婚事件中男女平权研究，在进行了中国传统离婚制度、民初男女平权思想的肇始、民初离婚法源选择、民初离婚的法定方式及理由四部分的讨论后，本书进一步以因“虐待”“通奸”离婚及“夫妾脱离”为中心进行了探讨，期冀更生动、真实地展示民初的男女平权醒觉状况。

本书主要以大理院离婚判决例和解释例为中心考察民初离婚中男女平权状况。民初时期，内乱频频，政局不稳，一方面，在各路军阀裹挟下，国会被迫解散无法行使立法权；另一方面，立法工作的复杂性也让新生政权无法在短时间内制定出一套全新的法律规范体系。一时间，法律渊源呈现出多元化趋势，“既有经过国家特别程序确定的制定法，也有尚未生效的法律草案；既有民间习惯、乡俗，也有西方法律理论、学说，甚至还有外国法律”。[1] 传统旧制已经不适应新兴形势，中式观念难以理解西方规则，多元复杂的法律渊源导致了司法实践中法律适用的紊乱局面。大理院判决例是民初最高司法机关大理院选取具有代表性、示范性的判决，并将这些判决上升为具有普遍指导意义的判例，地方各级司法机关根据这些判例作为处理同类案件的依据。而大理院的解释例则是大理院针对高等法院、检察官署等司法部门，或财政部、交通部等政府机关，就法律适用的疑惑提请的请求所作的解释。就适用效力而言，大理院判决例与解释例均可以作为审理同类案例的直接法源。在民初法律渊源多元化的情况下，大理院的判解发挥着统一法律渊源、填补法律漏洞的功能。在离婚司法实践中，随着社会婚恋理念的变迁，民众伦理道德观念的变化，前清遗留下来的旧法律已经不能完全适用于新式的婚姻关系，此刻大理院以判解的形式创设新法、调适旧法、平衡习惯缓解了离婚法律的缺失与滞后困境，而承载这些判决例与解释例的具体离婚案例是当时离婚问题具有代表性的反映，透过探讨这些典型案例将有利于窥探当时离婚事件中的男女平权状况。因此，本研究以《大理院判决例全书》[2]《民国大理院解释例全文》[3]《大理院民事判例辑存》[4]为主要的案例资料来源，兼采民初时期《政府公报》《大

[1] 朱勇主编：《中国法律通史》(第9卷)，法律出版社1999年版，第529页。

[2] 该书由中国政法大学出版社出版，以郭卫所编的《大理院判决例全书》为底本，收录了大理院自民国元年（1912年）起至民国十六年（1927年）形成的判决例。

[3] 该书由中国政法大学出版社出版，以郭卫依据《北京政府公报》整理所编著的《大理院解释释例全书》为底本，收录了民国二年（1913年）至民国十六年（1927年）共2012号大理院解释例。

[4] 由我国台湾地区学者黄源盛历时十余年编辑而成，辑存收录了民国元年（1912年）至民国十七年（1928年）大理院的民事判例全文，被称为“目前海内外有关大理院时期最完整、最翔实的裁判文书”。

理院公报》等报纸杂志记载的案例及当代学者黄源盛、徐静莉等撰写的著作中所载的案例作为研究的补充资料来源。同时，为确保在研究中不偏离"男女平权"的研究主线以论证民初"男女平等"波折重重的醒觉之路，本研究撷采的主要是携有男女平权因子的案例材料。

第一章
回溯过往："七出""和离""义绝"下的性别差等

一、"婚姻"及"离婚"语源

（一）以婚姻之礼，而明男女之别

关于"婚姻"一词的语源，引《礼记》《白虎通·嫁娶》《诗经》《左传》《后汉书》等经传字书，陈顾远先生认为"婚姻称谓与礼相辅，其主旨在确定聘娶婚之正当，其起源当后于有嫁娶之事实"[1]。陈鹏先生则从"婿与妇""夫妇结合""亲属名释""宗族亲党"四个方面对中国古代"婚姻"一词的语义进行了详细的考察[2]。"婚"为"昏"时行礼的谐音，"姻"乃女子因嫁于男子成妻，"婚姻"一词既保留了原始婚俗痕迹，也蕴含了中国古代社会的嫁娶之礼。中国古代婚姻的本质大体在于受父母之命，合二姓之好，上事宗庙，下继后世。中国古代婚姻制度与传统之礼相伴相随。太古时期，没有君臣长幼男女之别，故《吕氏春秋·恃君览》将这个时期定性为"知母不

〔1〕 陈顾远：《中国婚姻史》，商务印书馆2014年版，第4页。
〔2〕 陈鹏：《中国婚姻史稿》，中华书局2005年版，第1~3页。

知父"[1]时代。《仪礼·丧服》也将蛮荒时代、刀耕火种的母系氏族社会成员知其母不知其父这种情形以禽兽喻之，"禽兽知母而不知父"。《礼记·曲礼上》亦说："夫惟禽兽无礼，故父子聚麀。"乱血统乃讲究正统的儒家绝不可以容忍的，随意的两性结合被视为禽兽的行为，并被上升到事关国家社稷安危的高度，因此，就要以礼别男女、正血统，把人与动物区别开，"是故圣人作为礼以教人，使人以有礼知自别于禽兽"[2]。别男女的惯习逐渐形成，婚姻及相关制度开始出现。据《礼记·乐记》与《礼记·经解》记载，婚姻的目的之一是为了明确男女之间的区别，划分男女之间的界限。据《礼记·昏义》所载，传统礼制分为五类："冠""昏""丧祭""朝聘""乡射"。"昏"居第二，被视为礼之本源："夫礼，始于冠，本于昏，重于丧、祭，尊于朝、聘，和于射、乡，此礼之大体也"[3]。而"司徒修六礼以节民性"，将礼分为六类："冠""昏""丧""祭""乡""相见"。[4] 六礼的排序，陈顾远先生曾说："冠一、昏二、丧三、祭四、乡五、相见六，昏居六礼第二位"。[5] 不管是"五礼"还是"六礼"，"昏"不但有一席之位且都位居第二，由此可见礼对婚姻的重视。除了来自礼的规范，自秦迄还礼法并举，婚姻活动既要受到礼的规制，又要接受法的调整。[6]

---

[1] （汉）高诱注，（清）毕沅校：《吕氏春秋》，徐小蛮标点，上海古籍出版社2014年版，第472页。

[2] （汉）郑玄注，（唐）孔颖达疏：《礼记正义》，龚杭云整理，北京大学出版社1999年版，第15页。

[3] 《礼记·王制》。

[4] 俞天鹏编著：《礼记新编》，四川大学出版社2015年版，第59页。

[5] 陈顾远：《中国婚姻史》，商务印书馆2014年版，第1页。

[6] "自周之兴，一皆折衷于礼，自秦之后，渐又辅之以律，礼也者防之于未然，律也者禁之于已然。"参见陈顾远：《中国婚姻史》，商务印书馆2014年版，第4页。

（二）缔结婚姻之“义”

在传统礼的视野里，婚姻是一种十分重要的社会行为，而不仅仅是当事者的个人行为。作为“人伦之始”的男女婚配，直接的结果是确立“夫妇之义”。但需注意的是，一则，缔结婚姻关系的基础既不是爱情，也不是欲望，而是以双方相“宜”解的“义”。通常情况下，支配婚姻的目的主要有三个：经济、生育、爱情。社会的不同发展阶段，三者排序不同。在当代社会，因爱而婚，爱情是缔结婚姻的首要目的。而在中国古代宗法社会，纲常礼教之“义”乃缔结婚姻的主要目的。何乃婚姻之“义”？陈顾远先生认为：“宗法社会支配婚姻之首要目的为广家族繁子孙，次要目的为求内助，至于两性恋爱之需要，虽在事实上不无发现……非仅轻视，抑或否认也”。〔1〕根据古代典籍记载及历代儒者们的衍生译说，陈鹏先生认为古代封建制度之婚姻目的，大致分为三种：祭祀祖先、延续后嗣、贤良内助，〔2〕且三者环环相扣。陶毅等在探析中国古代婚姻的意义时认为事宗庙与继后世是古代社会婚姻的主要目的。汪玢玲认为中国古代婚姻的目的为祭宗庙、广继嗣、求内助。〔3〕事宗庙以继后世是中国古代婚姻缔结的首要目的，至于男女之间的爱情则难登婚姻之礼的大雅之堂。婚姻领域中家国利益与个人利益的权衡博弈，后者败于下风，家国凌驾于当事男女双方的个人情感与意愿之上，家国最重，个人轻微。故《礼记·昏义》有载，缔结婚姻是两个家族资源、人脉的整合，其目的在于让先

〔1〕陈顾远：《中国婚姻史》，商务印书馆2014年版，第8页。
〔2〕参见陈鹏：《中国婚姻史稿》，中华书局2005年版，第5页。
〔3〕参见汪玢玲：《中国婚姻史》，武汉大学出版社2013年版，第53页。

祖得到供奉、血脉得到延续，因此世人非常看重。[1]

由对中国古代婚姻缔结之"义"考察得以窥见在中国源远流长的历史长河中婚姻领域的社会性别区分，及中国古代社会婚姻制度设计中的男女性别差等对待。就祭祀而言，古人重孝，何为古人之孝？娶个媳妇在家里照顾侍候父母，或为已经故去的父母供奉祭祀就是孝行。[2]祭祀是孝的延续，妻当辅助夫一起祭祀以尽孝道，古代的祭祀程序烦琐，讲究颇多。根据《礼记·礼器》记载，君王祭祀时，尚需亲自牵牲畜，亲手制作祭品，亲自宰割牲畜，其夫人则在旁边端茶递水倒酒辅助，君王尚需亲力亲为，况且庶民乎？如果妻子无法胜任辅助祭祀的工作，比如疾病不起，怎么办？据《诗经·召南》载："夫人可以奉祭祀，则不失职矣。"反之，如不能奉事祭祀，夫人就失职了。延续到后来，因"恶疾"等不能参与祭祀便成为法定的出妻理由。为了能够胜任这项工作，中国古代女性从孩童时期便开始接受专业的训练，《礼记·内则》有载："女子十年不出……观于祭祀，纳酒浆笾豆菹醢，礼相助奠"。通常，她们十周岁就不出门了，要待在家里学习妇言妇行、针织女红及祭祀礼仪。

婚姻目的之"广继嗣"同样还得从孝道说起。孟子云："不孝有三，无后为大"，没有子嗣（特指男孩），就断了对祖宗的香火供奉。当然，"广继嗣"还与当时的社会环境有关。古代农业社会生产力水平低下，多子意味着劳动力充沛，更有利于耕耘播种，创造更多的财富。一般而言，三男三女是一对夫妻

〔1〕《礼记·昏义》载："昏礼者，将合二姓之好，上以事宗庙而下以继后世也，故君子重之。"

〔2〕《礼记·昏义》载："子孙崇先报本，生养死祭，所谓孝也，故娶妻者，父母存，则奉事舅姑，舅姑殁，则供祭祀。"

的生育标准。[1]古人们为了预防“无子”状况的出现，用心良苦，形成了祭禖神、赠石榴等求子习俗，制定了许多预防措施，如死囚无子听妻入狱制度、无子强制纳妾制度等。专门制定了由妻子遵守的有利于夫家子孙昌盛的行为准则，如规定不嫉妒是妻子的美德。《螽斯》有曰“言若螽斯不妒忌，则子孙众多也”，延续到后来，无子与嫉妒同样升级为法定的出妻理由。

（三）两姓“义绝”而“离婚”

关于离婚用语的典籍记载，初见于《晋书·刑法志》载：“毌丘俭之诛，其子甸妻荀氏应坐死，其族兄顗与景帝姻，通表魏帝，以匄其命。诏听离婚。”[2]中国古代“离婚”用语的历代记载大致如下：

1. 刘宋宗室临川王刘义庆编撰《世说新语》所载“贾充与李丰女儿离婚”：李丰的女儿是贾充的妻子，李丰获罪被处死。贾充与李丰之女二人离婚，李丰之女被发配边疆。[3]

2. 南朝沈约撰《宋书》所载“临川长公主与王藻离婚”：临川长公主是太祖的第六个女儿，嫁王藻为妻。后来，临川长公主向皇帝说王藻的坏话，王藻因此获罪入大牢殒命，公主与王藻离婚。[4]

---

〔1〕“乾，天也，故称乎父。坤，地也，故称乎母。震一索而得男，故谓之长男。巽一索而得女，故谓之长女。坎再索而得男，故谓之中男。离，再索而得女，故谓之中女。艮三索而得男，故谓之少男。兑，三索而得女，故谓之少女。”参见《周易》，曾凡朝注译，崇文书局2015年版，第339页。

〔2〕（唐）房玄龄等撰：《晋书》（简体字本），中华书局1994年版，第602页。

〔3〕“贾充前妇是李丰女，丰被诛，离婚徙边。”参见（魏晋）刘义庆：《世说新语（原注）》（珍藏版），广西民族出版社1996年版，第373页。

〔4〕“王藻尚太祖第六女临川长公主，讳英媛……景和中，主谗之于废帝，藻坐下狱死，主与王氏离婚。”参见（清）钱大昕撰：《廿二史考异》，凤凰出版社2008年版，第325页。

3. 五代刘昫撰《旧唐书》所载“固安公主离婚”：固安公主与丈夫的嫡母不能和睦相处，常常互相打对方的小报告，后来皇帝下旨让公主与丈夫离婚。〔1〕

4. 北宋欧阳修等合撰《新唐书》所载“李德武与妻淑英离婚”：淑英是安邑公裴矩的女儿，后来李德武犯事被发配到岭南，虽然二人已经结婚数年，安邑公裴矩还是要求淑英与李德武离婚。〔2〕

5. 《辽史》所载两起“离婚”事件：公主淑哥与丈夫卢俊夫妻感情不睦，于是淑哥向皇帝陈情要求离婚，后来淑哥再嫁萧神奴；道宗年间，惠妃萧氏被选为皇后，但多年未曾诞下子嗣，萧氏的妹妹据说宜生养，于是与丈夫乙辛子绥离婚，纳入后宫。〔3〕

虽然“离婚”二字在中国古代文献中有踪可循，但是彼时的“离婚”与现代“离婚”词义内蕴相差甚远。陈顾远先生认为：“由于古代中国认为妇义重于妻，古时的离婚用语与现代是有所区别的，传统离婚产生的法律效力或社会后果主要是消灭了夫家与妻家之姻亲关系为主，断绝了两姓之义。”〔4〕当今社会，离婚被视为丈夫与妻子二人之间的个人私事，然而，在传统中国社会，离婚意味着“绝两姓之好”，将会影响到夫家与妻家两个家族的利益，因此在古时的离婚事件中，明面的当事人

〔1〕“固安公主……，与嫡母未和，递相论告，诏令离婚。”参见（后晋）刘昫等撰：《旧唐书》（第4册），陈焕良、文华点校，岳麓书社1997年版，第3390页。

〔2〕“李德武妻裴字淑英，安邑公矩之女。……德武在隋坐事，徙岭南，时嫁方逾岁，矩表离婚……”转引自陈顾远：《中国婚姻史》，商务印书馆2014年版，第178页。

〔3〕“淑哥与附马都尉卢俊不谐，表请离婚，改适萧神奴”，又“道宗惠妃萧氏……选入掖庭立为皇后，居数岁未见皇嗣，后妹……先嫁乙辛子绥也，后以宜子言于帝，离婚，纳宫中。”转引自陈顾远：《中国婚姻史》，商务印书馆2014年版，第178页。

〔4〕陈顾远：《中国婚姻史》，商务印书馆2014年版，第177页。

是夫妻男女双方，实际上是两个家族之间的博弈，“并不全以个人关系为准”〔1〕。日本学者滋贺秀三在研究中国家族法时有所感悟：传统中国社会推崇父系血缘论，“人的血是由父亲传给儿子的，不论这种血统经过多少世代也不丧失血缘的同一性；而且这种血缘是生命的本源或生命本身，每个人的本性由此所决定”，所以，传统中国社会的人们“视己之身为亲之生命的延长，视亲之身为己之生命的本源”〔2〕。这样的血缘传承理念体现在婚姻家庭领域就是：婚姻被视为社稷安稳、家族绵延的基石，婚姻不是男女双方个人之间的私事，而是涉及两个家族利益尤其是男方家族的大事。因此，从春秋时期的礼制到两汉唐宋元明清的律典，构建了以男权为主导的离婚法律制度体系。根据律令典籍的记载，七出、义绝、和离〔3〕支撑起中国传统离婚制度体系的主体框架，是古代中国宗法社会解除婚姻关系的三大法定理由。

二、“七出”——夫权专擅的离婚理由

（一）“七出”的历史溯源

作为法定解除婚姻条件之一的“七出”，又称为“七去”“七弃”，其始于礼制方面的道德要求，由礼入律，从道德约束上升到国家法层面，成为古代中国社会普遍认可的解除婚姻关系的法定缘由。陈东原先生在谈及中国古代社会的女性贞节观时观察到了一个社会规律：“……他们知道空洞的仁义，这时已

〔1〕 汪玢玲：《中国婚姻史》，武汉大学出版社 2013 年版，第 88 页。

〔2〕 ［日］滋贺秀三：《中国家族法原理》，张建国、李力译，法律出版社 2003 年版，第 29 页。

〔3〕 违例婚判离作为古代中国社会婚姻解除方式的一种，其存在前提是婚姻缔结时缺乏法定的生效条件，故不在此赘述。

不能范围社会，所以这样。因此我们得一个原则：贞节被重视的时代，一定是社会不讲贞节的时代。战国以后的妇女，一定比以前更自由些，所以才招来了在上者的干涉，礼法的制裁。不独秦代，一部历史，都拿这眼光去看。"[1]即律令开始规制的，在当时社会或已滥觞。从历史演进的角度考察，"七出"的产生也可以遵循这样的规律。

周末至春秋初期，从王侯圣人到平民百姓，出妻并不罕见，抛弃妻子如丢弃物件般大有随性而为的趋势，如鲁国公有九女嫁为诸侯夫人，就有三女被"归"——"子叔姬来归""郯伯姬来归""杞叔姬来归"[2]；坊间亦有孔门三世出妻之说："自叔梁纥始出妻，及伯鱼亦出妻，至子思又出妻"[3]。当时离婚的风气颇盛，连将女儿嫁到燕国的赵国太后在祭祀时都要祈祷女儿不要被夫家休弃。为了以防万一，卫人嫁女时甚至直接教导女儿提前做好被休弃的准备，要藏点私房，以备被离弃时有钱傍身。孟子也闹过离婚，原因是妻子坐姿不雅，只不过被孟母劝住了。曾子因"梨蒸不熟"而休妻。为应对松散的男女风纪而引起的随性"出妻"世风，"礼"首先作出了回应。随着儒家仁义伦理道德观念的形成，并逐渐在社会意识形态中占据了主流地位，出妻也必须以"礼"为据，循"礼"而为之了。圣人孔子认为要从家庭出身考察妻子人选，五类家庭出身的女子不宜娶为妻：叛逆之家的女儿、淫乱之家的女儿、被刑法处罚之家的女儿、身体不健康之家的女儿、父母早逝的女子。与此相对应，女子成婚后必须恪守妇德，又规定"七出"作为丈夫

---

〔1〕 陈东原：《中国妇女生活史》，商务印书馆 2015 年版，第 34 页。
〔2〕 钱玄：《三礼通论》，南京师范大学出版社 1996 年版，第 595 页。
〔3〕 王肃注：《孔子家语》卷十，迪志文化出版公司 2001 年版，第 24 页。

休弃德行有亏的妻子的理由。为何将“七出”作为出妻的理由，据《大戴礼记·本命》的解释是，不孝敬公婆是忤逆、淫佚会混乱家族血脉、长舌搬弄是非离间亲属关系、妒忌扰乱家庭和谐秩序、罹患恶疾不利于家族成员身体健康、不能生育子嗣让家族绝后、盗窃行为触犯了社会公德。[1]

出妻风气如此滥觞让当权者觉得不安，离婚率过高不利于社会和谐与治权稳定，于是规范出妻行为的措施开始出台。国家法加大了对婚姻家庭领域的调整力度。管仲认为应该规范婚姻行为以遏制婚纪散乱的现象，特别是要限制男子出妻、女子再嫁的次数，“事不过三”，男子出妻三次以上，驱逐到境外去，女子再嫁三次以上，直接判处舂谷苦役。至汉，“七出”之条是否由礼入律，颇有争议。后人李慈铭依据程树德《九朝律考》所载：“疑汉当亦同，是七弃、三不去之文，皆载于汉令，今不可考矣”，认为，“七出之条，自汉律至今，沿之不改”[2]。

关于“七出”由礼入律的确凿时间，学界一致认为是在立法技术颇为完善的盛唐时代。《唐律·户婚》对违反“七出”之例而随意去妻者课以徒刑、杖刑的惩罚：“诸妻无七出及义绝之状，而出之者，徒一年半；虽犯七出，有三不去，而出之者，杖一百，追还合”[3]。为何唐时国家法要制裁随意出妻的行为，《唐律疏议》解释道：“伉俪之道，义期同穴，一与之齐，终身不改。故妻无七出及义绝之状，不合出之。七出者，依令：‘一无

[1] 《大戴礼记·本命》载：“妇有七去：不顺父母去，无子去，淫去，妒去，有恶疾去，多言去，窃盗去。不顺父母，为其逆德也；无子，为其绝世也；淫，为其乱族也；妒，为其乱家也；有恶疾，为其不可与共粢盛也；口多言，为其离亲也；窃盗，为其反义也。”

[2] 程树德：《九朝律考》，商务印书馆2010年版，第148页。

[3] 蒲坚编著：《中国古代法制丛钞》（第2卷），光明日报出版社2001年版，第487页。

子，二淫佚，三不事舅姑，四口舌，五盗窃，六妒忌，七恶疾'"〔1〕。宋元明清律典中皆有类似的规定，如《大清律例》规定："凡妻无应出及义绝之状而出之者，杖八十。虽犯七出，有三不去而出之者，减二等，追还完聚"〔2〕。甚至在北洋政府时期所适用的法律文本中也保留了"七出"的规定："妻犯七出之状，有三不去之理，不得辄绝，犯奸者不在此限。〔3〕"

（二）"七出"的具体内容

"七出"源于礼，是风俗和礼教的"混血儿"，唐宋以后多以"七出"代替"七去""七弃"的说法。〔4〕"七出"在汉律中有所体现，于唐代律令进一步规范化。当然，伴随着社会经济、文化、政治的变迁，"家庭、国家、个人的因素亦在此消彼长地发生着缓慢的变化"〔5〕。虽然宋元明清"七出"的效力逐渐式微，但作为解除婚姻关系的古老制度，"七出"之制在强调宗法等级、男尊女卑的传统中国社会绵延贯穿了三千余年，见诸各朝律令典籍，其生命力之顽强令人惊叹。"七出"〔6〕由礼入

---

〔1〕蒲坚编著：《中国古代法制丛钞》（第2卷），光明日报出版社2001年版，第487页。

〔2〕转引自吕思勉：《中国通史》，中国文史出版社2014年版，第12页。

〔3〕参见《现行律》"民事有效部分"。

〔4〕董家遵：《中国古代婚姻史研究》，卞恩才整理，广东人民出版社1995年版，第286页。

〔5〕参见崔兰琴："家·国·人：传统离婚制度结构刍议"，载《河南财经政法大学学报》2013年第5期，第43页。

〔6〕《大戴礼记·本命》载："妇有七去：不顺父母去，无子去，淫去，妒去，有恶疾去，多言去，窃盗去。"《唐律疏议》曰："七出者，依令：一无子，二淫佚，三不事舅姑，四口舌，五盗窃，六妒忌，七恶疾。"《唐律》中子嗣与贞节被升至第一位与第二位，孝降至第三位，"不顺父母"改为"不事舅姑"，"淫"改为"淫佚"，"妒"改为"妒忌"，"多言"改为"口舌"。此后历代律令关于七出事由的排序及语言表述基本遵循《唐律》的规定。瞿同祖先生认为，法律上七出的秩序与礼书所载有差异，在法律体系中无子后来位居第一，妒忌与恶疾退于最后，表示了不同社会的关注点不同及社会意识形态的影响力。参见瞿同祖：《中国法律与中国社会》，中华书局1996年版，第135页。

法，由于礼法关注的重心稍有偏差，具体内容的排列顺序与语言表述在礼法两套体系中有所不同，下表中以《大戴礼记·本命》《唐律疏议》所载为例：

记载	第一	第二	第三	第四	第五	第六	第七
《大戴礼记·本命》	不顺父母	无子	淫	妒	恶疾	多言	窃盗
《唐律疏议》	无子	淫佚	不事舅姑	口舌	盗窃	妒忌	恶疾

传统礼法关于“七出”规定的内容万变不离其宗，其所依据的伦理基础是崇尚“礼义仁智信”的儒家信仰。传统婚姻观将血脉相传作为男男女女缔结婚姻关系的首要目的，瞿同祖先生就认为，在家族中心主义的影响之下，婚姻笼罩在家族利益权衡的阴影之下，“七出的条件除窃盗一项关系个人失德外，其他条件无一不与家族有关”〔1〕。

1. 无子。继前文所讨论中国古代婚姻目的所述，上以祭祀宗庙、下以衍承后世是中国古代婚姻缔结的首要目的，孟子亦云：“不孝有三，无后为大”〔2〕。没有子嗣（男丁），就断了对祖宗的香火供奉。古人重孝，认为“不孝有三”，东汉赵岐在《孟子注疏》中将“不孝”归结为三种行为：曲意顺从父母、贫穷不思进取、不娶妻生子〔3〕。朱熹认为“不娶无女”“陷亲不义”“不为禄仕”属于三大不孝行为，无后位居“不孝”之

〔1〕 瞿同祖：《中国法律与中国社会》，中华书局1996年版，第137页。

〔2〕（春秋）孔子等：《四书五经全解》，明德译注，中国华侨出版社2013年版，第97页。

〔3〕《孟子注疏》载：“谓阿意曲从，陷亲不义，一不孝也；家贫亲老，不为禄仕，二不孝也；不娶无子，绝先祖祀，三不孝也。”

首。除了以孝为首的道德伦理的要求，中国古代农耕社会发展的需求也促使古人更加重视男性子嗣。"七出"之所以在唐代正式"援礼入法"载入大唐律令体系，格外受到重视，很大程度上受唐时初期百废待举、经济复兴的社会需求的影响。国家要复兴，生产要发展，税赋要完成，男性青壮年劳动力成为刚需，因此国家采取积极的人口策略以适应社会的需要，"无子"在"七出"中的排序由礼制时期的"第二序列"跃升至"第一序列"。"无子"在"七出"中位序的变化，反映了社会经济发展对律令变迁的影响以及立法层面对当时社会需求的回应。

不管是基于孝道的考虑，还是源于社会的需求，将不能生育子嗣的原因统统推到女方头上，未免太过偏颇。一方面，生男生女是概率性事件，而非女方单方面所能决定的；另一方面，生育困难的症结有可能在于女方，也有可能在于男方，这是现代社会的医学共知。古代社会是否因为医学不昌明而没有意识到"无子之因并非女方专属"呢？在中国古代医书所载的不育症治疗方案中，可以观察到解决生育困难问题，既有针对女性的处方，又有针对有男性的药方。[1]既然如此，为什么古人如此欲盖弥彰，让女方担起了不能生育男丁或不能生育的全责？究其根源还是当时男权社会盛行的男尊女卑观念的影响。当然，在实践中，"无子"并非出妻的绝对理由，该"出妻"理由是受到限制的：一是年龄限制。"无子"出妻的法定年限是：女方年届五十还无子，原因是"五十始衰，不能孕也"[2]。二是

---

〔1〕如"庆云散""承泽丸""七子散""茱萸丸"，分别是中国古代社会治疗男女不孕不育的求子药方。参见李贞德：《女人的中国医疗史——汉唐之间的健康照顾与性别》，三民书局2008年版，第34~36页。

〔2〕《礼记正义》卷二十八，载（清）阮元校刻：《十三经注疏》（影印本），中华书局1979年版，第1468页。

“三不去”的例外规定。一般而言，妻子年满五十，夫妻已经共同生活多年，情感上难以决裂，且在漫漫几十年的共同生活中，老妻即使已经不能枯木逢春、老蚌生珠，但通常具备了“与更三年丧”“前贫贱后富贵”“有所来无所归”的三不去的例外条件。三是妾制、过继来弥补。妾所生子可以“听立庶以长”，如果男方有生育障碍，还可以通过过继收养“同宗于昭穆相当者”来弥补无子的遗憾。虽然“无子”出妻非绝对化体现了一丝丝对女性的关怀，但其初衷还是吸取了前朝（周代末期至春秋时期）道德经验：杜绝随意出妻行为的滥觞，以维护整个社会和谐稳定与门阀世家之间的团结安宁。

2. 淫佚。传统中国社会对男女两性关系持严格的保守主义态度，万恶淫为首，“淫”被视为洪水猛兽，是对社会道德伦理的破坏。在男权社会里，禁“淫”的对象通常是女性，除了在婚前给女性套上贞节的枷锁外，婚内出轨对丈夫不忠的行为是被绝对禁止并严酷镇压的。古人之所以谈“淫”色变，理由有三：一是妨碍有序的男女两性关系的构建。《大戴礼记·盛德》曰：“凡淫乱生于男女无别、夫妇无义；昏礼享聘者，所以别男女、明夫妇之义也”；[1] 二是破坏家族血统的纯正，不利于家族的延续，以《大戴礼记·本命》的说法就是：“淫，为其乱族也”；三是妨碍夫的性专权。在允许丈夫妻妾成群的时代，丈夫对妻子拥有绝对的性专权，女方婚内“红杏出墙”被视为对夫权的极大冒犯与亵渎。在古代社会，触犯“淫戒”的女性通常受到家族法与国家法的双重处罚，即使皇帝的女儿犯“淫佚”

---

〔1〕 何勤华、魏琼编：《董康法学文集》，中国政法大学出版社2005年版，第628页。

之条也不例外，皇帝还要亲自下诏解除婚姻关系。[1] 女方触犯"淫戒"通常还被施以各种肉刑，甚至处以死刑以表警示。国家法赋予了丈夫对不忠妻子的自由处置权。[2] 一般而言，基于家族名誉、男方颜面的考虑，家丑不可外扬，丈夫较少有直接以"淫佚"之名而出妻的。在贞节观比较松弛的时代，如唐代，男方的做法或是隐而忍之，或是以其他的方式（如和离）解除婚姻关系。同时，"淫佚"出妻还为丈夫大开方便之门。"七出"适用的例外规定排除了"三不去"对犯奸的妇女适用。即使妻子为夫家尊长养老送终，陪伴丈夫发家致富，或娘家已无父母兄弟，但只要她犯"淫戒"，丈夫就可以无条件解除婚姻关系，而不用担心受到社会道义的谴责与国家法的处罚。因此，对于符合"三不去"之条的妻子，个别居心叵测的丈夫为了达到解除婚姻关系的目的，不惜捏造事实，诬告妻子与人通奸。如《新唐书》所载的"彰子建诬妻通奸"[3]。

3. 不事舅姑。《大戴礼记·本命》载："不顺父母去，为其逆德也"。舅姑即公婆，百善孝为先，在传统中国社会，孝顺、侍奉舅姑是妻子的重要职责之一，不顺或不事舅姑的媳妇违背了社会基本的道德伦理要求，在德行上是有瑕疵的。媳妇恭顺舅姑，是家庭"内和理"及家族"家长久"的必然要求。"顺"

---

〔1〕"子倩，尚文帝第四女，海盐公主。初，始兴王浚以潘妃之宠，故得出入后宫，遂与公主私通。及适倩，倩入宫而怒，肆詈搏击，引绝帐带。事上闻，有诏离婚。"参见（梁）沈约撰：《宋书》卷四十六，载中华书局编辑部编：《二十四史》（简体字本），中华书局2000年版，第913~914页。

〔2〕南宋《庆元条法事类》引宋《户令》："诸妇人犯奸，非义绝，并与夫之缌麻以上亲奸未成，离与不离，听从夫。"《大明律·刑律》载："奸妇从夫嫁卖，其夫愿留者，听。"

〔3〕"（彰子建累官至）左神武军大将军，其妻，成德节度使李宝臣女也，建将弃之，诬与门下客郭士伦通。棒杀士伦而逐其妻。"参见（宋）欧阳修、（宋）宋祁撰：《新唐书》（第3册），陈焕良、文华点校，岳麓书社1997年版，第2957页。

抽象而又主观，关键取决于舅姑的好恶，舅姑是否“悦”于子妇。古代女子如何侍奉取悦于舅姑，礼制方面有一套苛刻严格的行为准则。据《礼记·内则》载：“父母舅姑之命，勿逆勿怠”，“凡妇，不命适私室，不敢退。妇将有事，大小必请于舅姑”，“子事父母，鸡初鸣，咸盥漱，栉、縰，笄总，衣绅……以适父母舅姑之所。及所，下气怡声，问衣燠寒，疾痛苛痒，而敬抑搔之；出入则或先或后，而敬扶持之……问所欲而敬进之，柔色以温之。”[1]做媳妇的要闻鸡早起，衣食安排，恭顺谦卑，无微不至，在舅姑面前，打喷嚏、伸懒腰、斜眼看人、咳嗽等行为被视为不雅之举，是绝对禁止的。在如此严苛的媳妇行为准则的要求下，因“蒸梨不熟”“坐姿不雅”“母前叱狗”“汲水迟归”“穿壁挂履”等令舅姑不喜的细碎小事而出妻的事例常有发生，即使丈夫与妻子感情深厚，儿子一方不愿意出妻，如《孔雀东南飞》中所载的恩爱夫妻焦刘二人，爱情与亲情的权衡较量下，结果还是“子甚宜其妻，父母不悦，出”。至唐代，随着社会需求的变迁及立法技术的完善，“不顺舅姑”表述为“不事舅姑”。较于礼之“顺”，唐律之“事”更为具体，少了一些主观的臆断，一定程度上体现了唐代立法者认识到礼制抽象规定调节民间社会关系的乏力之处，笼统的“不顺”之说不足以规制随意出妻的现象并有效调整婚姻家庭关系，维系社会的安睦和谐，须以律令的形式具体化、规范化。于礼而言，讲究“顺”，关注的焦点是心理因素，对法而言，偏重“事”，要求行为的明确表现形式，前者突出道德修养，后者关注客观

[1] 《四书五经》(上)，陈戊国点校，岳麓书社 2014 年版，第 532~533 页。

事实。[1] 即使唐律对"妇顺舅姑"之礼有所完善，但民间因婆媳矛盾而出妻现象时有发生。据《白香山集》记载，乙要出妻，妻子诉说自身没有过错，乙说，父母不高兴，就可以出妻，无须有失妇道。对该案，白居易认为，孝道第一，父母为重，父母的态度可以决定妻子的去留，无需考虑女方是否有违于妇道，姜诗、鲍永的妻子虽然德行上没有大的过错，但不讨公婆喜欢就足以构成"不顺舅姑"被出之理由，因此白居易的裁判是"且闻莫慰母心，则宜去矣。何必有亏妇道，然后弃之"[2]。

4. 口舌。"口舌"即多言，古人对女子口多言深恶痛绝。《诗·大雅·瞻卬》云："妇有长舌，维厉之阶。"《大戴礼记·本命》记载："口多言，为其离亲也"，女子乱讲话，是祸害之源。至今，俗语中亦以"长舌妇"来称谓搬弄是非的女性。班昭撰《女诫》曰："女有四行，一曰妇德，二曰妇言，三曰妇容，四曰妇功"，对"妇言"的要求是"不必辩口利辞也"。明人吕迎溪认为妇人长舌口多言"不恶也是凶神"将导致"男子家败身亡"。清人唐修翼认为"声低言寡"的女子才是贤惠。瞿同祖先生认为古人之所以会因口舌去妻，其根源还在于传统中国家族因素的强大影响，为维系家族长远发展，必然要求内部成员避免争执、和睦相处、团结一致。[3] 为了维系家族内部的

---

[1] 参见陶毅、明欣：《中国婚姻家庭制度史》，东方出版社1994年版，第258~259页。

[2] 判云："孝养父母，有命必从，礼事舅姑，不悦则出。乙亲存为子，年壮有妻，兆启和鸣，授室之仪虽备，德非柔淑。宜家之道则乖。若无爽于听从，曷见尤于谴怒。信伤婉娩，理合仳离。且闻莫慰母心。则宜去矣。何必有亏妇道，然后弃之。未息游辞，请稽往事，姜诗出妇，盖为小瑕，鲍永去妻，亦非大过。明征斯在，薄诉何为"。参见（唐）白居易：《白居易集》，中华书局1979年版，第1406页。

[3] 参见瞿同祖：《中国法律与中国社会》，中华书局2007年版，第140页。

稳定和睦，礼法的解决方案就是强制媳妇们闭嘴寡言，违反了这条禁令，就可能被逐出夫家。《汉书·陈平传》有载，陈平的嫂子觉得陈平赋闲在家，不事稼穑，就抱怨了几句，被陈平的哥哥听到后，以口舌之由将其出之。

5. 盗窃。《大戴礼记·本命》认为盗窃“谓其反义也”。《礼记·内则》说：“子妇无私货，无私蓄，无私器。”《女论语》规定：“夫有钱米，收拾经营。夫有酒物，存积留停。迎宾待客，不可偷侵。”〔1〕七出之“盗窃”行为，除了偷盗他人财物，还包括未经许可擅自处分夫家财物，即“私假”或“私与”。盗窃之所以归为出妻之由，主要目的是为了保证夫族尊长独掌财产大权及防止家族成员因财务起纠纷破坏家族和睦的共居秩序。妻子开始享有独立的财产权，是近代开始的事。在古罗马时期，妻子依附于丈夫，所以不享有独立的财产权。英国习惯法一度否认嫁人女子私法上的独立人格，将其视为“受丈夫庇荫”的人，当然不能享有独立的财产权。〔2〕受几千年亲亲尊尊、长幼有别、夫妻有别纲常伦理思想的影响，传统中国家庭中，家长对家庭财产拥有独占支配权，子女未经同意不得擅自处理，否则将会受到法律的惩处，如《唐律·户婚》就规定：“凡是同居之内，必有尊长，尊长既在，子孙无所自专。”司马光亦主张，父母在，家里的一切田产俸禄都由父母所有、支配，做子女的不能私藏财物，涉及财物的调剂使用，得禀报父母，由父母决夺，不得擅作主张。

子孙尚不能“自专”家庭财产，况且是子妇。同时，在农

---

〔1〕（清）陈宏谋辑：《五种遗规》，线装书局2015年版，第97页。

〔2〕参见方新军、胡亚球主编：《东吴法学先贤文录》（民事法学卷），中国政法大学出版社2015年版，第341页。

耕社会，集中力量事生产对平凡百姓而言是关系一家老小温饱问题的大事，尊长独享家庭财产权在一定程度上也可以降低家族成员因钱银起纠纷的概率，有利于家族成员和睦共居，维系家族长远存续。关于因"盗窃"或"积私财"而出妻，《韩非子·说林》有载，卫人教女积私财以防被夫家出弃，该女遵听父命积存私财，后果不其然被夫家以"私积聚"为由而赶出家门。在古代中国宗法社会，即使女子对陪嫁妆奁拥有一定支配权，但能支配的仅限于嫁妆，财产权的享有不能涉及夫家财产。因此，陈顾远先生对中国传统礼教下家庭财产制度的总结是："所谓礼教之家，一皆本此而行；是故夫妇财产制度在昔之不能依礼存在，并非全因女子无有私产，实因在家财之目标下，任何男女不能有私财故也"[1]。

6. 妒忌。妒忌是人的天性，在婚姻领域的直接体现就是对配偶的独占欲望，天性不可抑制。陈东原先生在著作《中国妇女生活史》中专门探讨了中国古代的"妒妇"问题。[2] 在古代的婚姻生活中，因妒忌而导致的恶性事件时有发生，如唐代宜城公主在妒火的刺激下割其夫外宠的耳鼻，唐初兵部尚书任壤之妻以死抵抗皇帝送宫女给其夫，房儒复的妻子崔氏妒火中烧活活打死其夫的两个丫鬟并弃尸于雪中。

古代妻子们之"妒"主要源于两方面的忧虑：一是担心年轻貌美的侍妾们得了夫君独宠，因爱而生的独占欲大大爆发，醋坛子就打翻了；二是焦虑妾生子女可能子凭母贵独得父亲厚爱，动摇己生子女的嫡子地位甚至身家性命。因此，在礼教稍有松弛的社会，如东晋南北朝、五代时期，妻子们因"妒"而

〔1〕 陈顾远：《中国婚姻史》，商务印书馆2014年版，第150页。

〔2〕 参见陈东原：《中国妇女生活史》，商务印书馆2015年版，第58页。

生的反抗尤显激烈，上述三个“妒妇”杀人事例可见女方的妒之深、恨之烈。陈东原先生认为，“妒”是人的本性，“妒忌”被儒家伦理观视为女性的恶德，认为妻“妒”不利通性，应当激发，应当反[1]。于男性尊严的维护、男性的性自由、妾制的盛行，故对“妒风”“妒妇”的处理是严厉的。对于“妒妇”，通常的做法是“出之”，如情节严重，统治阶层还会出面干涉强制解除婚姻关系且附带其他处罚措施，以维护儒教纲常伦理。如在上述例三中，对房儒复妻崔氏嫉妒杀人案的处理是：丈夫降职，崔氏被离。所以，虽然“妒”也许是爱的一种体现，但在女性屈从于男性的传统社会，妒忌是女性对男性不专一的一种反抗，即使这样的反抗是懦弱、效果甚微的，但男权社会认为这是对男性权力的藐视，因此被纳入了恶德的范畴。

7. 恶疾。关于“七出”之恶疾的范围，当今学者略有异议。一种观点认为，“七出”之恶疾所指的疾病范围包括喑哑、耳聋、眼盲、麻风病、发秃、脚跛、背驼。以《公羊传·昭公二十年》何休注记载为据：“恶疾，谓瘖、聋、盲、疠、秃、跛、伛，不逮人伦之属也”。另一种观点认为，何休注所释的范围太广，“七出”之恶疾主要指的是“癞”或“疠”，即具有传染性的疾病，如麻风病。将“癞”或“疠”定性为恶疾，据《论语》载“伯牛有疾”，朱熹《论语集注》认为该疾为“癞”，据清人毛奇龄《四书剩言》所载，该恶疾亦是指“癞”也。当代学者在讨论“七出”之恶疾范围时多持第二种观点，认为此处的恶疾应当作狭义层面的解释。如陶毅等认为将聋、盲、秃、跛、伛纳入恶疾未免网罗太宽，将麻风病定为“七出”之恶疾

---

〔1〕 参见陈东原：《中国妇女生活史》，商务印书馆2015年版，第58页。

范畴比较合适。[1] 我国台湾地区学者李淑媛认为，喑哑、耳聋、目盲、头秃、脚跛、伛偻不影响家族祭祀，因此休妻之恶疾，应指"疠"方合人情。[2] 恶疾出妻的理由，据《大戴礼记·本命》的说法是有恶疾之人不能与其他家庭成员共用餐具、一起吃饭，"有恶疾，不可与共粢盛也"。而据《公羊传·庄公二十七年》载，有恶疾之人不能参与祭祀活动，"恶疾者，不可奉宗庙也"。将罹患恶疾的妻子赶出夫族，原因在三：一是不能事宗庙。在古代，祭祀是一项重要的妇职，因病不良于行，不能协助丈夫完成对先祖的供养，是严重失职。二是颜容有碍。《日本令集解·户令·盲》对癞病症状的记载是："遍身烂灼，体上无皮，毛发凋零，指节自解"。[3] 皮肤溃烂，体无完肤，头发脱落，如此恐怖外形，会不敬祖先，惊吓舅姑，不悦于丈夫，所以要休弃了。三是惧怕传染。古代家族世代聚居，再者医学不昌达，如有家庭成员罹患传染性疾病，为了保障族人的安康，通常的做法是将患者迁出家族聚居之地隔离之。据《睡虎地秦墓竹简》记载，秦时，国家专门设置了"疠所"将麻风病患者隔离起来以防传染。妻子与丈夫朝夕相处、同枕共眠，一旦患病，丈夫感染的风险最大，所以，处置办法就是赶快将妻子逐出家门。唐律规定更加苛严，"恶疾"与"奸淫"可以排除适用"三不去"情形。有仁义之士认为恶疾"非人之所欲"，将恶疾出妻斥为没有人情。在元代以后，律令中恶疾出妻不再

---

〔1〕 参见陶毅、明欣：《中国婚姻家庭制度史》，东方出版社 1994 年版，第 261 页。

〔2〕 参见李淑媛："休妻弃放——唐代离婚法'七出'、'义绝'问题再探"，载《法制史研究》2010 年第 17 期，第 72 页。

〔3〕［日］中田熏："唐令と日本令との比较研究"，载《法制史研究》2004 年第 1 期。转引自林秀雄：《婚姻家庭法之研究》，中国政法大学出版社 2001 年版，第 27~30 页。

排除“三不去”的适用，但律令的松弛是儒家仁义召唤的结果，而非源于对女性之苦的关注。

三、“义绝”——公权力涉入的强制离婚

（一）“义绝”之溯源

传统中国的社会治理采取的是礼法并举的规范径路，礼法互为表里，礼所倚重的“义”被视为中国传统法的精神根源之一，贯穿于整个传统法律体系，在社会生活的方方面面发挥着举足轻重的作用。“义”在婚姻领域的影响首先体现在缔结婚姻的基石不是爱情，而是人伦之“义”。关于婚姻之“义”，前文婚姻语源考及目的论中已经做了阐述，在此不多做赘述。而在涉及解除婚姻关系即离婚方面，除了以妇女德行为主要考察点且具有相对选择余地的“七出”（由夫方单方面行使离婚权）离婚制度外，夫妻“恩断义绝”作为必然离婚的理由与“七出”“和离”一起构建了古代中国离婚制度体系。夫妻关系失去“义”的影响力的凝合，缔结二姓之好的初衷不复存在了，婚姻自然走向灭亡。有“义”则合，无“义”则离的婚姻观念渗透到国家法中，便出现了“义绝”这一有公权力介入的强行解除婚姻关系的离婚理由。

“义绝”在汉代就有记载。汉代刘向所撰《列女传》中有“夫妇之道，有义则合，无义则离”〔1〕的记载。〔2〕《汉书·孔光

---

〔1〕 夏咸淳主编，（明）孙能传编撰：《全译四大智书·益智编》（下），沈习康等校译，中州古籍出版社 1999 年版，第 882 页。

〔2〕《列女传》载：“黎庄夫人者，卫候之女，黎庄公之夫人也。既往而不同欲，所务者异，未尝得见，甚不得意。其傅母闵夫人贤，公反不纳，怜其失意，又恐其已见遣，而不以时去，谓夫人曰：‘夫妇之道，有义则合，无义则去。今不得意，胡不去乎？’”

传》中，淳于长谋大逆，其在犯案前已经离弃的妻妾是否连坐？孔光对此案的论断是："夫妇之道，有义则合，无义则离"，但因"长未自知当坐大逆之法，而弃去迺始等，或更嫁，义已绝"，故"欲以为长妻论杀之，名不正，不当坐"。[1] 淳于长虽犯大罪，但他已经"弃去""更嫁"妻妾，夫妻之间已经无情义，婚姻关系当然归于消灭，所以长之妻不当坐。对于孔光的判定，时任掌权者汉成帝表示赞同且支持，下诏曰"光议是"[2]。

在纲常伦理价值理念的潜移默化之下，古人们通常认为"义绝"之行为，有违纲常礼教、有违人之伦理，危害极大，因此，出现"义绝"事项的婚姻关系必须解除。[3] 当代学者金眉认为"义绝"是指：夫对妻、妻对夫的一定范围内的亲属，犯有殴、杀、奸罪，经官府认定双方义绝而强制其离婚。[4] 传统中国解除婚姻关系之"义绝"理由具有不可置疑的强制性，是指夫妻双方或双方一定范围之内的亲属之间实施了或发生了有损婚姻之"义"的行为或事实，如：殴、杀、伤、奸。以"礼"而论，即使当事男女双方依然恩爱，但宗法伦理界定的婚姻之"义"已经不复存在，必须解除婚姻关系。同时为了保障"义绝"之制的实施力度，国家将"义绝"纳入了刑事法律调整的范围，有"义绝"情形而不解除婚姻关系者，会被追究刑

〔1〕《汉书·卷八一·孔光传》，中华书局1983年版，第3355页。

〔2〕《汉书·卷八一·孔光传》，中华书局1983年版，第3355页。

〔3〕《白虎通·嫁娶》载："悖逆人伦，杀妻父母，废绝纲常，乱之大者，义绝，乃得去也。"

〔4〕参见金眉："论唐代婚姻终止的法律制度"，载《南京社会科学》2001年第11期，第64页。

事责任。[1]通过对中国古代离婚法律制度历代实践径路的考察，可以描绘出“义绝”之制的演变轨迹：第一阶段，兴起于汉。自汉代流传且为社会所接受，但主要以“礼”的形式存在，没有法定化。第二阶段，法定化于唐。唐代法律体系中对“义绝”离婚制度有具体明确的规定。第三阶段，变革于宋元。骤变的社会动摇了“义绝”存在的伦理道德基石，“义绝”的范围发生了一些变化。第四阶段，嬗变于明清。明清律典依然延续了“义绝”离婚的规定，但关注重点已经从调节家族关系转向夫妻关系，触犯“义绝”项并不一定导致婚姻关系的解除。[2] 在这一阶段，“义绝”的国家法强制力有所削弱。

有学者在考察了古代中西婚姻法律制度后，认为源于儒家之“礼”的“义绝”制度是具有中国传统特色的创设性的离婚制度，如当代学者崔兰琴比较了《汉穆拉比法典》《摩奴法典》《古兰经》等中西古代法典中关于离婚制度的规定，认为“义绝”离婚理由在传统中国国家法中的设立，是礼法背景下古代中国婚俗文化的独创之制。[3] 萌兴于汉，成文于唐，嬗变于元宋，式微于明清，最后消失于清末的法律文本，“义绝”离婚制度的变迁轨迹展现了中国传统社会离婚法律制度进化历程中对男尊女卑宗法伦理制度的维护，也反映了男权社会中婚姻领域男女不平等的差别对待，从中也可以管窥中国女性离婚权利历史变化的一斑。

---

〔1〕 与“七出”“和离”的离婚自由选择权不同，“义绝”离婚制度体现了国家权力在婚姻领域的干预性与强制性。

〔2〕 下文关于中国古代“义绝”制度的考察，将以唐元明清律令为例。

〔3〕 参见崔兰琴：“中国古代的义绝制度”，载《法学研究》2008 年第 5 期，第 149 页。

（二）唐代"义绝"制度

1. 导致夫妻"义绝"的法定事由。《唐律·户婚》对导致夫妻"义绝"的法定事由有如下列举：

> 殴妻之祖父母、父母及杀妻之外祖父母、伯叔父母、兄弟、姑、姊妹，若夫妻祖父母、父母、外祖父母、伯叔父母、兄弟、姑、姊妹自相杀及妻殴詈夫之祖父母、父母，杀伤夫之外祖父母、伯叔父母、兄弟、姑、姊妹及与夫之缌麻以上亲、若妻母奸及欲害夫者，虽会赦，皆为义绝。妻虽未入门，亦从此令。[1]

《唐律·户婚》中构成夫妻"义绝"的具体行为包括：①妻子侵犯夫家一定范围内的亲属[2]；②丈夫侵犯妻家一定范围内的亲属[3]；③夫妻双方一定范围内的亲属互相侵犯[4]；④夫妻与对方亲属发生不伦之情[5]；⑤妻子企图谋害丈夫。

细观《唐律·户婚》中关于"义绝"法定事由的规定，男尊女卑，男女区别对待的特征显而易见。"义绝"事由之男女差等对待主要体现在三个方面：一是夫妻双方侵犯的亲属范围不同，夫家亲属范围广于妻家；二是夫与妻具体实施行为不同，对妻子的要求苛严于丈夫；三是将未婚妻也纳入了"义绝"的

---

〔1〕 蒲坚编著：《中国古代法制丛钞》（第2卷），光明日报出版社2001年版，第473页。

〔2〕 妻子殴打或辱骂丈夫的祖父母、父母；杀伤丈夫的外祖父母、伯叔父母、兄弟、姑、姊妹。

〔3〕 丈夫殴打妻之祖父母、父母；杀妻之外祖父母、伯叔父母、兄弟、姑、姊妹。倘若丈夫侵害的是妾的尊亲属，因妾地位低贱，不视为"义绝"。

〔4〕 夫妻双方的祖父母、父母、外祖父母、伯叔父母、兄弟、姑、姊妹互相残杀。

〔5〕 妻子与丈夫之缌麻以上亲属通奸；丈夫与妻子的母亲通奸。

调整范围。

2. “义绝”的法律后果。《唐律·户婚》载：“诸犯义绝者离之，违者，徒一年；若夫妻不相安谐而和离者，不坐。”〔1〕《唐律疏议》释：“夫妻义合，义绝则离，违而不离，合得一年徒罪。离者，既无‘各’字，得罪止在一人，皆坐不肯离者；若两不愿离，即以造意为首，随从者为从。皆谓官司判为义绝者，方得此坐；若未经官司处断，不合此科。若夫妻不相安谐，谓彼此情不相得，两愿离者，不坐。”〔2〕“义绝”因夫妻及双方亲属之间特定的侵犯行为而引发，实际上是基于杀伤等刑事犯罪行为而导致负担到丈夫与妻子身上的民事后果，因此，有学者认为“义绝之作为官司断离，实际上是一种‘刑事附带民事’的判决”〔3〕。根据唐代律令的记载“义绝”将引起两方面的法律后果：一是经官司判断为“义绝”的当事人双方必须解除婚姻关系，即强制离婚；二是有“义绝”情形但不离婚者将会受到刑事处罚。若一方不愿意离婚，判处一年徒刑；若双方都不愿意离婚，根据犯意轻重，双方按主从承担刑事责任。唐代的法律条文关于“义绝”的规定是严厉的，甚至可以排除国家大赦的适用。唐代“义绝”制度，延续了汉以来婚姻家庭领域以礼为据，引经入法的立法特色，体现出家国为本、男权偏颇、国家干涉三大特征。设立“义绝”制度的目的是为了维护宗法社会尊卑长幼的伦常秩序，保护的焦点是家国大义而非

〔1〕（唐）长孙无忌等：《唐律疏议注译》，袁文兴、袁超注译，甘肃人民出版社2017年版，第400页。

〔2〕（唐）长孙无忌等：《唐律疏议注译》，袁文兴、袁超注译，甘肃人民出版社2017年版，第400页。

〔3〕陶毅、明欣：《中国婚姻家庭制度史》，东方出版社1994年版，第267页。

夫妻个体[1]。在性别对待方面，明显"男尊女卑"，不管是"义绝"侵害行为的伤害力度还是侵害的亲属范围，较之对男性的要求，法律对女性的约束更加严苛。

（三）元代"义绝"制度[2]

元代，蒙古族入主中原大地，政治制度、道德伦理、风俗习惯发生了很大变化。当代学者曾代伟在考察了《元史》《元典章》《通制条格》等文献后认为，元朝时期，婚姻领域适用"义绝"强制离异并不少见，而国家法层面，在延承了唐、宋各代"义绝"规定的基础上，又制定了反馈当时经济、社会、文化、风俗等现实需求的新规定。他以数个元代"义绝"司法断例为基础，总结了九个方面的"义绝情形"[3]。虽然元时"义绝"之制基本延续了前朝律令的立法精神，但变化颇多。这些变化主要体现在以下两个方面：

一方面是有条件限制夫权，禁止"买休卖休"及禁止"逼妻妾为娼"。元代，夫卖妻之风颇盛，官方加大了对"将妻卖休转嫁"行为的打击力度。《元史·刑法志》将"买休卖休"规定为"义绝"法定情形："诸夫妇不相睦，卖休买休者禁之，违

---

〔1〕唐律中夫殴妻或妻殴夫，被视为夫妻之间的私事，没有被定性为"义绝"。具体案例可见于白居易的一则判文："得甲居家，被妻殴笞之。邻人告其违法，县断徒三年。妻诉云：非夫告，不伏。礼贵妻柔，则宜禁暴；罪非夫告，未可丽刑。何彼无良，于斯有怒：三从罔敬，待以庸奴之心；一杖所加，辱于女子之手。作威信伤于妇道，不告未爽于夫和。招讼于邻，诚愧声闻于外；断徒不伏，未乖直在其中。虽昧家肥，难从县见。"参见（唐）白居易：《白居易全集》，上海古籍出版社1999年版，第933页。

〔2〕下文所涉案例主要参考陈鹏先生所著《中国婚姻史稿》（中华书局2005年版）。

〔3〕九种情形分别是：将妻卖休转嫁；逼令妻妾为娼；女婿虚指岳丈奸亲女；媳妇诬告翁欺奸；妻告夫奸男妇；翁调戏、和奸、强奸男妇；夫殴伤妻母；丈夫故意损害妻子身体；将犯奸妻转卖为驱。参见曾代伟："蒙元'义绝'考略"，载《西南民族大学学报（人文社会科学版）》2004年第11期，第39页。

者罪之，和离者不坐”，“诸受财以妻转嫁者，杖六十七，追还聘财；娶者不知情，不坐，妇人归宗”。[1]在“万十四嫁卖妻阿潘案”中，万十四与阿潘结婚多年，后来万十四将妻阿潘冒充弟弟的媳妇，卖给了谭小十，获得银钱若干，司法官员对该案的处断是，万十四卖妻获取财物的行为已经构成解除婚姻关系的“义绝”事由，因此判决万十四与阿潘离异，阿潘回母家择良人再嫁。[2]元代儒教伦常略有松弛，民风较前朝开放，再加上战乱纷纷，底层民众生活困窘，纵妻妾为娼风气盛行。元时官方认为，“人伦之始，夫妇为重，纵妻为娼，大伤风化。若止依前断罪，许今同居，却缘亲夫受钱，令妻与人同奸，已是义绝。”[3]为了刹住不正之风，官方出台法令禁止纵或逼妻为娼，对夫纵容妻子为娼的行为，元律刑法的处罚是解除婚姻关系，涉案当事人丈夫、妻妾及奸夫处以杖刑八十七，如果丈夫收受他人财物，逼迫妻子为娼，妻子则视情况减轻处罚。[4]如民户王用逼迫妻阿孙、妾彭鸾哥为娼觅钱，若觅钱不敷盘缠，王用便对二人拳脚相加。王用对阿孙、彭鸾哥的行为被定性为义绝，司法机关判决解除夫妻（夫妾）关系。[5]

另一方面是“义绝”事由范围扩大，禁止丈夫故意殴伤妻子。相较于《唐律·户婚》的规定，元代律令扩大了“义绝”

---

〔1〕（明）宋濂等撰：《元史》（中），阎崇东等校点，岳麓书社1998年版，第1513页。

〔2〕参见曾代伟：《金元法制丛考》，社会科学文献出版社2009年版，第401页。

〔3〕姚大力、刘迎胜主编：《清华元史》（第1辑），商务印书馆2011年版，第97页。

〔4〕（明）宋濂等撰：《元史》卷一百四，载中华书局编辑部编：《二十四史》（简体字本），中华书局2000年版，第1762页。

〔5〕参见曾代伟：《金元法制丛考》，社会科学文献出版社2009年版，第402～403页。

事由范围，具有代表性的是对"妻欲谋害丈夫"一项的突破。唐律中将妻子谋害丈夫纳入"义绝"事由，丈夫谋害妻子是否视为"义绝"未作规定。《元史·刑法志·斗殴》规定丈夫无故殴打妻妾并达到一定程度伤情，强制离异并判处刑罚；如果是因为妻、妾令父母不高兴了而进行殴打，仍然强制解除婚姻关系，但可以减轻处罚。[1]由此可见，元代律令将丈夫故意殴伤妻子列为"义绝"，即使因为翁姑不满意而殴打妻子，同样被视为"义绝"。《元典章》中亦将"妻沿身雕青"等丈夫故意伤害妻子身体的行为视为强行解除夫妻关系的法定理由。

不管是"卖休买休者禁之"，严禁丈夫卖休妻子谋财，还是"诸夫受财，纵妻为倡者"，或"夫受财，勒妻妾为倡者"，严禁逼妻妾为娼妓谋利，及"非理殴伤妻妾"，禁止无正当理由故意殴伤妻子，"在蒙元法中'义绝'行为所指向的对象更多的是妻子而非家族成员"，[2] 这样的立法理念为明清律令所承继。"义绝"制度的变化，体现了在当时的离婚制度体系中，对女方的关注及女性在婚姻中地位的改善，这样的改善是儒法传统与蒙古习惯角力的结果。陈衡昭先生在《蒙古统治下的中国法律传统》一书中认为："由汉族官员参与的蒙古统治，或者通过加速自宋以来的中国法变革进程，或者引入全新的概念和制度来影响中国法的发展"。[3]

（四）明清"义绝"制度

明清时期法律体系中关于"义绝"的条款可见于《大明

---

〔1〕《元史·刑法志·斗殴》载："诸以非理殴伤妻妾者，罪以本殴伤论，并离之。若妻不为父母悦，以致非理殴伤者，罪减三等，仍离之。"

〔2〕张勤：《中国近代民事司法变革研究——以奉天省为例》，商务印书馆 2012 年版，第 310 页。

〔3〕Paul Heng-chao Ch'en, *Chinese Legal Tradition under the Mongols: The Code of 1291 as Reconstructed*, Princeton, New Jersey: Princeton University Press, 1979, p. xiii.

律·户婚》及《大清律辑注》。《大明律·户婚》在“干名犯义”中例举了义绝之具体情形[1]：一是岳父母的行为：女婿出远门，将女儿改嫁；将女婿赶出家门，另行择婿。二是丈夫的行为：殴打妻子至折伤；强迫妻子与他人通奸；谎称无妻另娶；收取钱财，以妻为妾典雇给他人，或将妻子假作姐妹嫁与他人。

《大清律辑注》“出妻条”关于“义绝”的规定基本上延续了明律的内容。[2]

明清时期“义绝”制度的嬗变，对“义绝”自汉以来作为传统中国社会法定的强制离婚事由“义”之本源撼动了一些。近代及当代有学者也关注到了明清时期“义绝”制度的嬗变。陈鹏先生认为明清之“义绝”已经不同于唐时之“义绝”：“明清所称之义绝，则与唐律之义悬殊”。[3]日本学者滋贺秀三认为明清时期的国家法，从法律语言的表达上来讲，“义绝”一词虽然仍旧记录在典，但其已经失去了唐律中所述之“义绝”的立法意义，其立法本质及法律精神已经大为不同，以男权为中心的立法理念开始变迁，出现了考虑妻子权益的因素。[4]当代学者崔兰琴认为明清律对“义绝”之制新的发展表现在两个方面：一是关注对象由家族利益转移为夫妻个人，“和唐宋相比，其关注点是夫

[1]《大明律·户婚》载：“义绝之状，谓如身在远方，妻父母将妻改嫁，或赶逐出外，重别招婿，及容止外人通奸。又如本身殴妻至折伤，抑妻通奸，有妻诈称无妻，欺妄更娶妻，以妻为妾，受财将妻妾典雇，妄作姊妹嫁人之类。”

[2]（清）沈之奇撰：《大清律辑注》，怀效锋、李俊点校，法律出版社 2000 年版，第 284 页。

[3] 陈鹏：《中国婚姻史稿》，中华书局 2005 年版，第 612 页。

[4] 参见［日］滋贺秀三：《中国家族法原理》，张建国、李力译，法律出版社 2003 年版，第 386 页。

妻个人受到的伤害，而不再是涉及双方家族的伤害"。〔1〕二是具体规定更明确，明律与清律在法律文本中对义绝具体情形的表述更加清晰、明确。〔2〕李亚凝亦赞同了崔兰琴的观点，认为明朝的国家法首次将夫妻关系作为"义绝"考量的核心关系，淡化了对家族利益的考虑，而大清律也延续了由家族侧重到个人关注的变迁，"义绝"之情形仅存在于夫妻关系之间，夫妻双方家族成员之间的侵犯几乎不再涉及。〔3〕

法律制度根植于同时代的社会政治经济文化沃土中，且要不断调整以适应社会的现实需求。明清"义绝"制度保留了维护儒家纲常、男尊女卑、夫权偏颇等传统特色，但"义绝"离婚的强制性有所削弱。在司法实践中，"买休卖休""逼妻为娼""典当妻子"等行为是否必须解除婚姻关系，随着国家法关注重心的逐渐转移，当事人双方拥有了更多的选择余地。据《折狱新语》〔4〕所载案例，司法官员对此类案件的态度与处理与律令的规定颇有出入。如在"黄元辂卖休买休案"中，黄元辂因家徒四壁只得贩妻糊口，将妻子朱氏以聘金廿八两卖给李滋为妇，朱氏转嫁给李滋后，与前夫黄元辂私下往来，或送饭饮，或赠衣物，后夫李滋醋意大发，将二人以"通奸"之名告至宁波府，按《大明律》"亲属相奸"条对"买休卖休"行为的处理规定，黄、李、朱三人应当被处以杖刑，且勒令朱氏与李滋离异归宗，

---

〔1〕参见崔兰琴："中国古代的义绝制度"，载《法学研究》2008 年第 5 期，第 155 页。

〔2〕参见崔兰琴："中国古代的义绝制度"，载《法学研究》2008 年第 5 期，第 155 页。

〔3〕参见陈煜主编：《新路集》（第 3 集），中国政法大学出版社 2014 年版，第 352 页。

〔4〕明末宁波府推官李清编撰的《折狱新语》，记载了基层司法官员在审理案件时秉承的办案理念、遵循的司法原则，是明代判牍的代表之作。

但是推官李清在受理此案后，并未严格按照律令的规定处罚当事人，而是教育朱氏不要朝秦暮楚，“东家食而西家宿”，与后夫好好过日子吧！[1]

四、“和离”——适度自由的两愿离婚

（一）“和离”及历代律典记载

“和离”作为中国古代社会的离婚形式自古有之。关于“和离”较早的史料记载，可见于《周礼·地官·媒氏》：“凡娶判妻入子者，皆书之。”宋人郑锷注云：“民有夫妻反目，至于仳离，已判而去，书之于版，记其离合之由也。”在特定的时代语境下，“和离”应当作何而解？在此，可以借鉴陈鹏先生及学者向淑云的阐释。陈鹏先生将“和离”归为协议离婚的范围，认为“古者夫妻「以义合」，亦以情合。倘情意不谐，勃豀时作，床第之间，俨同敌国，势自不能自强之使合”[2]。“情意不谐”是导致“和离”的主要原因。向淑云在考察了唐代婚姻实态后认为“和离”是“夫妻双方协议，适度自由的两愿分离”。[3]“和离”与男性专擅的“七出”、官方强制的“义绝”是中国古代社会三大离婚形式，且“和离”制度有限地突破了中国古代婚姻领域以“家族”“尊长”“夫权”为重的伦理道德及立法理念，一定程度上给予了夫妻当事人双方重新考虑婚姻关系的适度自由。“和离”之制与后来西方所倡导的破裂主义离婚原则颇有异曲同工之处，脱离其存在的历史空间而言，“和离”具有相当的积极意义，近代中国婚姻立法中尚可窥见其影子。

---

〔1〕（明）李清：《折狱新语注释》，吉林人民出版社1989年版，第351页。

〔2〕陈鹏：《中国婚姻史稿》，中华书局2005年版，第639页。

〔3〕向淑云：《唐代婚姻法与婚姻实态》，商务印书馆1991年版，第131页。

关于"和离"制度的历代律典记载，最早的记录见于唐时[1]。《唐律·户婚》规定："诸犯义绝者离之。若夫妻不相安谐而和离者，不坐。"《唐律疏议》对此条的解释是："若夫妻不相安谐，谓彼此情不相得，两愿离者，不坐。"据此可知，唐代"和离"制度特点有三：一是导致"和离"的原因是夫妻双方"不相安谐""彼此情不相得"，以现代的说法就是感情破裂不能和睦相处。二是字面上兼顾了男女双方的意愿，即"两愿离"。三是突破了"七出""义绝"的离婚限制。只要男女双方都愿意解除婚姻关系的，即使女方没有触犯"七出"之条，双方不存在"义绝"之项，也不会受到国家法"诸妻无七出及义绝之状，而出之者，徒一年半"规定的刑事处罚。戴炎辉先生认为"从金代开始直到清，如通过'和离'解除婚姻，离婚事由不是必备的，即如果没有适当的事由，只要双方自愿，男女双方不会因此而受到官府的惩罚"。[2]《宋刑统·户婚》载："若夫妻不相安谐，而和离婚者不坐。"《元史·刑法志》涉及"和离"的规定是："诸夫妇不相睦，卖休买休者，禁之；违者罪之，和离者不坐"，与唐宋律典的规定大同小异，如出一辙。《大明律》与《大清律例·户律》关于"和离"的规定是："夫妻不相谐，两愿离者不坐"，继承了前朝律典关于"和离"条款

〔1〕"和离"最早出现于唐代法典记载中，张艳云认为"现存最早有关和离的律条载于《唐律疏议》"，参见张艳云："从敦煌《放妻书》看唐代婚姻中的和离制度"，载《敦煌研究》1999年第2期，第73页。崔兰琴认为"据目前史料，和离规定出现于唐代法典"，参见崔兰琴："中国古代法上的'和离'"，载《法学研究》2010年第5期，第175页。陶毅等也认为："作为一种离婚形式，中国古代的和离始于何时，从目前可见文献中难以确论，现存最早的有关律条，载于《唐律疏议》。"参见陶毅、明欣：《中国婚姻家庭制度史》，东方出版社1994年版，第268页。

〔2〕Tai Yen-hui, "Divorce in Traditional Chinese Law", in David C. Buxbaum ed., *Chinese Family Law and Social Change in Historical and Comparative Perspective*, Seattle and London: University of Washington Press, 1978, p. 81.

的内容，且《大清律例会通新纂》还对“和离”制度存在的合理性进行了解释：“妻固无自绝于夫之理，夫亦不得憎厌其妻而无故出之，故必两愿离者，始不坐”[1]。

（二）“和离”的特点——与“七出”“义绝”相较

1. 适度的自由。“彼此情不相得”而“不相安谐”则“和离”。在中国古代国家法中，不顺父母、无子、淫、妒、恶疾、口多言、窃盗七条，构成了男方专权出妻的法定缘由，“七出”之条规范与限制的对象仅为婚姻关系中的女方，换一个角度思量，“七出”之条是中国古代女子嫁到夫家后的基本行为准则。而“义绝”离婚制度从儒家“义”的角度出发，法律制度表面上对婚姻关系存续期间违背“夫妻之义”的行为不管男女各打五十大板并强制解除婚姻关系，但在各代律典的具体规定与司法实践中，仍带着浓浓的男权偏颇的色彩。纵观唐宋元明清历代立法者的意图，不管是“七出”还是“义绝”，纲常伦理、家族大义、男尊女卑是两项离婚形式的立法初衷。以“彼此情不相得”而“不相安谐”为离婚理由的“和离”制度，与“七出”“义绝”一起被纳入唐宋元明清历代律典体系中，随着“七出”“义绝”日渐式微后，延续于中国近代社会。与“七出”“义绝”关注“家国大事”忽略“夫妻细小”的立法理念不同，关注夫妻个人意愿的“和离”制度恰似存在于中国古代离婚法律制度体系中的一股清流，似乎突破了中国传统社会礼法的桎梏，且走在了同时期世界离婚制度领域的前沿。故陶毅等指出，以条文论，和离颇有“破裂主义”的色彩，带有“无

---

[1] （清）沈之奇撰：《大清律辑注》，怀效锋、李俊点校，法律出版社 2000 年版，第 287 页。

因离婚"的表征。[1]

当然"和离"是否是完全自由的双愿离婚，在"情不相得，不相安谐"的情况下，中国古代婚姻关系中的男女当事人双方是否拥有完全的离婚自由权与平等的离婚权利，是一个值得商榷的问题。学者范依畴2011年在《政法论坛》发文《中国古代的"和离"不是完全自由的两愿离婚》，认为在传统中国社会，基于纲常伦理及家族中心的社会秩序安排，完全由夫妻双方个人自由协商决断的双愿离婚几乎没有根植的土壤，"七出""义绝"是解除婚姻关系的主要理由，所谓的"和离"不过是"七出""义绝"的补充。[2]时隔一年后，学者崔兰琴在《政法论坛》发文《独立抑或附属：再论和离的法律地位——兼与范依畴商榷》，认为受传统礼法桎梏，完全自主、自由、平等的两愿离婚制度在中国古代社会确实难以存在，但是，把"和离"视为"七出""义绝"的补充或附庸是不恰当的，"和离"与"七出""义绝"并肩而立，一起构成了古代中国国家法中的离婚体例。因此，崔兰琴认为，古代离婚之"和离"是协商离婚，赋予了夫妻双方一定的婚姻处置权，是适度自由的离婚形式。[3]两位学者都对"和离"的社会背景、立法初衷、制度特色进行了细致的考察，但崔兰琴的论述与观点更为客观中肯。在家国为上、男尊女卑等儒家纲常伦理主流意识背景下，"和离"之制获得国家法的认可，但并不意味着完全放开了离婚的自由权限。

---

〔1〕参见陶毅、明欣：《中国婚姻家庭制度史》，东方出版社1994年版，第269页。

〔2〕参见范依畴："中国古代的'和离'不是完全自由的两愿离婚"，载《政法论坛》2011年第1期，第53、57页。

〔3〕参见崔兰琴："独立抑或附属：再论和离的法律地位——兼与范依畴商榷"，载《政法论坛》2012年第2期，第136、139页。

“适当的自由”主要体现在两个方面：一方面，秉承儒家“礼之用，和为贵”的精神，在维护家国大义时，不能只灭个人之欲，也要适当关怀个人之情意，二者有重有轻，所以要以“和离”之制来兼顾与衡平“七出”“义绝”。另一方面，一言不合就“和离”，动摇了婚姻存在的基石，势必带来许多社会问题，如家族之间的冲突、随意的两性关系、男性尊严受到挑衅，所以不能放任“和离”自由下去，“和离”的自由只能是适度的自由。

2. 一定的限制。中国传统社会的婚姻肩负着两大重任——以家族为重与以夫权为重，故中国古代夫妻之间多恩但寡情。“和离”制度是否有悖于婚姻领域“合二姓之好”“父为子纲”“夫为妻纲”的立法指导思想？瞿同祖先生在谈到“协离”（和离）时认为：

> 我们可以相信婚姻的解除系以家族为前提，甚少涉及夫妻本人的意志。有些人误会夫权在这方面的应用，以为夫的单独意志可以任意休妻，是不合于事实的。与其说妻受夫的支配，离合听夫，不如说夫妻皆受家族主义或父母意志的支配……但我们也不可过于夸张说夫妻绝对无意志可言。单方面的任意离婚固不生效，妻单方面的意志更属有乖妇道。但双方同意的离婚则仍是法律所承认的。所以虽不合于七出义绝条件，而夫妻不和而两愿离异，则在许可之列。[1]

瞿同祖先生的论述昭示了“和离”之制面临的两个难题：一是尚不能完全与纲常礼教背道而驰，离婚与否的决定权依然

〔1〕 瞿同祖：《中国法律与中国社会》，中华书局2003年版，第142页。

掌握在家族尊长手里；二是国家法又许可“七出”“义绝”之外的双方自愿的协议离婚。如何保证“和离”不背离纲常礼教，如何实现“和离”兼顾与衡平的价值？古人的解决途径是对“和离”加以一定的限制，如限制特定阶层的“和离”权限，皇亲国戚或政府官员协议离婚必须经过相关部门的审查方可。[1] 限制特定群体的“和离”自由，自汉便有记载。“汉以后历朝品官离婚之程序，似须奏准，始能生效”[2]。唐代有官员离婚审查的事例记载。据《旧唐书·李元素传》所载“李元素出妻免官案”，李元素官至户部尚书，再娶妻子王氏，娶时非常隆重，但后来李元素“及贵，溺情仆妾，遂薄之”，且“前妻之子已长，无良”，元素“寝疾昏惑，听谮遂出之，给予非厚。妻族上诉”。朝廷查明情况后，给出的处置是李元素“病中上表，恳切披陈”，说王氏“礼义殊乖”是妄言，“不唯王氏受辱，实亦朝情悉惊”，因此“合当惩责”，“宜停官”。[3]

对于特定阶层的“和离”，需要向朝廷报告，经皇帝或司法机关审查而定。宋代宗室“和离”须“委宗正司审察，若于律有可出之实，或不相安，方听。若无故捃拾者，劾奏。如许听离，追完赐予物，给还嫁资。再娶者不给赐。非袒免以上亲与夫听离，再嫁者委宗正司审核”。[4] 关于审查的具体程序，《宋会要·帝系五》规定：“（建中靖国元年）九月二十三日，省言，

[1] 陈鹏先生在《中国婚姻史稿》一书中论及“离婚之程序”时及崔兰琴所撰论文《中国古代法上的“和离”》中均有谈及“和离”审查制度，在阅读二人论述的基础上，也谈一谈个人对“和离”审查制的一些见解。

[2] 陈鹏：《中国婚姻史稿》，中华书局2005年版，第642页。

[3] （后晋）刘昫撰，周殿富主编：《旧唐书人物全传-3-列传》，北京时代华文书局2015年版，第170页。

[4] 许嘉璐主编，倪其心分史主编：《二十四史全译·宋史》（第4册），汉语大词典出版社2004年版，第2233页。

今后宗室及非袒免离妻，如已经开封府根治者，令大宗正司并限半月审察，从之”〔1〕。宋代宗室“和离”的受理机关是宗正司，审查期限是“半月”。一般而言，宗室结婚，皇帝都会赏赐财物以表祝贺，当宗族“许听离”后，皇帝赐礼一并收回，再婚时，皇帝不会再恩赐财物，皇帝赐礼收回的做法在一定程度上可以视为对“和离”当事人的经济处罚。清代则实行品官“和离”审查制度，规定更明确，且将审查范围扩大至“清代吏部在册的所有官员”〔2〕。根据《钦定大清会典·事例》规定〔3〕，清代品官“和离”的法定程序是，先由吏部削去所封，再由刑部审理。刑部审理判定是否离异的依据是：夫妇不和双方协商一致，且没有异议。清时“和离”要“削去所封”的做法亦视为对“和离”当事人的政治处分。

不管是宋代宗室“和离”审查制度，还是清代品官“和离”审查制度，可以观察到在中国古代离婚制度体系中，虽然“和离”之制对夫妻个人情感有一定的考虑，给予了男女双方适当自由离婚选择权，但社会对自由离婚的容忍度不高，“和离”既遭遇来自道德的抨击，又受到制度层面的限制。从宋代宗亲“和离”要“给还赐物”及清朝品官“和离”要“削去所封”可以发现，由宋至清，当权者对“和离”的态度是保守的，且意图通过施加政治经济压力来限制宗室、品官等社会精英阶层“和离”事件的发生，以期给整个社会带来少“和离”的榜样

〔1〕刘琳等校点：《宋会要辑稿》（1），上海古籍出版社 2014 年版，第 128 页。

〔2〕崔兰琴：“中国古代法上的‘和离’”，载《法学研究》2010 年第 5 期，第 174 页。

〔3〕《钦定大清会典·事例》规定：“国初凡官员因夫妇不和，欲出其妻，已受封者，先呈明吏部，削去所封，赴刑部呈明，差人押令离异；未受封者，询明情由，系两愿者，听。若兵民出妻，任其自便。”

示范作用。当然，为何宋清时期将"和离"审查限定在特定主体范围内，对平民百姓则"任其自便"，还是要回归到"和离"制度兼顾与衡平的立法初衷。

（三）"和离"中的女性离婚话语权

据前文讨论，"七出"的决定权在于夫方，"义绝"则是公权力强制解除婚姻关系。在"双愿离异"（"协离"）的"和离"之制下，女方是否可以主动提出"和离"，享有离婚自主权？以下列举汉晋唐宋五个女方主动提出"和离"的事例〔1〕进行考察：

1. 汉时朱买臣见弃于其妻。〔2〕朱买臣贫困但爱读书，其妻不堪忍受困苦的生活，"求去"，他竭力挽留并许诺："算命的说我五十岁之际就会发达，现在我已经四十多了，你再忍忍，等我富贵发达，必定好好待你"。其妻表示："等你发达，我早就饿死在沟里了，哪还能享受什么富贵荣华！"坚决要离婚，买臣只好"听去"。后来朱买臣发达了，官至太守，高车驷马，其前妻闻讯后羞愧自杀。

2. 晋代王欢妻求改嫁。〔3〕晋代王欢的遭遇与朱买臣类似，他"常丐食诵诗，虽家无斗储，意怡如也"，"其妻患之，或焚毁其书而求改嫁"。王欢举朱买臣之例，"卿不闻朱买臣妻邪？"成功打消了妻子的离婚意图。此例说明，没到迫不得已境地，女方一般少有主动提出离婚的。

〔1〕 以下案例参见董家遵：《中国古代婚姻史研究》，卞恩才整理，广东人民出版社1995年版，第281~283页。

〔2〕 参见金振华、陈桂声主编，张珊编著：《文史合璧》（两汉卷），苏州大学出版社2016年版，第182~183页。

〔3〕 参见卢润祥、沈伟麟主编：《历代志怪大观》，上海三联书店1996年版，第232页。

3. 唐朝阿王求去案。[1]读书人杨志坚，家贫，妻阿王不堪忍受温饱不保的生活，“索书求离”，志坚赠诗挽留，阿王去意已决，“持诗诣州，请公牒，以求别醮”。颜真卿时任临川内吏，受案后，认为杨志坚素为儒学之士，阿王不能从一而终，与夫同贫贱，社会影响实在恶劣，“恶辱乡闾，败伤风俗。若无褒贬，侥幸者多”，故“阿王决二十后，任改嫁。杨志坚秀才，赠布绢各二十匹、禄米二十石，便署随军，仍令远近知悉”。颜鲁公对阿王求去案的判决产生了很大的社会效应，以致“江左十数年来，莫有敢弃其夫者”。

4. 唐夏侯碎金和离案。[2]刘寂妻夏侯碎金因父亲眼睛失明需要照顾，乃“求离其夫，以终侍养”，夏侯氏的求去理由不是与刘寂夫妻“不相安谐”，而是为了照顾自己生活不能自理的父亲，这样的离婚理由符合伦理纲常的孝道要求，故夏侯氏得以顺利离婚，且获得了朝廷“制表其门闾，赐以粟帛”的嘉奖。

5. 宋女阿张背夫悖舅听离案。宋女阿张与朱四结婚八年，阿张以丈夫朱四有“蔡人”之疾，要求离婚，司法官员胡石壁认为阿张“不宜于夫”“不悦于舅”，判决“杖六十，听离”。

上述五个案例均是女方主动提出离异的情形，说明古代社会的中国女性并非绝无主动提出“和离”的个案，但是能否顺利解除婚姻关系，女方却没有多大的决定权。古代中国女性主动提出离婚的原因，主要是为生活所迫，如朱买臣之妻、王欢之妻、杨志坚之妻，个别因其他缘由主动“求去”，如夏侯碎金，甚少有因夫妻不和而主动提出“和离”的。鉴于“妇人从

〔1〕 参见金沛霖主编：《四库全书子部精要》（下），天津古籍出版社、中国世界语出版社1998年版，第611页。

〔2〕 参见（后晋）刘昫：《传世藏书·史库·二十六史·8旧唐书》，海南国际新闻出版中心1996年版，第1617页。

夫，无自专之道"，社会也不支持女方主动要求"和离"，妻去夫是要付出代价的。在司法实践中，为了防止风俗败坏，女方提出"和离"通常会受到惩处，方可离异，如阿王被决二十、阿张被杖六十。离婚与否的决定权依然掌握在男方手里，男方如不同意，女方也无可奈何。且"和离"后，前妻能否再婚通常还受前夫的牵制，妻子要想再嫁，必须持有男方制作的离婚证明——"放妻书"。总言之，虽然在"和离"的制度设计下，古代中国妻子可以向丈夫提出"求去"，但在男尊女卑的社会里，"婚姻问题上当然不可能赋予女子与男子同样平等的权利和地位"[1]。

---

〔1〕 张艳云："从敦煌《放妻书》看唐代婚姻中的和离制度"，载《敦煌研究》1999年第2期，第73页。

第二章
他醒与自觉：清末民初男女平权思想的萌兴

一、男女平权思想的译介

（一）译者马君武

自近代中国社会“戊戌维新”时期兴起的男女平权意识，是伴随国家民族革命而萌生的一股思潮。一方面，这一思潮是小众化的，传播范围是有限的。在当时的中国，仅小部分社会精英有机会接触并推介男女平权。另一方面，即使有西方天赋人权、人人平等理念的“扶持”，由于缺乏理论的指引与实践的土壤，近代中国的男女平权思潮在泛起之初面临着艰难的抉择——男女平权的最终目的是解救国家民族于危难之际？还是女性个体作为平权人的解放？从前面的讨论中不难发现，大部分早期的男女平权倡导者们选择了救亡图存。

1902 年 11 月，东渡日本的中国留学生、广西人氏马君武翻译了以男女平权为研究主题的赫伯特·斯宾塞（Herbert Spencer）的著述，并以《斯宾塞女权篇与达尔文物竞篇》为题成书，由少年中国学会出版；1903 年 4 月，马君武又翻译《弥勒约翰之学说》，分别载于梁启超主办的《新民丛报》第 29 ~ 31 期。在《斯宾塞女权篇与达尔文物竞篇》中，马君武翻译介绍了近代英国社会学家、哲学家斯宾塞的男女同权主张。[1]《弥勒约翰之学说》中第二部分译介了近代英国著名思想家约翰·斯图亚特·密尔的女权主张。[2]《女权篇》《女权说》一经面世，即广为流传，影响深远。不管是倡导男女平权的时人，还是当今的研究学者都给予了较高的赞誉。斯宾塞、密尔二人之学说在20世纪初中国广为流传，1904年柳亚子描述道：自从斯宾塞、密尔的男女平权、女权学说，随着越洋轮船，穿洋越海，自西东来，中土人士大受鼓舞，特别是一批具有先见之明的女同胞们，在这些学说的影响下，发愤图强，追求女权，力图实现男女平权。[3]当代学者夏晓虹认为，马君武关于斯宾塞、密尔二人女权学说的译介，在晚清中国产生了深远的影响，至少在关于西方妇女解放的理论方面，当时的人们探寻到了确实的思想源头，不再是缥缈的、不实在的对西方的想象与虚构，从而也化解了理论层面的矛盾。[4]夏晓虹赞誉马君武为“中国女权思想传布史上树立丰碑的人物”。[5]

（二）斯宾塞《女权篇》

斯宾塞（1820—1903）出生于英国的一个教师家庭，是英国近代哲学家与社会学家，同时还是社会有机体论的创始人。斯宾塞主要著作包括《政府的本分》《社会静力学》《社会学原

---

〔1〕［英］赫伯特·斯宾塞：《女权篇》，马君武译，少年中国学会1902年版。

〔2〕［英］约翰·密尔：《女权说》，马君武译，少年中国学会1902年版。

〔3〕“弥勒约翰、斯宾塞之学说，汽船满载，掠太平洋而东。我同胞女豪杰，亦发愤兴起，相于驰逐以图之。”参见柳亚子：“黎里不缠足会缘起”，载《女子世界》1904年第3期。

〔4〕参见夏晓虹：《晚清文人妇女观》（增订本），北京大学出版社2016年版，第77页。

〔5〕参见夏晓虹：《晚清文人妇女观》（增订本），北京大学出版社2016年版，第74页。

理》等。[1] 基于社会有机体理论的指引，斯宾塞认为在一个和谐、幸福的社会中，每一个人都有做他（她）所愿之事的自由，这个自由的享有以不得侵犯他人的同等自由为前提。在 1851 年出版的《社会静力学》第十六章《女性之权利》中，斯宾塞专门讨论了女权问题。斯宾塞《女权篇》由十节内容构成，前九节分别从男女平等的正当性、公权领域的男女平等、私权领域的男女平等等方面阐述了自己的女权主张并加以论证，最后一节为总结。

1. 男女同权，乃自然之公理。关于女权问题主要有三种说法："第一女人无一切权；第二女人之权不能大过男人；第三男女之权同等。"[2] 第一种、第二种男女不平权的说法有违于自然之真理，"诚无根之言"[3]，是站不住脚跟的。

2. 女性应当享有与男子同等的受教育权。女性心智性情低于男性的主张乃谬论，在政治、文艺、教育、美术等领域，优秀的女性不在少数，"然是不可徒执空言，当验之于实事"[4]。导致女性后天思想才技不发达的症结在于女学不兴，"女学之在今日也，可谓极不发达矣"[5]。一方面，女性教育权缺失，不能进入中学、大学接受高等教育，缺乏思想的启蒙；另一方面，即使个别女性有幸受到教育，所学的内容多是女德之类的"旧

---

〔1〕 参见吕世伦、谷春德编著：《西方政治法律思想史》，西安交通大学出版社 2016 年版，第 351 页。

〔2〕 莫世祥编：《马君武集（1900—1919）》，华中师范大学出版社 1991 年版，第 17 页。

〔3〕 莫世祥编：《马君武集（1900—1919）》，华中师范大学出版社 1991 年版，第 16 页。

〔4〕 莫世祥编：《马君武集（1900—1919）》，华中师范大学出版社 1991 年版，第 18 页。

〔5〕 莫世祥编：《马君武集（1900—1919）》，华中师范大学出版社 1991 年版，第 18 页。

日习俗”，禁止男女往来交流也限制了女性的“修学之途”。

3. 欲加之罪，其无辞乎？男女不同权的主张是强词夺理，是“臆测之虚言”。男权论者们为达到男女区别对待的目的，不惜编造理由来进行伪证，“其说为臆测之虚言乎？抑从散之妄言乎？”〔1〕

4. 一个国家人民越文明，对待女性越宽容。一个国家对待女性的态度如何，直接反馈了该国文明开化的程度，这是一个具有普遍性的定理。〔2〕家庭内部男女是否平等，也反映了一个国家的民主程度，一个国家如果为专制之国，那么该国的家庭关系必然也是专制奴役的：“……观于家内男女间之压制如何。则其国君民间之压制如何可知也。”〔3〕

5. 专制、奴役与平等自由原理相背离。专制与奴役是人类历史中的野蛮风俗，这一野蛮风俗遗留于社会，在人们的思想中生根发芽，一时难以完全清除。但是，人与人之间生来平等，何来奴役，何来专制？“专制何谓？谓屈他人之意志使必从己也。奴隶何谓？谓不能自有其意志，而服从他人之意志，以为己之意志也。”〔4〕平等自由原理是判断一切是非曲直的公理，专制与奴役都是通过剥夺多人的自由以换取一人的自由，因此，专制与奴役有悖于平等自由原理。

6. 人们可以平等友好对待友仆，何以不能同等对待妻子？

---

〔1〕莫世祥编：《马君武集（1900—1919）》，华中师范大学出版社 1991 年版，第 20 页。

〔2〕“欲知一国人民之文明程度如何，必以其国待遇女人之情形如何为断，此不易之定例也。”参见莫世祥编：《马君武集（1900—1919）》，华中师范大学出版社 1991 年版，第 20 页。

〔3〕莫世祥编：《马君武集（1900—1919）》，华中师范大学出版社 1991 年版，第 21 页。

〔4〕莫世祥编：《马君武集（1900—1919）》，华中师范大学出版社 1991 年版，第 21 页。

妻子在丈夫的眼里不如仆役、朋友？导致这一现象的症结在于男性因爱情专属性而获得的优越感，在这种优越感的支撑下，妻子的权利就被忽略了："妻也者，又非友人仆人之比，而为己爱情所专注之人也。其关系最固结，天然相好，则其妻之权利位格，不可不用深情爱护之，侵夺凌驾云乎哉！"[1]万物之间，凭借力气而压制他人使他人信服，只有禽兽才会采取此种对待方式。

7. 命令、威权、压制是爱情的毒药。"命令者，爱情之荼毒也"，"压制者，无情也"，"夫世人之用压力凌驾其妻者，欲其爱情之无伤，不可得也。爱情既伤，而欲一家有好效果，不可得也。故命令者，决不可用之家庭夫妇间也"。[2]

8. 夫妻平权，权利界限分明，有利于定分止争。从权利配置的角度来看，婚姻家庭内，妻子与丈夫享有平等的权利，不仅不会出现妻子与丈夫相竞争、夫妻之间交战不已的局面，反而有利于男方女方互相尊重、各执其权，"男女之权，秩然有限，各守其界，不相侵越，一切争竞，可以永息矣"[3]。

9. 妇女应当享有与男子同等的政治权利，女性不能远离政治，否则女性之权利更难认定。女性参政议政有利于把她们从被奴役的境地中解放出来："政治问题如果在女人身分之外，则女人之身分，将何从而定之？"[4]女子从政乃是天赋权利。

---

〔1〕 莫世祥编：《马君武集（1900—1919）》，华中师范大学出版社1991年版，第21页。

〔2〕 莫世祥编：《马君武集（1900—1919）》，华中师范大学出版社1991年版，第23～24页。

〔3〕 莫世祥编：《马君武集（1900—1919）》，华中师范大学出版社1991年版，第25页。

〔4〕 莫世祥编：《马君武集（1900—1919）》，华中师范大学出版社1991年版，第25页。此处引文中"身分"同"身份"，本书引文均采取同类方式处理，后文出现不再另行说明。——编辑注

（三）约翰·斯图亚特·密尔《女权说》

约翰·斯图亚特·密尔（1806—1873），是近代英国著名的思想家、政治哲学家、经济学家、伦理学家，曾被誉为“理性主义的圣人”〔1〕。他是近代西方最早阐述女权理论的人，密尔也是积极的女性权利倡导者。1866年，他向英国议会提交了改革法案，要求妇女也能获得与男性同等的选举权与被选举权。1869年，密尔出版《妇女的从属地位》（*The Subjection of Women*）一书，从男女革命的角度出发分析女性权利的法律保障、女性的政治权利等。马君武将密尔誉为“欧洲男女革命之原动力”〔2〕。密尔《女权说》的核心思想是男女平权：①法律应该承认妇女拥有独立人格，享有与男子同等的治理国家、监督政府、组织政府的权利。将成年女性等同于儿童的权利对待，是不妥当的，“女人之权，与小儿之权不同。女人有为其国之政府所善治之权”〔3〕。②在私权方面，既然妻子可以为丈夫管理家庭财产，那么，于公权而言，与男子一样要纳税的女性，同样应当享有与男性平等的政治权利，“公私权不同之制度，不可不改良也”〔4〕。③女性能当国王，但又不允许女性拥有政治权利，这是自相矛盾的，自古就有女性入议院任议员、承继王位的先例，在英国、澳大利亚、俄罗斯、西班牙、葡萄牙诸国，“女人

〔1〕参见吴春华主编：《西方政治思想史》（第4卷·19世纪至二战），天津人民出版社2005年版，第195页。

〔2〕莫世祥编：《马君武集（1900—1919）》，华中师范大学出版社1991年版，第142页。

〔3〕莫世祥编：《马君武集（1900—1919）》，华中师范大学出版社1991年版，第142页。

〔4〕莫世祥编：《马君武集（1900—1919）》，华中师范大学出版社1991年版，第143页。

之据王位者甚重”[1]。④关于政治权利方面，在家庭成员男女同权的前提下，既然父亲、丈夫有选举权与被选举权，那么居于平权地位的女儿或妻子应该同样享有该项政治权利。[2]

（四）译介的影响

1. 通过《女权说》《女权篇》两本译作，将“女权”这一词语推介到了近代中国，推动近代中国女性解放的目的由“贤妻良母”至“女性国民”再到“女性个体”的演变[3]，性别革命的国族色彩逐渐淡化。“我国近代女权运动则是因救亡图存之现实需要，不得不去动员本民族所有的能量而强行发掘的”[4]。妇女解放事业的最终目标由救国救族的“贤妻良母”转向对女性自我解放的关注。1902 年至 1903 年，随着斯宾塞《女权篇》及密尔《女权说》在中国社会的广为传播，“女权”一词逐渐为民众知晓。一方面，男女平等由天赋乃大自然的公理，为实现男女平等找到了源自“自然法则”的思想根源；另一方面，女性是独立的个体、奴役与压制他人是野蛮社会的特征，在一个文明昌化的社会中，不会出现男性以强力奴役女性的情况。因此，男女同权的最终目的，从根本上而言，应该是

---

〔1〕 莫世祥编：《马君武集（1900—1919）》，华中师范大学出版社 1991 年版，第 143 页。

〔2〕 “在家庭间之女人，常有与其父或夫得同等之权者。以此推之，其夫可被选，其妻亦可被选，其父可被选，其女亦可被选。”参见莫世祥编：《马君武集（1900—1919）》，华中师范大学出版社 1991 年版，第 143 页。

〔3〕 “维新男士把女权作为‘民权’的一部分，把实践个人才能的自由，转换为摆脱专制获取自主的斗争，把个人自由转化成国民的爱国责任，从而把女权吸纳进反抗专制国家、履行爱国义务的轨道上。当妇女国民身份和国家责任被凸显的同时，传统家庭内部不平等的两性关系被回避和搁置。”参见刘禾：《世界秩序与文明等级：全球史研究的新路径》，生活·读书·新知三联书店 2016 年版，第 343 页。

〔4〕 莫世祥编：《马君武集（1900—1919）》，华中师范大学出版社 1991 年版，第 163 页。

人的解放——女性个体的解放。在《女权篇》《女权说》由马君武翻译介绍至中国前，正所谓“母壮则子强”，当时国人眼里的妇女解放、男女平权基本是拘囿在培养“贤妻良母”“保国”“保种”“保教”以强国的视域内，女权的兴起似乎与女性个体无关，救国图存心切的维新改良派们，寄希望于通过倡导女权、实现男女同权这剂“良药”，救国族于危难。

2. 除了身体自由权、受教育的权利，政治权利也开始纳入了男女平权的范围。通过考察戊戌变法时期主张男女平权、妇女解放的维新派们所规划的男女平权之进路：禁缠足——女性身体的解放，兴女学——女性智识的脱昧，前者意味着对女性获的身体自由权的支持，后者意味着认可女性享有与男子同等的教育权。但仅仅通过身体自由权与受教育权的赋予尚不足以体现男女平权、女权兴起的要义。斯宾塞、密尔从公权的领域出发，探讨了成年的女性与他们的父兄丈夫儿子一样，享有参政议政管理国家等政治权利的必然性与必要性。民初时期男女平权的范围由身份领域、教育领域扩展到政治领域，斯宾塞、密尔二人的主张起到了推波助澜的作用。辛亥前留学日本的秋瑾，大胆地提出了女子要与男子一样承担国家责任；辛亥后，涌现出了一批积极参与社会变革、政治革新活动的女性精英，如唐群英、沈佩贞、林宗雪、张汉英等人。为争取女子参政权、实现男女政治平权，唐群英甚至率众女子大闹参议院、掌掴宋教仁，一时朝野震惊，于近代女性从政史上留下了浓浓的一抹抗争色彩。正如斯宾塞所言，如果将政治上之问题，把女性排除在外，那么“女人之身分，将何从而定呢？”[1]不管是

---

〔1〕 莫世祥编：《马君武集（1900—1919）》，华中师范大学出版社1991年版，第25页。

秋瑾等女性斗士，还是以唐群英为代表的民初时期的女革命家，这些中国女权运动先锋们的男女平等诉求与实践，也是对斯宾塞、密尔二人所推介的男女平权说的中国实践。

3. 男女平权不仅仅是公权范围的平权，还应是私权领域的平权。近代中国社会，由于需要实现救赎国族的奢愿，早期革新者们如康有为、梁启超等关心的是女性的社会活动参与能力的改造，后来者们则进一步将女权关注扩至公权领域的男女平权问题，与黎民百姓日常生活息息相关的婚姻家庭内部的平权问题，或是被有意回避，或是被无意忽略。斯宾塞、密尔女权论均从家庭内部关系出发，探讨了女性在婚姻家庭内的私权问题。如斯宾塞认为“观于家内男女间之压制如何，则其国君民间之压制如何可知也”；“夫同类不平等，而以力相压服，乃悖乱之制，禽兽之道也”；“夫世人之用压力凌驾其妻者，欲其爱情之无伤，不可得也”；“男女之权，秩然有限，各守其界，不相侵越，一切争竞，可以永息矣”〔1〕。

斯宾塞、密尔关于家庭内部夫妻平权的学说有助于开拓清末至民初这一时期男女平权运动的新视野。男女平权运动从救亡图存的家国神坛开始走向民间，开始触及家庭领域内夫权妇权间的权利配置问题。中国最早的女权主义理论家〔2〕何殷震提出无政府主义“女界革命”，将妇女解放由社会外部的男女平权诉求回归到了家庭内部男女不平等关系的改造。何殷震关于女权的理论及立场大胆而又具突破性，“在晚清主流女权论述中显

〔1〕 莫世祥编：《马君武集（1900—1919）》，华中师范大学出版社 1991 年版，第 21、23、25 页。

〔2〕 据宋少鹏在《“西洋镜”里的中国女性》一文中所述。转引自刘禾：《世界秩序与文明等级：全球史研究的新路径》，生活 · 读书 · 新知三联书店 2016 年版，第 344 页。

得独具一格，甚至在过去百年中世界女权主义的理论界也是一枝独秀”[1]。后至新文化运动及五四运动时期，男女性别革命、重构两性关系的呼声越来越高，人格独立成了民初时期妇女解放运动的主旋律，孙中山、蔡元培等人均有塑造女性独立人格的论述，甚至有激进派人士提出了“废家”“毁家”主张，以实现女性的彻底解放。

二、早期的男女平权思潮

关于男女平权的问题，早在晚清这个“西风一夜催人老”，“老大帝国”变“少年中国”的突变期，具有先见之明的早期资产阶级维新派们，在中西内外思潮涌动的冲击之下，也开始重新思考求变时期的男权女权问题。这群早期维新派代表人物有郑观应、宋恕、王韬、陈虬、陈炽等，他们解放女性、主张男女平权的观点主要聚焦于禁缠足、兴女教、文明婚姻等领域。下文中将择取郑观应的“戒溺女”“女教”观、宋恕的新式“婚姻”观来讨论清末民初时期“男女平权”思潮的萌动。

（一）郑观应的“兴女教”与“禁缠足”

早期维新资产阶级改良之士郑观应既是近代中国的思想启蒙家，又是清末洋务运动经历者与实践家，他的事业轨迹从英商洋行延续到上海机器织布局、上海电报局等，丰富的从商阅历给予了他开阔的视野与胸襟，他对待女性秉持开明的态度。郑观应在其作《盛世危言后编·自序》中论述了抵御外敌与女子教育的逻辑关系：想要抵御外敌，就必须要自立自强；要自立自强，就必须要昌盛富强；要昌盛富强，首要的事情是要振

[1] 宋少鹏：《“西洋镜”里的中国与妇女：文明的性别标准和晚清女权论述》，社会科学文献出版社2016年版，第345页。

兴工商业；要振兴工商业，必然要先兴办学校、发展教育，而后制定宪法、尊重社会道德、革新国家政治模式。教育是国家富强之基石，然女子教育更是不能忽略。郑观应还撰《女教》仿泰西之国兴女子教育，同时痛陈缠足恶俗，要求禁止缠足，解放女性身体，让女性可以正常行走，能够获得更多的受教育机会。他列举外国“女教”之风俗，西方诸国对男学、女学一视同仁，只要年满八周岁，女孩与男孩一样，都可以进入女校学习语文、数学等科目，且女校的管理规则与男校类似。在女校中，有的女孩学习“经世致用”的实学，有的女孩学习师范专业，有的女孩则希望通过学习开阔视野、增长见闻〔1〕。他认为“女子无才便是德”的惯俗，是不讲礼教，将导致“政化之所以日衰也”；他痛陈裹足恶习之弊，认为缠足恶习惨绝人寰，戕害女性的身体，用布强行束缚女足，导致女子的双足鲜血淋漓，就好似被施以了残酷的肉刑、患上了痛苦的疾病、遭遇了严重的灾难，是没有人性的。看看西方人怎么嘲笑裹足之恶吧！西方诸国视中国女子之裹足、男子之宫刑为极其野蛮的现象，这样的野蛮做法，在全世界是独一无二的，为世人所唾弃的，革除缠裹女足的旧习，是明智的，乃圣人之举。因此，郑观应认为，要是将裹足恶习易改为送女子上学接受教育，将裹足的功夫用在女子教育上，那么，不出十年，中华女儿们的才华智力将不会输于男儿们〔2〕。

（二）宋恕的新式婚姻观

宋恕是清季晚期的启蒙思想家，在戊戌变法前曾游历上海、南京、杭州等地，列强掠夺、内乱纷纷笼罩下江南大地的萧条

---

〔1〕 夏东元编：《郑观应集》（上册），上海人民出版社 1982 年版，第 287 页。
〔2〕 夏东元编：《郑观应集》（上册），上海人民出版社 1982 年版，第 288 页。

之气，让怀“仁”者之心的他深感国力衰弱之耻辱与忧虑，继而广读西学典籍，“欲扫西庭壮本朝”，作《六字课斋卑议》以“指病”，而期望通过变法维新找到“御侮排外振兴国家”的药方[1]。宋恕对弱者尤其是当时的中国妇女充满了深深的同情，与同时期的郑观应、王韬等人一致主张要解放女性，废弃男尊女卑的弊俗。但宋恕男女平权思想的火花主要还是闪烁在改革旧式婚姻制度方面。宋恕婚制改革主张包括结婚自由与离婚自由两个方面。一方面，他认为，结婚要自由，其缘由在于：“夫妇为人伦之始，善男娶恶女，善女嫁恶男，终身受累，而女尤苦；即同为善乐，而性情歧别，相处亦不乐”。婚姻牵涉男女双方终身幸福，应当改革婚姻听由父母之命的做法，缔结婚姻之时，除了要考虑父母的意见之外，当事人双方的意愿也不可忽略：“及年订婚，婚书须本男女亲填甘结……”否则，“家长以诬指订婚论”[2]。另一方面，离婚也要自由，其缘由在于：在宋代之前，礼法设和离为婚姻之解除预留了一定空间，有时候，只要有合乎礼法的理由，丈夫可以出妻，妻子可以请去，而无须担心违背婚姻伦理道德，夫妻双方均享有一定程度的离婚请求权。然而，到了元明时期，离婚被严格限制，即使夫妻情感不合、婆媳矛盾尖锐而难以在同一屋檐之下共同生活，却不得轻易解除婚姻关系，在这样的残忍强迫之下，一些夫妻反目成仇、亲人相煎相戕的悲剧时有发生。尤其是对于女性而言，如果不幸遇到品行不端的丈夫或道德败坏的夫家，却不能主动提出解除婚姻关系脱离苦海，要么与其同流合污，要么以死殉节，

---

〔1〕 郑云山：《近代中国史事与人物——郑云山学术论文集》，浙江大学出版社2009年版，第227页。

〔2〕 胡珠生编：《宋恕集》（上），中华书局1993年版，第31页。

且这样的一死又得不到社会的认可。再者，若不幸遇到身体有缺陷无法生育的丈夫，则失去了诞延子嗣的机会，若遇到败家的男人，则食不果腹、遭受饥寒困顿。由此可见，离婚不自由，对于夫妻双方，特别是妻子而言，是一个大大的悲剧![1]宋恕秉承男女平等的观点，认为“七出”之条“未皆协于情理之公”，主张妇女也有提出离婚的权利，故“定三出，五去礼律”的离婚制度。宋恕所谓“三出”为：“舅姑不合，出；夫不合，出；前妻妾之男女不合，出；皆由夫作主”[2]。如果男子要出妻，应以礼待之勿伤大雅：“欲出妻妾者，无论因何事故，均须用三出中名目礼遣回家，不许伤雅”[3]。“五去”是在“三出”的基础上加上“妻妾不合”“归养父母”两条。“五去”赋予了妻妾一定程度的离婚自由，不管是基于什么样的原因，只要按照“五去”之由，履行一定的程序即可解除婚姻关系：“……皆由妻妾作主。欲去者，无论因何事故，均须用五去中名目，礼辞而去”[4]。当代学者夏晓虹在论及宋恕的自由离婚观时，认为宋恕的离婚观是毫无疑问的夫妻平等的离婚观，一方面，丈夫可以出妻，另一方面，妻子也可以去夫。一“出”一“去”，“男子既可以出妻，女子便可以去夫”，彰显了宋氏自由离婚主张的核心，即妻子拥有与丈夫同等的离婚权利。[5]

---

〔1〕胡珠生编：《宋恕集》(上)，中华书局1993年版，第33页。

〔2〕(清)唐才常、(清)宋恕：《砭旧危言——唐才常、宋恕集》，郑大华、任菁选注，辽宁人民出版社1994年版，第200页。

〔3〕(清)唐才常、(清)宋恕：《砭旧危言——唐才常、宋恕集》，郑大华、任菁选注，辽宁人民出版社1994年版，第200页。

〔4〕(清)唐才常、(清)宋恕：《砭旧危言——唐才常、宋恕集》，郑大华、任菁选注，辽宁人民出版社1994年版，第200页。

〔5〕夏晓虹：《晚清文人妇女观》(增订本)，北京大学出版社2016年版，第54页。

郑、宋二人主张解放女性，男女平等，一是要解放女性的身体，禁止缠足，禁止对女性身体人为的戕害；二是要解放思想，冲破“三纲五常”的局限，女子并非无才便是德，男女均有同等的接受教育的权利，应该积极兴办女学，将中国女性从愚昧无知中解放出来。不管是郑观应力兴女学的主张宋恕大胆地构建的夫妻平权的设想，还是后来者们禁止缠足、兴办女学、婚姻自由抑或离婚自由等一系列追寻男女平权的女性解放思潮，在男性“平权”倡导者的内心深处，还是得回归到富国强民的民族主义运动的起点——解放女性的最终目的不是女性的解放，而是国家民族的解放。对萌动在清季晚期的这种救亡图存的男女平权、妇女解放思潮，有学者认为近代中国女权之醒觉是在男性的主导下进行的，因而，不可避免地被染上救国图存的男性特质色彩，女权的启蒙被描述成了一副政治图景，“在这番图景之下，男性主导者们，即是说教者，又是被说教者，女性始终处于被动地位。……也就是说，检视清末男权主导下的女权启蒙，始终未曾独立于男性政治集团开出的救国方案选项，并且由男子主导的结果，妇女是改革的客体不是主体”〔1〕。早期资产阶级维新派们提出男女平权、解放妇女，并没有真正站在解放旧制度中苦苦挣扎的中国女性本体的角度去发声。遗憾的是，戊戌时期的大部分维新人士如康有为、梁启超、谭嗣同基本上延续了这样的论调：男女平权的初衷是为了“保国、保教、保种”，当然也有极个别“女杰”如康有为之女康同璧发出了“为解放女性而男女平权”的异声，但在救国救民的汹涌大潮

〔1〕柯惠铃：《近代中国革命运动中的妇女（1900—1920）》，山西教育出版社2012年版，第17页。

中，这样的声音显得非常微弱。[1]当然，不可否认的是，以郑观应、宋恕为代表的早期革新派大胆地宣扬妇女解放的思想，对近代男女平权思想的形成、践行，起到了“着意栽花花不发，等闲插柳柳成荫”的功效。

三、维新变法时期的男女平权观

自甲午战争一败涂地，摧枯拉朽的晚清帝国在洋人的炮火中摇摇欲坠，“国将不国，何以为家”，面对家国大难，一群男性知识分子精英开始积极探寻救国保族的有效径路。“妇女运动的发展逃不过臣服国族国家统一的命运”[2]，这些男性精英们在摸索解救国族之路时，将解放女性、男女平权也作为救家国于危难之际的“药方”之一。在19世纪末中国知识分子的救国理论框架中，女性解放常常被视为整个国家摆脱传统束缚，仿效西方，奔向国族繁荣的一个重要环节。在“他”者的视野里，妇女通常被“作为落后、弱恶、贫穷、残废等国族想象的具体呈现，借此男性主体抒发弱势处境的焦虑，表达被征服者欲居于征服者的欲望”[3]。即使“男女平权”或“男女平等”的呼号时有提出，但是，不管是郑观应、宋恕还是后来者康有为、梁启超、谭嗣同等人，即使他们有“冲破罗网”的决绝，但“男女平权”中“女权”构建的目标还是为了强国保种：“妇在强国保种的改革者心中，不是指个别能力差异、对于生存有独

---

〔1〕 幸而后来无政府主义者何殷震从发出了震耳欲聩的“女权之伸，当由女子抗争，不当出于男子之付出”的呐喊，让近代解放女性、男女平等开始转向到对女性个体的关注上来。关于何殷震的男女平权主张，将在后文中讨论。

〔2〕 Samita Sen, “Motherhood and Mothercraft: Gender and Nationalism in Bengal”, *Gender & History* 5.2, 1993, pp. 231-243.

〔3〕 柯惠铃：《近代中国革命运动中的妇女（1900—1920）》，山西教育出版社2012年版，第4页。

立策略的个体，而是一个整体单元。对这个体单元的一般概述，强调的是国家富强至上的意识而非争取妇女个别权益为目的"[1]。当时中土人士掀起的"男女平权"思潮，还不能完全等同于当时泰西各国的"男女平权"主张，因为近代西方社会所谓的男女平等是"个体"的平等，而中土人士强调的男女平等是建立在摆脱国族困厄的基础上的平等。不管是自诩为圣人的康有为，还是力倡女学的梁启超，还是愿为变法洒热血的谭嗣同，在对男女平权的论述中都摆脱不了传统男尊女卑性别秩序原则的桎梏。当然，不能仅凭康、梁、谭等男性改良主义者的家国立场而否定他们在当时提出"男女平权"主张的意义与价值。与早期"男女平权"倡导者相较，康、梁、谭倾向于从中国传统思想中去寻找依据来证明"男女平权"存在的合理性，力求"中西贯通""托古改制"，儒家、墨家甚至佛家都是他们论证的源泉，舶来的"男女平等"思潮经过本土化的包装，更能为普罗大众所认识与接受，得到社会各个阶层的支持。在男性倡导者的带动下，这一时期出现了一批女性觉醒者，她们开始从女性个体的角度出发，考虑男女平权的价值、意义以及具体的平权径路，在一定程度上突破了男性精英们构建的宏大式（附庸于男性的捆绑式的平权）的男女平权版本。

（一）康有为的"男女大同"构想

康有为是清末除旧布新维新派的领军人物，是提倡中学西学相贯通的先驱，梁启超、谭嗣同均为其弟子，二人思想颇受康氏影响。康有为的男女平权的观点主要集中在其撰写的《大

---

〔1〕柯惠铃：《近代中国革命运动中的妇女（1900—1920）》，山西教育出版社2012年版，第4页。

同书》中。该书中西杂糅，既以传统中国强调差等秩序的儒家伦理价值观为基础，又兼采近代西方资产阶级价值理念与政治信仰。[1]信奉儒教的康有为“托古改制”，认为男尊女卑“其去公理远矣，其于求乐之道亦未至焉”[2]。他提出：“女子未有异于男子也，男子未有异于女子也”[3]的男女平权主张。在《大同书》中，他论及人生七苦：“投胎”“夭折”“废疾”“蛮野”“边地”“奴婢”“妇女”[4]，特设专章戊部“七形界保独立”，以诉中国女性在参政议政、文化教育、婚姻家庭领域遭遇的不平等对待。

1. 在参政议政方面，自古“万国卿相尽是男儿，举朝职官未见女子”，“选举不闻巾帼，考职不睹裙钗”[5]。康有为认为，不让妇女参政议政，是“暴殄天物”之举，女子与男子一样，也有一才一技一能，可以与男性共同承担社会职责。康有为认为虽然男女外形不同，但权利乃天授，男子依据天赋之权利参与国家政事，既然权利源自上天的安排，那么男男女女均应当平等地享有，就不应该以性别为由，设立种种障碍阻止女子行使这些权利，而广大女性也不应该唯唯诺诺屈服于男性的专权独擅，应该主动去追求、行使天赋之政治权利。总而言之，男女应平等地参与国家政治活动、管理国家事务。[6]具体而言，国家议员应该从民众中公平选举而出，候选人的核心要素是“才”与“能”，而非“男”或“女”，“夫国之有代议员者，

---

〔1〕 康有为撰：《大同书》，上海古籍出版社 2014 年版，第 1 页。
〔2〕 康有为撰：《大同书》，上海古籍出版社 2014 年版，第 6 页。
〔3〕 康有为撰：《大同书》，上海古籍出版社 2014 年版，第 100 页。
〔4〕 康有为撰：《大同书》，上海古籍出版社 2014 年版，第 7 页。
〔5〕 康有为撰：《大同书》，上海古籍出版社 2014 年版，第 100 页。
〔6〕 康有为撰：《大同书》，上海古籍出版社 2014 年版，第 101 页。

原取诸民，一以明公共平等之义，一以选才识通达之人。夫以才识论，则数万万之女子，夫岂无人；以公共平等论，则君与民且当平，况男子之与女子乎！"[1]

2. 在文化教育方面，女子通常被剥夺受教育的权利。康有为认为，如果不宣扬女学、让女性接受教育，将既不利于女性自身的成长，也不利于子孙后嗣人种的改良。对女性自身而言，缺乏教育、知识匮缺，将导致心胸狭隘、目光短浅、脾气暴躁、缺乏教养、没有主见、难以自立。[2]对子孙后嗣人种改良而言，女性承担了教养后代的职责，母亲的言传身教对子女的影响甚大，因此女性接受教育的需求不次于男性，康氏将女性受教育的目的归结为"人种改良"，其弟子梁启超也一脉相承了他的"人种改良"目的论。

3. 在婚姻家庭领域，女子被视为男子的附庸而丧失了自立自主之权利。按"夫为妻纲"的要求，女子一旦出嫁到男家，"夫男女本为兄弟，且婚媾之好多出至交，乃婿于妻家则视如上宾，妻于夫家则降为皂隶"[3]，首先只能依附丈夫不得自立，再是要舍去原先的姓氏而随夫姓，三是自家的亲戚不得私自照拂。康有为认为"出嫁从夫"纲常伦理是"失自立之人权，悖平等之公理"[4]。对于"烈女不事二夫"的贞节观，康有为托古之例，"孔子之世亦多出妻"，"太公老妇之出夫也"，主张离婚自由，无须以婚姻之名将两个不合适的男女捆绑一辈子，由

---

〔1〕 康有为撰：《大同书》，上海古籍出版社2014年版，第101页。

〔2〕 "性情不能陶冶，胸襟不能开拓，以故嫉妒褊狭，乖戾愚蠢，钟于性情，扇于风俗，成于教训，而欲人种改良，太平可致，犹却行而求及前也。且人求独立，非学不成。"参见康有为撰：《大同书》，上海古籍出版社2014年版，第104页。

〔3〕 康有为撰：《大同书》，上海古籍出版社2014年版，第112页。

〔4〕 康有为撰：《大同书》，上海古籍出版社2014年版，第105页。

此，做丈夫的无须担心家有悍妻不得安宁，做妻子的无须因为遇人不淑而终日以泪洗面。[1]不管是夫妻平等相待，还是离婚自由，康氏主张都源于男女同为自由自立之人，“各有自立自主自由之人权”。

（二）梁启超“废缠足，兴女学”

梁启超是近代中国“过渡时期”改良维新知识分子群体的精英代表，其师从康有为，思想观念颇受康氏影响，戊戌变法失败后他逃至日本、美洲各国游历。美国学者约瑟夫·阿·勒文森认为梁启超虽然在理智上更倾向于欧美、日本诸国的理念，但骨子里却难以脱离本土传统价值观潜移默化的影响。[2]美籍华裔学者张灏也认为清季晚期的知识分子对西方文化、价值、理念的解读，离不开传统的视野选择与思维模式。[3]深厚的“中学”幼学基础，再加上“西学”的后期感染，梁启超思想是一个中西贯通的杂糅体：既对本国文化念念不忘，又企图借他国文化之价值来改变国家之现状。

在引进西学时，晚清知识分子常用的套路是从传统典籍中找到该观点的理论基础，再对传统旧俗加以批判，将西学的观点用中学的外观表达出来。梁启超发现“男女平权”已经成为当时泰西各“全盛”国家的“兴国之策”，他在论及“男女平等”时，基本上也采取了“引西入中”的套路，他擅长用中国传统儒家经典来诠释其观点，并坚持社会进步、政治革新、禁

---

〔1〕 康有为撰：《大同书》，上海古籍出版社2014年版，第108页。

〔2〕 ［美］约瑟夫·阿·勒文森：《梁启超与中国近代思想》，刘伟等译，四川人民出版社1986年版，第4页。

〔3〕 崔志海：“寻找一个真实的梁启超——亦评张灏《梁启超与中国思想的过渡：1890—1907》一书”，载《北京图书馆馆刊》1994年第2期，第115页。

止缠足且兴办女学应该是儒者们的共同理想。[1]在中西杂糅的思想体系下，梁氏“男女平权”论主要体现在“不缠足论”与“兴女学”两方面，形成的相关著述主要有《戒缠足会叙》《试办不缠足会简明章程》《论女学》《倡设女学堂启》等。

梁氏与他的老师康有为一样是“不缠足”运动的积极倡导者。他认为，“男子之强悍者相率而倡扶阳抑阴说”，故“尘尘五洲，莽莽万古，贤哲如鲫，政教如海，无一言一事为女子计”[2]，非但不为女子着想，还将女子视为犬马为男子“充服役”，视为花鸟为男子“供玩好”[3]，由此滋生出虐待女子的“三刑”：压首、细腰、缠足，“三刑行而地球之妇女无完人矣”。梁启超认为中国缠女足之刑极其残酷惨烈且又是对女子的轻薄与亵渎。[4]梁氏主张禁止缠足是兴女学前提，是改善中国落后现状的关键。中国之贫弱状况，已经达到极致，要解决问题，当务之急是要开办女学，振兴幼学，培养人才。然而，中国女子在五六岁应该入学受教之时，却正在饱受缠足之

---

〔1〕“他（梁启超）始终用经典权威遮掩他的呼吁。他认为，一个忠实的儒教徒应渴望见到穿过高山的铁路、议会政府及受过教育不缠足的妇女”。参见［美］约瑟夫·阿·勒文森：《梁启超与中国近代思想》，刘伟等译，四川人民出版社1986年版，第5页。

〔2〕梁启超著，张品兴主编：《梁启超全集》（第1册），北京出版社1999年版，第80页。

〔3〕梁之老师康有为对女子“玩物”说云：“男子之视女子，皆无人权天民之心，但问其美否以为爱玩。是故为之衣裙五采以绚之，为之金玉珠石以饰之，为之步摇花朵以丽之，为之涂脂抹粉以艳之，日本则齿黑，印度则穿鼻以为饰，殆又甚焉。女子不知自重，又复为堕马之妆，踽齿点额……”参见康有为撰：《大同书》，上海古籍出版社2014年版，第113页。

〔4〕梁启超在《戒缠足会叙》中描述了缠足的惨状：“龀齿未易，已受极刑，骨即折落，皮肉溃脱，创伤充斥，脓血狼藉，呻吟弗顾，悲啼弗恤，哀求弗应，嗥号弗闻，数月之内，杖而不起，一年之内，舁而后行。”参见梁启超著，张品兴主编：《梁启超全集》（第1册），北京出版社1999年版，第80页。

酷刑。[1]除了理论宣传外，梁还积极进行“不缠足”运动实践，组织“不缠足”会，亲拟“不缠足会章程”，在章程中提出了一些切实可行的策略以清除“不缠足”运动的阻扰因素，例如，如何克服世俗偏见解决天足女性的婚姻问题？梁提出通过“内部消化”和“内部成员之间的通婚”的方法来解决，“凡入会人所生女子，不得缠足”，“凡入会人所生之男子，不得娶缠足之女”。[2]

兴办女学，让女子与男子一样接受教育，是梁启超男女平权的又一核心主张。梁氏“兴女学”主张围绕“保国”“保种”“保教”而强国的目的而展开。关于“兴女学”，梁从以下三个方面进行了论证：

1. 女子掌握职业技能进入社会从事生产将有利于国家富强。梁启超认为，一个国家的公民，不分男女，都应当担负起自己的社会职责，独立自主，各尽其职。但传统中国的实际情况是，养家卫国均为男子所包揽，女性们只是待在家里无所事事依靠男子豢养。二万万女性攀附于男性，不能自主谋生，纯属分利之人，男性作为生利之人创造的财富是有限的，如此多的分利之人等待豢养，必然削弱国家财力、物力。[3]没有谋生的能力，经济上不能独立，导致女子为男子所奴役，被迫依附于男性，是妇人

---

〔1〕“中国之积弱，至今日极矣。欲强国本，必储人才；欲植人才，必开幼学；欲端幼学，必禀母仪；欲正母仪，必由女教。人生六七年，入学之时也，今不务所以教之，而务所以刑戮之倡优之。”参见中华全国妇女联合会近代妇女运动历史研究室编：《中国近代妇女运动历史资料（1840—1918）》，中国妇女出版社1991年版，第28页。

〔2〕梁启超撰：“戒缠足会叙”，载《时务报》1896年第16期，第3~4页。

〔3〕“凡一国之人，必当使之人人各有职业，各能自养，则国大治。”“中国即以男子而论，分利之人，将及生利之半，自公理家视之，已不可为国矣；况女子二万万，全属分利，而无一生利者。惟其不能自养，而待养于他人也。”参见梁启超著，张品兴主编：《梁启超全集》（第1册），北京出版社1999年版，第30页。

之苦的根源。[1]梁氏认为，国家要富强，女子也要与男子一样事生产，创造社会财富。人人自立谋生，无须一人供养数人，由此，生利之人数量增加，社会产出必将增加，国家必将富强。[2]

2. 要进行优良的儿童教育，必须提高女性（母亲）的文化素质。梁氏对女性角色的主要定位还是传统的“贤妻良母”型，“贤妻良母”的首要职责是养育后代。而母亲对孩子的影响是巨大的，目光短浅的母亲教导不出高瞻远瞩的孩子。治理国家的两大原则，一是要树立良好的道德风尚端正人的品性，二是大力培育利于国家建设的人才，二者均要从孩童时期夯实。孩童时期，母亲的陪伴显然多于父亲，因此，母亲的性情、学识、素质对幼儿的影响是巨大的，母亲教养得好，子女便易成才，否则则反之。[3]因此，必须要兴女教，让女性接受教育，提高女性的文化素养，为未来的“国民之母”身份做好知识上的储备。

3. 受教育可以让女性从对男性的依附状态中脱离出来。梁启超主张男女皆平等，女子不必依附男子，男子不能奴役女子，以康有为的平等之说为据，论证儒家仁义之说是倡导平等之说。[4]

---

〔1〕“故男子以犬马奴隶畜之。于是妇人极苦，惟妇人待养而男子不能养之也。”参见梁启超著，张品兴主编：《梁启超全集》（第1册），北京出版社1999年版，第30页。

〔2〕“使人人足以自养，而不必以一人养数人，斯民富矣。夫使一国之内，而执业之人，骤增一倍，则其国所出土产作物，亦必骤增一倍。凡所增之数，皆昔口弃地之货也。”参见梁启超著，张品兴主编：《梁启超全集》（第1册），北京出版社1999年版，第31页。

〔3〕“故治天下之大本二：曰正人心，广人才。而二者之本，必自蒙养始。蒙养之本，必自母教始。母教之本，必自妇学始，故妇学实天下存亡强弱之大原也。”“孩提之童，母亲于父，其性情嗜好，惟妇人能因势而利导之，以故母教善者，其子之成立也易；不善者，其子之成立也难。”参见梁启超著，张品兴主编：《梁启超全集》（第1册），北京出版社1999年版，第32页。

〔4〕“善夫诸教之言平等也，南海先生有孔教平等义不平等恶乎起？起于尚力，平等恶乎起？起于尚仁，等是人也，命之曰民。”参见梁启超著，张品兴主编：《梁启超全集》（第1册），北京出版社1999年版，第33页。

数千年男尊女卑的流弊，把女子关在院子里，不能走出家门，禁止其思考，封闭其求学之路，断绝了其谋生的能力，使女子不能不依附于强势的男性。而女子们呢？也在这样的氛围下，或屈为臣妾，或降为奴隶，长久以往习以为然，麻木而不知道反抗了。[1]因此，必须要让女子与男子一样接受教育而脱昧，出家门而阔视野摆脱被奴役的命运、摆脱花鸟般“玩物”的命运，成为独立的国民。

（三）谭嗣同“冲破罗网的决绝”

相较于康有为、梁启超二人“温和”的格调，有“尤为悍勇”“怀疑之精神”“解放之勇气”“扫荡廓清之力”“戊戌六君子”之名的谭嗣同，其男女平权主张更为直接、彻底，有“冲破网罗的决绝”的气概。梁启超在儒教、佛教、西方基督教这三教的基础上提出“重男轻女”是“暴乱无礼之法”。而谭嗣同则将儒家之“仁爱”、佛教之“平等”、西方基督教之“博爱”三者杂糅一体，提出“仁通之说”，“仁”即仁爱博爱，“通”即平等对待，儒教之“仁”要以“通”为第一要义，即“仁以通为第一义”。而平等对待之“通”，即“通之象为平等”，“平等者，致一之谓也”[2]，包含四个层面的意思：一是中外平等；二是上下级平等；三是男女平等；四是人人平等。[3]“仁通之说”是谭嗣同男女平权主张的思想渊源。

谭嗣同认为男女都是社会的英才，都有发挥才智成就大业

〔1〕“封其耳目，缚其手足，冻其脑筋，塞其学问之途，绝其治生之路。使之不能不俯首帖耳于此强有力者之手。久而久之，安于臣妾，安于奴隶，习为固然，而不自知。”参见梁启超：《变法通议》，何光宇评注，华夏出版社 2002 年版，第 96 页。

〔2〕谭嗣同：《仁学》，中华书局 1958 年版，第 4~5 页。

〔3〕“中外通；上下通；男女内外通；人我通。”谭嗣同：《仁学》，中华书局 1958 年版，第 4~5 页。

的才能，人们无论男女都应该受到平等的对待，不应该将女性视为工具。[1]除了生理方面的差异，男女没有什么不同的，因此，他认为重男轻女、男女区别对待是野蛮暴戾违背仁义的做法。如于男子而言，可三妻四妾，荒淫而无所禁忌；于女子而言，一旦触及淫行，则罪该万死。[2]他还直批溺女流习乃蜂蚁豺虎等禽兽都不会实施的行为，“忍为蜂蚁豺虎之所不为”。重男轻女、男尊女卑的流习再持续下去，即使国家灭亡，也是罪有应得了！[3]有学者认为，谭氏把清除传统社会“重男轻女”流弊与民族兴亡关联起来，有助于近代中国女权运动的萌生，有利于男女平权思想的肇始。[4]谭嗣同发出了“冲决伦常之罗网”的呼号，斥“三纲五伦”是“惨祸烈毒”：以三纲五伦之名，帝王以此牵制臣下，官员以此挟持百姓，父长以此压制子辈，丈夫以此困厄妻子。在纲常礼教的罗网之下，人们相互对抗、压迫、奴役，而仁义不复存在了。[5]君臣、父子、夫妻、朋友，兄弟“五伦”中，君子之交淡如水，只有朋友之伦有利无害[6]，人

〔1〕“苟明男女同为天地之菁英，同有无量之盛德大业，平等相均，初非为淫而始生于世。”谭嗣同：《谭嗣同集》，岳麓书社2012年版，第325页。

〔2〕“男则姬妾罗侍，纵淫无忌；女一淫即罪至死。”参见谭嗣同：《谭嗣同集》，岳麓书社2012年版，第325页。

〔3〕“重男轻女”，“中国虽亡，而罪当有余矣”。参见谭嗣同：《谭嗣同全集》，中华书局1981年版，第304页。

〔4〕王兴国主编：《湖湘文化通史》（第4册·近代卷·上），岳麓书社2015年版，第217页。

〔5〕“……以名为教，则其教已为实之宾，而决非实也。又况名者，由人创造，上以制其下，而不能不奉之，则数千年来，三纲五伦之惨祸烈毒，由是酷焉矣。君以名桎臣，官以名轭民，父以名压子，夫以名困妻。兄弟朋友各挟一名以相抗拒，而仁尚有少存焉者得乎？然而仁之乱于名也，亦其势自然也。”参见谭嗣同：《谭嗣同全集》，中华书局1981年版，第305页。

〔6〕“五伦中于人生最无弊而有益，无纤毫之苦，有淡水之乐，其惟朋友乎。”参见谭嗣同：《谭嗣同集》，岳麓书社2012年版，第370页。

与人之间的关系是平等、自由、节宣惟意的。如何“冲决伦常之罗网”？谭嗣同构建的径路是“五伦之中可保留朋友一伦，其余皆当废弃”[1]。废除君臣、父子、兄弟、夫妇之间的伦常礼教、尊卑区别对待，君臣、父子、兄弟夫妇只需像朋友一样平等对待即可。他认为结婚要自由、夫妻亦平等：“夫妇择偶判妻，皆由两情自愿，而成婚于教堂，夫妇朋友也。”

四、民初时期的男女平权主张

（一）蔡元培“男女人格则同”

蔡元培是清末民初著名的思想家、革命家、教育家。身为前朝进士，他自幼饱读四书五经，深受儒家仁义道德伦理熏陶，作为留洋学子，西方“天赋人权”“人人平等”学说又给予了他深深的震撼。蔡元培融会贯通中西思想，被誉为“真正的儒家”[2]，也被誉为“充满了西洋学人的精神，尤其是古希腊文化的自由研究精神”[3]。在中国传统儒家仁义伦理与近代西方人权平等思想的引领之下，蔡元培对妇女在婚姻家庭社会中的地位认知别具特色，形成了既饱含个人感悟又具有时代特色的“男女人格则同”男女平权观。以下将从朴素的女性同情论、平等的夫妇观、平等的教育观三个方面阐述蔡氏的男女平权主张。

1. 朴素的女性同情论。蔡元培自幼熟读儒家经典，据他自述，《说文通训定声》（朱骏声著）、《文史通义》（章学诚著）、《癸巳类稿》及《癸巳存稿》（俞正燮著）三本书令其最为受

---

〔1〕 张岱年：《中国伦理思想研究》，江苏教育出版社2005年版，第113页。

〔2〕 据周作人语。参见知堂：“记蔡孑民先生的事”，载《中国文艺》1940年第2期。

〔3〕 据蒋梦麟语。参见蒋梦麟：《西潮》，世界书局1971年版，第120页。

益[1]。俞正燮破除性别成见，倡导男女平权的理想与学说尤其为他所推崇。他说到，在传统中国学说中，男尊女卑是公认的畅行的性别对待准则，即使有极个别儒者同情女性，为女性打抱不平，其真正的目的也并非是为了男女平权[2]，而俞正燮男女平等的理想，乃真正的倡导男女平权的“仁人之言”。在俞氏的儒家仁义道德伦理的启蒙之下，蔡元培深怀对女性的同情之心，他认为“人类中女性弱于男子”，因此，“勇于公战而谨事妇女，已实行抗强扶弱之美德”。男子应当保护女子而非施虐压迫女性，由此而衍生出“男女皆人”“人格则同”的男女平权观。蔡元培撷采自儒家正统伦理道德观的男女平权论是基于男性视野的朴素的平权主张，虽然带有男主女辅旧观念的特质，但“反对男性以特权压迫女性而言，蔡氏的思想无疑具有时代的进步性”[3]。

2. 平等的夫妇观。在婚姻家庭中，蔡元培也秉持夫妻平权的主张。蔡氏在婚姻领域的男女平权观主要体现在两个方面，一是夫妻之间人格自由、地位平等，二是倡导一夫一妻制，不纳妾。关于夫妻平等关系，蔡元培以《礼》《中庸》《大学》[4]所载对婚姻关系、夫妻关系的阐述进行了论证，认为夫妻如同事业伙伴般齐心协力共事家业，因此，夫妻关系强调合作、对

---

〔1〕 蔡元培：《蔡元培谈教育》，辽宁人民出版社 2015 年版，第 171 页。

〔2〕 “自《易经》时代以至于清儒朴学时代，都守着男尊女卑的成见，即偶有一二文人，稍稍为女子鸣不平，总也含有玩弄等的意味。”参见蔡元培：《蔡元培谈教育》，辽宁人民出版社 2015 年版，第 172 页。

〔3〕 夏晓虹：《晚清文人妇女观》（增订本），北京大学出版社 2016 年版，第 172 页。

〔4〕《礼》《中庸》记曰：君子之道，造端乎夫妇，及其至也，察乎天地。《大学》记曰：欲治其国者，先齐其家。夫妇之伦，因齐家而起。齐者何？同心办事者是也，是谓心交。参见蔡元培著，刘东主编：《近代名人文库精萃·蔡元培》（上），太白文艺出版社 2012 年版，第 112 页。

等。夫妻如何做到“同心办事”，蔡氏在其撰写的《夫妻公约》（1900 年 3 月）中罗列了二十五条，其中涉及夫妻相处之道、夫妻职责分工、子女教养、吃穿住行安全卫生各方面。《夫妻公约》所列各条，是蔡氏将妇女置于男子同等对待地位主张的具体展示。即使该公约还残留了男主女辅的因素，但在当时男尊女卑积威深重的社会背景下，该公约的拟出，是对传统夫主妇随婚姻关系的突破。对于妾制，基于对女性的同情之心，蔡氏认为，虽然大部分妾都来自贫困潦倒之家，但她们也是人，应当获得同等的对待。把妾视为商品般买卖，良心是不得安宁的！把妾待为奴隶，良心也是不得安宁的！〔1〕因此，他反对男子纳妾，并身体力行，将反对的呼声付诸实践。他不仅自己恪守一夫一妻制，还加入“进德会”、发起成立“社会改良会”反对纳妾，在浙江执政期间也积极宣扬一夫一妻制，力图革除纳妾陋习。

3. 平等的教育观。蔡元培认为“正本清源，自女学堂始”〔2〕。男女应当享有平等的受教育的权利。他分别从女子自身与种族绵延两个角度出发论证了女学的重要性。对女子自身而言，“女子不学，则无以自立”。此处的“自立”意指女子取得社会职业，自谋其食，从经济上、心理上脱离对男子的依赖，一改以往“不惜矫揉涂泽，以求容于男子”的命运，而凭借智力相竞于男子。〔3〕此外，人类“遗传、胎教、蒙养”种族繁衍也需要大力发展女学，未来的母亲们受教育程度的提高将有利

〔1〕“妾者，多由贫人之女卖身为之。均是人也，而侪诸商品，于心安乎？均是人也，使不得与见爱者敌体，而视为奴隶，于心安乎？”参见蔡元培：《中国人的修养》，上海教育出版社 2018 年版，第 147 页。

〔2〕张汝伦编：《蔡元培文选》，上海远东出版社 2012 年版，第 16 页。

〔3〕张汝伦编：《蔡元培文选》，上海远东出版社 2012 年版，第 16 页。

于子嗣的成长与成才，以降低“种性靡荼，政俗腐败”风险。作为民初南京临时政府首任教育总长、北京大学首任校长，蔡元培在教育事业的实践中，努力推动男女平权的实现，显著的成果是支持“男女同校”、推动“大学开女禁”。他还主张在社会职业领域中，要打破性别区分的界线，不管是男性还是女性，任何职业，只要在身体与心理方面能够胜任，他（她）们都可以同等从事。[1]就高等教育向女性开放方面，1919年，时任北京大学校长的蔡元培亦明确表示，只要符合报名条件，北京大学欢迎女生报考，只要考试成绩合格，就可录取。[2]在蔡元培的大力支持下，1920年2月，北京大学迎来了第一批女生，首开了中国高校招收女学生的先河。

（二）孙中山：与三民主义相契合的男女平权观

作为近代中国民主革命的领军人物，民初新生民主政权的掌舵者，思想家、革命家、政治家，孙中山是民初支持男女平权主张群体中的一员，他的男女平权观与“民主、民权、民生”三民主义主张契合在一起，“我们主张民权革命，便铲平那些阶级，要政治上人人都是平等，就是男女也是平等”[3]。孙中山支持将男女平权的理念推行到政治、教育、婚姻等社会各个领域中，即使下野后，他也积极斡旋于“抑阴扶阳”群体与“男女平权”群体间的纷争。虽然当时“女权”尤拜下风，但孙中山与三民主义相契合的男女平权主张在其在民初中国的政治影

---

〔1〕“破除界限，不论何种工作，只要生理上心理上相宜的，都可以自由选择，都可以让他们共同操作。”参见蔡元培：“我在教育界的经验”，载《宇宙风》1938年第56期。

〔2〕1919年，蔡元培答上海《中华新报》旅京记者问：“如北京大学明年招生时，倘有程度相合之女学生，尽可投考，如程度合格，亦可录取也”。

〔3〕《孙中山先生最近讲演集》，民智书局1924年版，第95页。

响效应的余荫之下，对促进当时社会男女平权的醒觉及女权运动的发展发挥了至关重要的作用。孙中山的男女平权主张既包括对蓄婢缠足等男尊女卑戕害女性惯习的批判，也包括对女性人格权、受教育权、参政权具体权利的认知，其中女性参政权的提出，已经突破了早期男女平权先驱们对女性权利与地位的认识。

1. 劝禁缠女足，禁止蓄女婢。本着资产阶级民主自由思想，在同盟会拟定革命方略之际，孙中山认为："于驱除鞑虏、恢复中华之外，国体民生尚当与民变革，虽纬经万端，要其一贯之精神则为自由、平等、博爱"〔1〕。"自由、平等、博爱"理念被孙中山运用到了政治革命实践及社会变革理论中，他亦以"自由、平等、博爱"的胸怀重新看待新时期的女性地位。在与日本友人犬养毅的一次谈话中，他说，长久以来，女性附属于男性而存在，她们被视为男性的玩物。但是，我们不要忘记，是女性用她们的乳汁在哺育孩子，是妻子在热忱忠贞地关爱着丈夫。她们为社会、家庭做出了伟大的牺牲与贡献，我们应当好好对待我们的母亲、妻子、女儿，"可惜我们好多人不珍惜这种爱，践踏这种爱"〔2〕。基于对无私奉献女性的关爱与珍惜，应当废除一切戕害女性的旧俗，如缠女足与蓄女婢，从身体上与人格上解放女性。1912年3月13日，刚任临时大总统的孙中山签发了《劝禁足令》，批判缠足不仅仅让女性身体残疾，而且其危害极大，可谓祸及众生；缠足让女性不便于行，不能走出家

---

〔1〕 广东省社会科学院历史研究室、中国社会科学院近代史研究所中华民国史研究室、中山大学历史系孙中山研究室合编：《孙中山全集》（第1卷·1890—1911），中华书局1981年版，第296页。

〔2〕 郝盛潮主编：《孙中山集外集补编》，上海人民出版社1994年版，第224页。

门接受教育，因而也导致女性失去了自谋其生的能力[1]。要使国家兴旺发达，女子身体强健，必须废除缠足恶俗，“尤宜先事革除，以培国本”[2]。1922年2月2日孙中山签发《严行禁止蓄婢令》，认为在新生民国社会，要废除一切不平等的“专制时期的阶级制度”，而私家蓄婢，将婢女视为牛马等物品一般，鄙视虐待奴役，这样的做法违背了人权伦理，有违约法之人民一律平等的规定，因此，应当厉禁蓄婢，一有违令者，一律依法处置，“买卖典质人为婢、蓄婢者，一经发觉，立即依法治罪”[3]。

2. 在路上的女子参政权。孙中山在《三民主义与男女平权》演讲中说道，要向广大女同胞播散包含男女平权在内的民权主义思想以夯实民国基石的女性基础。[4]1911年孙中山奔赴美国为民主革命争取国际支援之时就发声，新政权认可女子的参政议政权：“中国宣告民主之后，中国妇女将得到完全选举和被选举权，不特寻常议会可举妇女为议员，即上议院议员及总统等职，妇女均得有被选举权”[5]，并直接认可“女人能够和男人一样的做议员，与闻国家大事”。然而，在政治党派现实博

---

〔1〕“缠足一事，残毁肢体，阻淤血脉，害虽加于一人，病实施于万姓，生理所证，岂得云诬？至因缠足之故，动作竭蹶，深居简出，教育莫施，世事罔闻，遑能独立谋生，共服事务？”中国社会科学院近代史研究所中华民国史研究室、中山大学历史系孙中山研究室、广东省社会科学院历史研究室合编：《孙中山全集》（第2卷·1912），中华书局1982年版，第232页。

〔2〕中国社会科学院近代史研究所中华民国史研究室、中山大学历史系孙中山研究室、广东省社会科学院历史研究室合编：《孙中山全集》（第2卷·1912），中华书局1982年版，第232页。

〔3〕“大总统命令”，载《民国日报》1922年3月5日。

〔4〕“要把我们民权主义中所包括男女平等的道理，对二万万女子去宣传，在女子一方面而建设民国的国基。”参见孙中山：《三民主义与男女平权》，载氏著：《孙中山先生最近讲演集》，民智书局1924年版。

〔5〕“孙逸仙之行踪”，载《申报（上海）》1911年12月9日。

弈及传统性别差等思想的夹击之下，孙中山不得不将女子参政议政的时间延长至“将来”。临时参议院出台的充当“未来宪法之张本”的《中华民国临时约法》对女子政治权利没有只字片语，引起了曾与男子一样投身革命的“巾帼英雄”唐群英等人的强烈不满。1912 年 1 月，孙中山接见妇女运动代表林宗素，面对林代表中国女性提出的女子参政诉求，孙中山答曰：“将来必予女子以完全参政权，但现在还不能操之过急，众女应当先学习政治法律知识，才能与男子一起共同担以治国之重任”〔1〕。而后，1 月下旬，在答复《复女界共和协济会函》中，孙中山安抚义愤填膺的女革命者们道，根据天赋人权理念，男男女女并无差别，理应平等对待。在民国成立之际，广大女界精英，或参军从戎，南征北伐；或投身医界，救死扶伤……女性们为国家作出的贡献是有目共睹的、不可抹杀的。因此，女性的参政议政权利，即使当前没有实现，但在不久的将来，是可以实现的。当下，国家百废待举，女同胞们应该以大局为重，充分发挥女性的优势，投身于发展教育、法政的事业中。〔2〕以孙中山之意，政治权利会有的，只是时机尚未成熟，未来的某一天，女子也能享有完全的参政权利。然而等待权利到来的时间是漫长的，直至 1946 年，“妇女参政活动家们赢得了确保至少 10% 的国民大会代表席位给予妇女的胜利”，中国女性才真正获得微

〔1〕郝盛潮主编：《孙中山集外集补编》，上海人民出版社 1994 年版，第 158 页。

〔2〕“天赋人权，男女本非悬殊，平等大公，心同此理。自共和民国成立，将合全国以一致进行，女界多才，其入同盟会奔走国事百折不回者，已与各省志士媲美。至若勇往从戎，同仇北伐，或投身赤十字会，不辞艰险。……女子将来之有参政权，盖事所必至。贵会员等才学优美，并不遽求参政，而谋联合全国女界，普及教育，研究法政，提倡实业。以协助国家进步，愿力宏大，考虑高远，深堪嘉尚二。”中国社会科学院近代史研究所中华民国史研究室、中山大学历史系孙中山研究室、广东省社会科学院历史研究室合编：《孙中山全集》（第 2 卷 · 1912），中华书局 1982 年版，第 52~53 页。

弱的参政议政资格与权利。[1]

五、女性的自我救赎——秋瑾与何殷震

（一）女性觉醒者们

清末民初时期，以康有为、梁启超等为代表的男性平权倡导者们推动了男女平权思想在过渡时期中国的播扬及男女平权运动的开展。由于性别立场的差异，“他”者视域下的男女平权、妇女解放思想难免带有一定的局限性。如梁启超主张兴女学、禁缠足、男女平权的最终目的是将女性改造为“上可相夫，下可教子，近可宜家，远可善种”的“贤妻良母”，梁氏所持的妇女解放观具有浓厚的男性关怀特色。男性论者们的男女平权、妇女解放思想是不彻底的，“他们解放妇女的办法是枝节性的，不敢从根本上废除封建宗法制度，不敢发动和依据妇女群众自下而上的斗争，争取解放”[2]。在男女平权的漫长征途中，除了这些男性倡导者的推波助澜之外，这一时期也涌现出了不少主张男女平权的女性觉醒者。这些女性觉醒者包括秋瑾、何殷震、李闺（田园同夫人）、黄瑾娱（康广仁夫人）、李惠仙（梁启超夫人）、康同薇（康有为长女）等[3]。

---

〔1〕［澳］李木兰：《性别、政治与民主——近代中国的妇女参政》，方小平译，江苏人民出版社2014年版，第1页。

〔2〕邵田田编著：《秋瑾研究文集》，西泠印社出版社2014年版，第8页。

〔3〕维新时期女性觉醒者大有人在，当时《女学报》创刊号的18位编辑全为女性：“晋安薛绍徽女史、金匮裘梅侣女史、番禺潘道芳女史、明州沈和卿女史、上虞蒋畹芳女史、武进刘可青女史、诸暨丁素清女史、皖江章畹香女史、京兆龚慧苹女史、江右文静芳女史、南海康文僩女史、贵筑李端惠女史、临桂廖元华女史、邗江睢念劬女史、梁溪沈静英女史、梁溪沈翠英女史、古吴朱莳兰女史、上海潘仰兰女史。”参见“《女学报》主笔”，载《女学报》1898年第2期。转引自中华全国妇女联合会妇女运动历史研究室编：《中国近代妇女运动历史资料（1840—1918）》，中国妇女出版社1991年版，第137页。

（二）谋求“二万万女同胞”之解放——秋瑾

在早期的女性觉醒者中，“鉴湖女侠”秋瑾最具有代表性。秋瑾被誉为“我中国女界中放一光明灿烂之异彩”[1]，是“为中国革命而牺牲的第一位女烈士。终其一生，她都在为伸张女权而奋斗，在为革命建国而努力，把妇女运动与排满的革命运动结合在一起”[2]，她被称为“女子双侠”（与吕碧城）、被誉为“辛亥革命的孪生女儿”（与唐群英）。男女平权思想在秋瑾心里萌动，一方面是由于秋瑾随夫迁居北平，在这个当时中国的政治经济文化中心，秋瑾不可避免地受到了人人平等、男女平权思想潜移默化的影响；[3]另一方面，秋瑾突破封建家庭的束缚赴日本留学，在日本所接触到的天赋人权、民主、自由、平等理念，也让她的思想经历了一次彻底的洗礼。秋瑾短暂的一生中都在践行男女平权、妇女解放的理想。为求身体解放，她主动放足；为追求自由，她主动提出离婚；为了实现女性的独立，她独身求学日本；为了谋求“二万万女同胞”的解放，她创女报、办女学、执女教、组织妇女自助组织、参加社会革命。秋瑾以笔作伐，留下了大量的有关男女平权、妇女解放的作品。[4]秋瑾的男女平权与女权思想是近代中国妇女解放思潮的重要组成部分。纵观秋瑾的男女平权思想，主要包括以下内容：

首先，揭露封建礼教对女子的压迫与奴役。秋瑾认为新时

---

〔1〕 周芾棠等辑：《秋瑾史料》，湖南人民出版社1981年版，第1~4页。

〔2〕 杨碧玉：《秋瑾政治人格之研究》，正中书局1989年版，第1页。

〔3〕 梁启超的学说也给予了秋瑾启示，当她读到梁的作品时，感慨道：“任公（指梁启超）主编的《新民丛报》一反以往腐儒风气……此间女胞无不以一读为快，盖为吾女界楷模。”参见邵田田编著：《秋瑾研究文集》，西泠印社出版社2014年版，第7页。

〔4〕 这些女权作品主要有：《敬告中国二万万女同胞》《警告我同胞》《勉女权歌》《精卫石》等。

代虽然已经到来，男同胞们已经跨入了自由、民主、平等的新时代，但二万万女同胞还在苦难中挣扎，依然沦陷在地狱深处。女子们自甘沉沦，衣食住行完全依附于男性，为了谋取生路，不得不放下身段，阿谀奉承，强颜欢笑，默默地忍受着虐待，悄悄地以泪洗面，一生一世做着男性的囚徒、家庭的牛马。男子以主人自居，女子则处于仆从的境地，被囚禁在闺阁之中，凡事都要依靠别人，丧失了独立性的女子，终究难以摆脱男性的奴役，最终一直沉沦下去，对被奴役的现状也就麻木了。[1]

其次，积极探索“二万万”女同胞的自我救赎之径路。面对受压迫、奴役的现状，秋瑾作《勉女权歌》以号召女同胞自我救赎。女同胞们也要积极去追寻自由，男女平等乃上天注定的，女子岂能甘愿被男子奴役？女同胞们应该自立自强，一雪前耻，与男子齐头并进共享权利。将女子视作牛马对待的传统旧俗令人耻辱。在文明社会创建之际，女子们应当站出来争取权利。女同胞们要根除奴隶根性，读书就学长见识。女子们应当担当起自己的责任，成为与男子匹敌的女英杰。[2]女性如何自我救赎？秋瑾提出的自救策略是女子要谋求自我独立。秋瑾认为，一个人应当成为有志气的人，应该努力探寻自强自立的基础，学习独立谋生的技艺。现在女学大兴，女学堂数量增加，

---

〔1〕“唉，二万万的男子，是入了文明新世界；我的二万万女同胞，还依然黑暗沉沦在十八层地狱，一层也不想爬上来。”“一生只晓得依傍男子，穿的吃的全靠着男子。身儿是柔柔顺顺的媚着，气虐儿是闷闷的受着，泪珠是常常的滴着，生活是巴巴结结的做着。一世的囚徒，半生的牛马。”“总是男子占了主人的地位，女子处了奴隶的地位，为着要倚靠别人，自己没有一毫独立的性质。这个幽禁闺中的囚犯，也就自己都不觉得苦了。”李芸华：《秋瑾传》，北京时代华文书局 2016 年版，第 136~137 页。

〔2〕“吾辈爱自由，勉励自由一杯酒。男女平权天赋就，岂甘居牛后？愿奋然自拔，一洗从前羞耻垢。若安作同俦，恢复江山劳素手。旧习最堪羞，女子竟同牛马偶。曙光新放文明候，独立占头筹。愿奴隶根除，智识学问历练就。责任上肩头，国民女杰期无负。”参见李芸华：《秋瑾传》，北京时代华文书局 2016 年版，第136~137 页。

适合女性的专业也有了，女同胞们应该学习知识、技术，而后或做教师，或创办工厂养活自己，就不用担心依附父亲、兄长、丈夫、儿子坐食其利了。[1]在秋瑾眼里，女子的独立既包括经济的独立，也包括思想的独立，两个层面的独立是相互依存的。她认为女性要脱离对男性的依附，积极投身到社会经济、教育、政治活动中，通过参与经济活动获得经济独立解决谋生的问题，通过学习教育获得谋生的能力，然后进一步与男子一样承担社会责任，参与社会政治活动，促进社会革新。这是秋瑾男女平权思想的两大特色——女性要独立与女性要参与社会革命。

最后，秋瑾将妇女解放与社会革命结合起来，是男女平权主张的升华。梁启超等男性平权倡导者们所持的贤妻良母式的女性解放主张是不彻底的、具有局限性的。秋瑾的妇女解放思想源自戊戌维新派，但又超越了维新派。[2]秋瑾从女性的角度出发，将女性解放的运动推向了一个新的阶段，实现了男女平权主张的一个突破。这个突破就是秋瑾在追求女性与男性享有同等权利受到平等对待的同时，强调女性的独立性，认为独立的女性要同男性一样投身到解放社会的革命中。她号召广大妇女要与男子一样肩负起社会责任，“持枪上战场”，她主张男同胞与女同胞要不分彼此、团结一致、齐心协力抵御外敌，拯救国家民族于危难之际。[3]

---

〔1〕“但凡一个人，只怕自己没有志气。如有志气，何尝不可求一个自立的基础、自活的艺业呢？如今女学堂也多了，女工艺也兴了，但学得科学工艺，做教习，开工厂，何尝不可自己养活自己呢？也不致坐食，累及父兄夫子了。”陈平原选编，夏晓虹导读：《秋瑾女侠遗集》，贵州教育出版社2014年版，第134页。

〔2〕邵田田编著：《秋瑾研究文集》，西泠印社出版社2014年版，第5页。

〔3〕“男和女同心协力方为美，四万万男女无分彼此焉。唤醒痴聋光睡国，和衷共济勿畏难。锦绣河山须整顿，休使那胡尘腥臊满中原。”参见郭延礼编：《秋瑾研究资料》，山东教育出版社1987年版，第437页。

（三）“男女绝对之平等”——何殷震[1]

何殷震（1886—?），原名何震，字志剑，江苏仪征人，无政府主义者刘师培之妻。幼年“秉承闺训甚严”，1904 年随刘师培至上海，改名何殷震，入上海爱国女学校学习，该校由蔡元培主办，教学理念为“造成虚无党一派女子”。1907 年春，随刘师培赴日本，1908 归国，1919 年刘师培去世后，精神失常，削发为尼，法名小器，后不知所踪。[2]与秋瑾同时代的何殷震，既受到了传统中国女学的熏陶，又受到西学思潮的震撼，其所提倡的解放女性、男女平等的主张，基于其无政府主义的立足点，在同时期的论述中大放异彩。1907 年 6 月，何殷震与刘师培在日本创刊《天义报》，《天义报》初为女子复权会的机关刊物，何殷震的无政府主义“男女绝对平等”之主张以该刊为媒介广为播扬。1907 年至 1908 年，何殷震在《天义报》刊载的关于妇女解放、男女平权的论述主要包括《女子宣布书》（《天义报》第 1 号，1907 年 6 月），《女子复仇论》（《天义报》第 3~5 号，1907 年 6 月），《女子解放问题》（《天义报》第 7 号，1907 年 9 月）。何殷震在《天义报》创刊中发挥的作用，说法不一。一说认为，《天义报》的实际创办人是刘师培，如柳亚子在《我和南社的关系》所述：“表面上主干是志剑（何震），实际却是申叔在揽”；一说认为《天义报》为刘师培夫妇共同发刊。当代学者夏晓虹认为：“办刊初期，何震确实投入了相当多的精力。除撰写多篇文稿外，在他人的稿件后面，也间有‘震

[1] 何殷震即何震，“殷”字由来于何震“父母姓并重”以示“男女绝对之平等”的主张，取其母亲之姓“殷”居第二，自号曰何殷震。

[2] 郭院林：《彷徨与迷途——刘师培思想与学术研究》，凤凰出版社 2012 年版，第 69 页。

附记’一类的文字出现”。[1]虽然同时期不乏讨论妇女解放、男女平等、声张女权的男界女界精英，但受无政府主义思想深厚影响的何殷震，对男女革命这一议题的思考是别具一格的，从其文《女子解放问题》中即可窥见其独树一帜的批判视野。在该文中，何殷震既批判了中国传统旧制，又理性分析了欧美之制，还从女性自身解放的角度揭发了男性论者们解放妇女的“私心”，虽然有一些论述稍显激进，但在当时“奉西方为圭臬”的男权引导的性别革命中不失为一股清流。

“幽闭女子以防淫佚”，身体的禁锢，双重的贞洁观是对女子的大不公平，是男性奴役女性的体现。长久以来，传统中国社会之伦理待女子为男子的奴隶，要求女性屈服于男性。在古代社会，女子被男子视为私有之物，为防止女子与其他男子往来，专门特立女子行为准则以设男女大防，将女子禁锢在庭院中，与男子隔离起来以别男女。[2]打破西方迷信，欧美倡行的妇女解放、男女平等有名无实，是伪平等！如在受教育方面，欧美女子虽然可以如男子般进入学校接受教育，但是具体而言，在政治法律及军警等涉及国家权力方面仍然是男性的专属领域，女性鲜能介入。[3]何殷震认为欧美男女平等、女性自由有其名而无其实，真正的男女平等，是女子自身主导下男女平

---

〔1〕 夏晓虹：《晚清文人妇女观》（增订本），北京大学出版社2016年版，第272页。

〔2〕 “中国数千年之制度，以女子为奴隶者也，强女子以服从者也。又因古代之时，男子私女子为己有，防其旁淫，故所立政教，首重男女之防，以为男女有别，乃天地之大经，使之深居闺闼，足不逾阈。”参见震述（何震）：《女子解放问题》，载张枬、王忍之编：《辛亥革命前十年间时论选集》（第2卷），生活·读书·新知三联书店1963年版，第959页。

〔3〕 “至于男女平等，则亦弗然。夫男女虽同受教育，然处人治盛昌之世，政治法律，女子攻者甚鲜，而陆军警察之学，不复令女子与闻。”参见震述（何震）：《女子解放问题》，载张枬、王忍之编：《辛亥革命前十年间时论选集》（第2卷），生活·读书·新知三联书店1963年版，第962页。

等，真正的女性自由，是女子们对女性权利的真正享有。虚无的平等、伪善的自由，难以促进女性的进步，难以实现平等之人权。〔1〕

揭发男性倡导妇女解放的“私心”。近代中国男子之所以一改幽闭女性的旧观念，提倡解放女性，其目的有三：一是“男子因求名而解放女子者也”，效仿西方男女平等之制，将其妻女从闺阁的幽闭中释放出来，赋予有限的自由，以博得文明人的名号：“中国男子崇拜强权，以为欧美日本为今日文明之国，均稍与女子以自由，若仿行其制，于一己之妻女，禁其缠足，使之入学，授以普通知识，则中外人士，必将称为文明。”此种借女子以博名而倡导解放妇女、男女平等的做法，是“利用女子以成一己之名”，本质上还是将女性视为私有之物，“推其私心，则纯然私女子为己有”，将女子作为博取名誉的工具，“处礼法盛行之世，以防范女子得名；处欧化盛行之世，转而以解放女子得名”〔2〕。二是“男子因求利而解放女子者也”。由于社会经济状况不好，男性们倍感一个人担负养家重任压力颇大，“中人之家艰于得食，其力不足以赡其妻女”。因此，男性们便允许女子接受教育、培训职业能力，“执一技以谋食”〔3〕一起分担家庭

〔1〕“男女平等者，有其名而无其实者也。夫解放女子必使为女子者，共享平等自由之乐，若如今日欧美之制，势必女子有自由之名而无自由之实，有平等之名而无平等之实。其所谓自由者，非纯正自由也，伪自由耳！其所谓平等者，亦非纯正平等也，伪平等耳！无自由之实，故女性未克发展，无平等之实，故人权未克均平。”参见震述（何震）：《女子解放问题》，载张枬、王忍之编：《辛亥革命前十年间时论选集》（第2卷），生活·读书·新知三联书店1963年版，第962页。

〔2〕参见震述（何震）：《女子解放问题》，载张枬、王忍之编：《辛亥革命前十年间时论选集》（第2卷），生活·读书·新知三联书店1963年版，第963页。

〔3〕参见震述（何震）：《女子解放问题》，载张枬、王忍之编：《辛亥革命前十年间时论选集》（第2卷），生活·读书·新知三联书店1963年版，第963页。

经济负担。三是“男子因求自逸而解放女子者也”[1]。兴办女学是为了把父亲们从子女的家庭教育中解放出来。接受过教育的女性固然有利于料理家事、教养后嗣，男性们也大力提倡女学以培养文明女子治家。由此可见，当今男性们倡导的解放妇女，实际上是男子们基于私心，假借帮助女子自力更生、辅助女子成才之名，假言解放女性于传统束缚，然而却使女子更加辛苦劳累。往日的男女区别对待，男尊女卑，实质上是男子在外劳苦、女子在内享乐。而当今男子主导下的男女平权，实际上是男子将他们的负担转嫁到了女子身上，分享女子的福利，更加劳累的女子并未因此获得应得的尊重。[2]

何殷震倡导的男女平权是绝对的平权，倡导的解放是妇女的彻底解放，此处与前文所述的马君武的两本译作之主张有异曲同工之处。马氏的译作分别发行于 1902 年、1903 年，何殷震于 1904 年走出家门赴上海，1907 年随夫东渡日本，可以推测，何殷震有机会接触两本译作并受到感染。当代学者夏晓虹亦认为：“毫无疑问，何殷震关于‘男女革命’的提法与马君武的译介密切相关”[3]。何殷震的男女平权主张是激进的，如“以暴力强制男子”“男子者女子之大敌也”之类的言辞，即使在当今也叹为观止，不去考虑何震彻底的男女平权主张实现的可能性，

---

〔1〕 参见震述（何震）：《女子解放问题》，载张枬、王忍之编：《辛亥革命前十年间时论选集》（第 2 卷），生活 · 读书 · 新知三联书店 1963 年版，第 963 页。

〔2〕 “助女子以独立，导女子以文明，然与女子以解放之空名，而使女子日趋于劳苦。”“盖昔日之制，男尊女卑，实则男苦女乐；今则女子分男子之苦，男子分女子之乐，而究之女子之名仍未尝有丝毫之尊。”参见震述（何震）：《女子解放问题》，载张枬、王忍之编：《辛亥革命前十年间时论选集》（第 2 卷），生活 · 读书 · 新知三联书店 1963 年版，第 964 页。

〔3〕 夏晓虹：《晚清文人妇女观》（增订本），北京大学出版社 2016 年版，第 281 页。

从她激情洋溢的言辞中，可以发现一位近代女性反抗性别歧视的坚持与决绝之心，女性的彻底解放，只有通过女子自身努力才能实现，“女权之伸，当由女子抗争，不当出于男子之付出”[1]。

---

〔1〕 震述（何震）：《女子解放问题》，参见张枬、王忍之编：《辛亥革命前十年间时论选集》（第2卷），生活·读书·新知三联书店1963年版，第964页。

第三章

偏颇与修正：民初离婚法的男女平权回应

一、新旧递嬗背景下离婚诉讼的法源选择

（一）民初学者对“法源”的解读

“法源”（source of law）一词由西方舶来，源于罗马法，即法律渊源。在法理学的研究范畴里，“法源”通常是“用以表述行为规则成为客观明确的、统一的，而且更重要的是强制性的法律的特征的那些手段”[1]。“法源”是什么，民国初期学者胡庆育、丘汉平、吴学义等曾经探讨并形成了各自的见解。胡庆育认为“法源”就是：“法之内容之所自构成者也，如习惯，道德，学说，宗教，前朝法典，外国法典等是”[2]。吴学义认为“法源”这一术语的内涵是非常广泛的，可以是系统的法律文件，可以是导致法律文件诞生的各种因素，可以是形成法律文件的各个部门，还可以是构成法律文件的各种表现形式[3]。丘

〔1〕［加］罗杰·赛勒：《法律制度与法律渊源》，项焱译，武汉大学出版社 2010 年版，第 2 页。

〔2〕胡庆育：《法学通论》，上海太平洋书店 1933 年版，第 50 页。

〔3〕“法之渊源，简称法源，其意义可从种种方面言之：或谓为形成法规之材料，或谓为形成法规之原动力，或谓为形成法规之机关，或谓为形成法规之形式。”参见吴学义：《法学纲要》，中华书局 1935 年版，第 30 页。

汉平则认为："法律渊源是法律产生的原因。"[1]上述三位学者分别从内容、意义、价值三个方面解读了法源范畴。正如黄源盛先生所说，研究一个国家法律制度的变迁历程，会发现促成法律制度不断完善的，不外乎两个因素：一是法律制定者们、专业学者们的不懈努力；二是审判机关能够充分发挥其作用、尽职尽责。[2]在司法实践中，法律渊源发挥着重要的影响，具体案件的处理结果与办案法官对案件所涉法律条文的选择、理解、适用息息相关，"法律要由法官来发表有声音的'宣讲'"，但是，法官必须根据"'法'来进行司法活动"[3]。因此，为展示民初离婚法律制度及司法实践活动中的男女平权回应，下文将讨论新旧递嬗背景下，民初解决离婚冲突的法源选择。

（二）主要法源——前清《现行律》"民事有效部分"

清末民初之中国是过渡之中国，梁启超认为，该时期的政治制度、学问理念、社会风习均处于过渡之状态。[4]梁启超还用远离海岸、在惊涛骇浪中航行的小舟比喻过渡中国的动荡与激变。此时此刻，对适切法律制度的需求显得格外迫切，法律制度的过渡迫在眉睫。一方面，专制帝制被推翻，新生政权需要通过相应的法律制度获得身份认可与治权巩固；另一方面，过渡时期较于帝制时代更为纷繁复杂的社会关系需要适切的法律制度，残缺、滞后的法律制度已经不能适应当时层出不穷的

---

[1] 丘汉平：《法学通论》，商务印书馆 1935 年版，第 95 页。

[2] "观乎一国法律制度的发展，半恃于立法者、法学家的努力，而半恃于法庭的善于运用其地位。"参见黄源盛：《民初法律变迁与裁判（1912—1928）》，台湾政治大学法学丛书编辑委员会 2000 年版，第 7 页。

[3] 彭中礼：《法律渊源论》，方志出版社 2014 年版，第 126 页。

[4] "政治上之过渡时代"，"学问上之过渡时代"，"理想风俗上之过渡时代"，且"过渡时代之中国……实如驾一扁舟，初离海岸线，而放于中流，即俗语所谓两头不到岸之时也"。参见任公："本馆论说：过渡时代论"，载《清议报》1901 年第 83 期。

新式婚姻问题。

事实上，1912年南京临时政府成立之时，就感受到了民事法源缺失的困境与立法建制的迫切。如何确定民事法源？新政府面临两个选择：第一个是重新修订法律，“当更张法律，改定民、刑、商法及采矿规则”〔1〕。但是，新政府马上意识到，重新修订与当时政治、经济、文化、社会相适应的法律体系是一项相当耗时耗力的工程。孙中山在给参议院的一份咨文中就指出，制定系统的法律规范是一件严肃、重要的工作。必须由法学领域的中国学者、外国专家组成编撰小组，再进行长期翔实的实地调研，才得以形成〔2〕。法律缺失，无法可据，各级司法机关面对形形色色的民刑事案件一筹莫展，整个社会处于“无法可依”的危险状态，当时的学者对此颇为焦虑：“第今日之中国，非仅各种法律不备，抑且宪法尚未产出。政府与人民，均未循乎法律之轨道，其去法治国，不知几千里也”〔3〕。

既然重新修订法律，在精力与时间的安排上来看短期内难以实现，第二个解决法律缺失问题的途径就是承袭旧律，援用前清律典。当时的司法总长伍廷芳就支持暂时援用前清旧典以解决无法可依的难题，他呈请参议院选择性地援引前清制定法为新政府临时适用的法律渊源，以作为司法机关的判案依据。同为法学家的沈家本也有关于法源选择的呈请。沈家本的呈请

〔1〕 中国社会科学院近代史研究所中华民国史研究室、中山大学历史系孙中山研究室、广东省社会科学院历史研究室合编：《孙中山全集》（第2卷·1912），中华书局1982年版，第10页。

〔2〕 “编纂法典，事体重大，非聚中外硕学，积多年之调查研究，不易告成。”参见《大总统据司法总长伍廷芳呈请适用民刑法律草案及民刑诉讼法咨参议院议决文》，载中国科学院近代史研究所史料编译组编辑：《辛亥革命资料》，中华书局1961年版，第352~353页。

〔3〕 张东荪：“建言：专论四：法治国论”，载《庸言》第1卷第24期。

有三：一是前清政府已经被废止，当前全国没有统一的法律制度，寻找合适的法源迫在眉睫；二是建议暂时将《大清民律草案》《刑律草案》《大清刑事民事诉讼法》《大清法院编制法》《钦定大清商律》《破产律》《大清违警律》七部前清旧律作为适用的法源；三是民事法律规范方面建议援用《大清民律草案》。

后来经临时参议院几番磋商，认为前清法院编制法、商律等旧律中，只要不与民国政体相抵触，都暂时作为过渡时期的法律予以适用。[1]至于民事方面的法律适用，临时参议院一锤定音，决定援引前清《现行律》"民事有效部分"作为解决民国初期民事纠纷包括离婚冲突的法源。

《大清民律草案》是沈家本等修律大臣于清末时考察了当时世界各国在民事法律制度领域先进的立法理念、技术、内容的基础上，在日本法学博士志田甲太郎、法学家松冈义正等人的协助下，兼顾考察中国本土民事社会习惯，"务期中外通行"，凝结而成的当时法律人的智慧结晶，颇具近代法律制度的特性，是清末立法活动成果之一。但南京临时政府选择了更为封闭的传统民事法律规范《现行律》"民事有效部分"作为民事领域的援用法源，其理由是《大清民律草案》"前清时并未宣布，无从

〔1〕《新法律未颁行以前暂适用旧有法律案》全义："经本院于四月初三日开会议决，佥以现在国体既更，所有前清之各种法，已归无效。但中华民国之法律，未能仓猝一时规定颁行，而际此新旧递嬗之交，又不可不设补救之法，以为临时适用之资。此次政府交议，当新法律未经规定颁行以前，暂酌用旧有法律，自属可行。所用前清时规定之法院编制法、商律、违警律及宣统三年颁布之新刑律、刑事民事诉讼律草案，并先后颁布之禁烟条例、国籍条例等，除与民主国体抵触之处，应行废止外，其余均准暂时适用。惟民律草案，前清时并未宣布，无从援用，嗣后凡关民事案件，应仍照前清现行律中规定各条办理。惟一面仍须由政府饬下法制局，将各种法律中与民主国体抵触各条，签注或签改后，交由本院议决，公布施行。"参见中国社会科学院近代史研究所中华民国史研究室、中山大学历史系孙中山研究室、广东省社会科学院历史研究室合编：《孙中山全集》（第2卷·1912），中华书局2011年版，第276页。

援用”。后继的北洋政府时期，袁世凯基本延续了临时参议院的做法，发令宣告，在新的法律尚未制定颁布之前，除关系国家政治制度的法律之外，其他领域均暂时援引旧律。[1]此宣告虽未明确表示“从前施行之法律及新刑律”为何“律”，但也可以视为将《现行律》“民事有效部分”作为法源的默认与许可。《现行律》“民事有效部分”填补了民初民事法律规范缺位的空白，是当时全国各级审判机构审理离婚冲突的主要法律依据，其效力直至国民党民法典订立并在民国二十年（1931年）5月5日施行为止。[2]

（三）辅助法源——大理院判决例、解释例[3]

《现行律》“民事有效部分”经官方宣告正式被确定为民国初期暂时援引的法律渊源。法律是稳定的，但社会关系是变化的，因此“人们必须根据法律应予调整的实际生活的各种变化，不断地对法律进行检查和修正”[4]。面对不断涌现的各类离婚冲突，完全据以《现行律》“民事有效部分”进行处理已经不能满足变化社会的多样需求。《现行律》“民事有效部分”在《大清律例》的基础上修订而来，作为帝制时期的旧律，维护宗法伦理是其立法根基，但是民国初期社会已经发生了翻天覆地的变化，自由民主、男女平权等理念开始萌动，并在社会上产生了深远的影响，特别是在婚姻领域，男女平权、离婚自由的呼

---

〔1〕“现在民国法律未经议定颁布，所有从前施行之法律及新刑律，除与民国国体抵触各条应失效力外，余均暂行援用，以资遵守。”转引自邓继好主编：《中国民事诉讼法制百年进程》（第2卷·民国初期），中国法制出版社2014年版，第202页。

〔2〕张勤：《中国近代民事司法变革研究——以奉天省为例》，商务印书馆2012年版，第315页。

〔3〕关于民初大理院的判解，将在后文中将作进一步探讨。

〔4〕［美］罗斯科·庞德：《法律史解释》，邓正来译，中国法制出版社2002年版，第2页。

声乍起，如此情势之下，阶层分明的传统专制法律精神与民主自由平权的社会现实需要必然发生冲突，在处理离婚纠纷的司法实践中，这样的冲突显得尤为明显。如何化解这个冲突，民初全国最高司法机关大理院功不可没。大理院在司法实践中，或直接援用《现行律》“民事有效部分”的规定，或变通执行《大清民律草案》的条款，或比较参照民事习惯，在具体离婚案件的审理过程中，对典型案例加以抽象、解释，形成具有普遍适用效力的判决例和解释例作为各级司法机关的办案依据，明面在解释旧法实质为制定新法，填补了法律体系的缺漏且消除了离婚冲突处理中法律规定与社会需求的矛盾。[1]1913年，大理院在“1913年上字第64号判决”中，明确确定了大理院民事判决例和解释例的法源地位。依据该判决，审理民事案件的法源适用顺序依次是法律、习惯、条理。[2]法律规定是有限的，而社会事务是无穷尽的。在民初解决离婚冲突的司法实践中，大理院的民事判决例和解释例发挥着统制法律、创设法律、调适法律与习惯的三大功能。民法学家胡长清曾评论说，在民事法律规范匮缺之际，大理院采撷经典判决编撰成册，对于同类案件，只要没有特殊情况，办案机关得以此作为判案的依据，由此以先例判案，大理院的判决例理所当然具有法律的权威性了。[3]黄源盛亦认为民初大理院的判解发挥了填补法律空缺、

---

〔1〕张晋藩主编：《中国法制史》（第2版），高等教育出版社2007年版，第317页。

〔2〕“判断民事案件，应先依法律所规定，法律无明文者，依习惯法，无习惯法者，依条理。”参见郭卫编：《大理院判决例全书》，吴宏耀、郭恒、李娜点校，中国政法大学出版社2013年版，第210页。

〔3〕“民事法规，既缺焉未备，于是前大理院乃采取法理，著为判例，以隐示各级法院以取法之矩镬，各级法院遇有同样事件发生，如无特别反对理由，多下同样之判决，于是于无形中形成大理院之判决而有实质的拘束力之权威。”参见胡长清：《中国民法总论》，中国政法大学出版社1997年版，第35页。

统一法的适用的功能。[1]

二、前清《现行律》"民事有效部分"关涉离婚的内容

（一）前清《现行律》"民事有效部分"的产生背景

《现行律》"民事有效部分"脱胎于《大清现行刑律》。然而，《大清现行刑律》中的哪些内容构成《现行律》"民事有效部分"，南京临时政府及北洋政府没有将继续沿用的《大清现行刑律》条款挑出。因此，《现行律》"民事有效部分"内容尚不明确，文本多样化，"无明确统一的内容范围"，称不上是规范的制定法。[2]

《现行律》"民事有效部分"是民初各级司法机关审理离婚冲突案件的主要法源，其蓝本是清末轰轰烈烈的修律活动的成果——《大清现行刑律》。经过几经商讨，反复修改，各方妥协，历时一年（1904—1905）在修订《大清律例》的基础上完成，于1910年4月7日（宣统二年）刊印颁布，举国上下，一律奉行。[3]《大清现行刑律》篇目共30门，民事条款包括：服制图、服制、户役、田宅、婚姻、犯奸、斗殴、钱债。基于"分别民刑"的主张，这些民事条款从刑罚体系中脱离出来，除抢夺婚姻、奸占、违律婚、盗卖田宅、强占田宅等须按刑律科罪外，其他"民间细故"纠纷，或以罚金代替刑罚处罚，一般

〔1〕"具有约束下级法院的效力，进而统一全国各级法院的见解，避免同法异判的弊端，从而建立民初民商事的法律秩序，发挥'社会统制'的积极功能。"参见黄源盛：《民初法律变迁与裁判（1912—1928）》，台湾政治大学法学丛书编辑委员会2000年版，第77页。

〔2〕段晓彦："《大清现行刑律》与民初民事法源——大理院对'现行律民事有效部分'的适用"，载《长安大学学报（社会科学版）》2016年第3期，第121页。

〔3〕"著即刊刻成书，颁行京外，一体遵守"。参见谢振民编著：《中华民国立法史》（下册），张知本校订，中国政法大学出版社2000年版，第742页。

不再由刑律科以罪。[1]民初各级司法机关所援用的《现行律》"民事有效部分"中处理离婚诉讼的规定主要集中于《大清现行刑律》中的婚姻门、斗殴门、犯奸门中。

（二）前清《现行律》"民事有效部分"解决离婚诉讼的具体规定

陈顾远先生在研究中国婚姻史时，将传统的离婚方式分类为强制离婚、协议离婚、裁判离婚三类，根据当事人双方意愿，可分为双愿离婚，一方要求离婚者为单愿离婚。[2]"七出"为男方主导的单愿离婚，"义绝"为公权力干涉的强制离婚，"和离"是夫妻双方协商一致的双愿离婚，夫或妻基于法定的离婚理由向司法机关提出的离婚是呈诉离婚或裁判离婚。当代学者徐静莉认为《现行律》"民事有效部分"，"保留了两愿离婚制"，"明确了裁判离婚"，"包括了强制离异"。[3]顾程雯认为该律中规定了三种离婚方式："强制离婚、两愿离婚、裁判离婚"[4]。该律还保留了"七出"之男子单方面解除婚姻关系的规定："凡妻无应出及义绝之状，而出之者，杖八十"。在《出妻门》中维持了"义绝"强制离婚制度："若犯义绝应离而不离者，亦处八等罚"；准许在法定理由下，夫或妻可以单方面请求裁判离婚："将妻妾受财典雇与人为妻妾者"，妻可请求离异；或"妻殴夫者"，夫即可请求离异。当然，"若夫妻不相和谐而两愿离者，不坐"，这是对"和离"的延续。由此可见，《现行律》"民事有

〔1〕 怀效锋主编：《清末法制变革史料》（上卷·宪法、行政法、诉讼法编），李俊等点校，中国政法大学出版社 2010 年版，第 259 页。

〔2〕 陈顾远：《中国婚姻史》，商务印书馆 2014 年版，第 233 页。

〔3〕 徐静莉："民初女性权利变化研究——以大理院婚姻、继承司法判解为中心"，中国政法大学 2008 年博士学位论文，第 16~18 页。

〔4〕 顾程雯："北洋政府时期的女性离婚权考察：以大理院判解为中心"，天津商业大学 2014 年硕士学位论文，第 5 页。

效部分”继承了传统离婚法律制度的特点与规定，其规定的离婚方式包括强制离婚、协议离婚、呈诉离婚、两愿离婚四种。

通过梳理，《现行律》“民事有效部分”[1]规定的法定离婚理由主要如下：①男方单方面休妻[2]；②双方协议离婚[3]；③妻子偷偷逃跑[4]；④丈夫逃亡不归[5]；⑤婚姻欺诈[6]；⑥将妻典雇他人[7]；⑦将妻妄嫁他人[8]；⑧逼迫妻子与他人通奸[9]；⑨卖妻[10]；⑩虐待、夫妻互殴[11]。

上述《现行律》“民事有效部分”所载的十条离婚理由，引刑入民，以刑罚调整婚姻关系、解决离婚冲突，带有很大的刑罚色彩。离婚自由是有限的，某些事由将导致强制离异，离还是不离，男女当事人不能自由选择。同时，条文中男女不平等对待，如在夫妻互殴的情形下，离婚诉权的取得及刑事责任的承担，夫宽妻严特征明显。

---

〔1〕以下条文参见《中华民国民法制定史料汇编》，台湾地区司法行政机构1977年印行，第3~31页；转引自王坤、徐静莉：《大理院婚姻、继承司法档案的整理与研究：以民初女性权利变化为中心》，知识产权出版社2014年版，第284~285页。

〔2〕“凡妻无应出及义绝之状而出之者，杖八十。虽犯七出有三不去而出之者，减二等，追还完聚。若犯义绝应离而不离者，杖八十。”

〔3〕“若夫妻不相和谐，而两愿离者，不坐。”

〔4〕“若妻背夫在逃者，徒二年。听其离异。因逃而改嫁者，加二等。”

〔5〕“夫逃亡三年不还者，并听经官告，给执照，别行改嫁。”“因夫逃亡三年之内不告官司而逃去者，杖八十；擅改嫁者，杖一百。妾各减二等。”

〔6〕“妄冒为婚，未成婚者，依原定。已成婚者，离异。”

〔7〕“凡将妻妾受财典雇与人为妻妾者，本夫处八等罚。”

〔8〕“若将妻妾妄作姊妹嫁人者处十等罚，妻妾处八等罚。知而典娶者各与同罪并离异。(女给亲，妻妾归宗。)财礼入官。不知者不坐，追还财礼（仍离异)。”

〔9〕“抑勒或纵容妻妾与人通奸者，本夫处十等罚，妇女不坐，并离异归宗。”郑全红：《中国传统婚姻制度向近代的嬗变》，南开大学出版社2015年版，第153页。

〔10〕“若用财买休卖休（因而）和（同）娶人妻者，本夫本妇及买休人各处十等罚，妇人离异归宗。”

〔11〕“其夫殴妻至折伤以上，先行审问，夫妇愿离者，断罪离异，不愿者，验罪收赎。”(清）沈家本：《寄簃文存》，商务印书馆2017年版，第161页。

（三）前清《现行律》“民事有效部分”离婚立法中的性别差等因素

1. 离婚的男权专擅尚未突破。丈夫可以凭借“七出”之由解除婚姻关系。《现行律》“民事有效部分”关于解决离婚冲突的规定基本上延续了自唐朝以来历代“七出”“义绝”“和离”离婚制度的指导思想和基本内容，男尊女卑，夫权至上，男女差等对待的性别秩序安排显而易见。丈夫主导离婚权是中国传统离婚制度的显著特征之一，《现行律》“民事有效部分”虽然规定如果丈夫有将妻“典雇他人”“妄嫁他人”“逼迫妻子与他人通奸”“逃亡三年以上”“殴妻至折伤”等情形，妻子可以据此作为理由提出离婚，但是对妻子而言，这只是“仅以有限的理由要求法庭解除其婚姻”，“她不可能真的把她的丈夫离掉”。[1]妻子解除婚姻关系的愿望能否实现，通常还是取决于其丈夫的态度。“七出”之条让丈夫们在离婚时享有很大程度的主动权。比如“犯奸”，通常，妻子的贞洁被视为丈夫的专享权利，对于“犯奸”妻子的归途，关键还是取决于丈夫是否还愿意容纳不贞的妻子。以 1853 年发生的一起妻子与人私奔案为例，巴县庞双泰的妻子与邻居谢二私奔，后来庞双泰找到了二人，并告官表示要老婆回家，此案的处理结果是比较圆满的，谢二仅被训斥，庞双泰领妻子双双把家还[2]。该案中没有对出逃妻子施以“浸猪笼沉塘底”的严苛惩处，并非是当时人们思想已经开明至可以容忍此类事件。司法官员之所以对庞妻如此“宽宏大量”，很大程度上还是受丈夫庞双泰不追究妻子过错而

---

〔1〕［美］黄宗智：《法典、习俗与司法实践：清代与民国的比较》，上海书店出版社 2007 年版，第 164 页。

〔2〕［美］黄宗智：《法典、习俗与司法实践：清代与民国的比较》，上海书店出版社 2007 年版，第 145 页。

愿妻返家积极态度的影响。由于娶妻成本高昂，像庞双泰般宽宥犯奸妻子的经济困难的丈夫也是有的。但值得注意的是，乃至到了民初社会，贞洁依然是女性头上沉重的枷锁，愿意原谅犯奸妻的丈夫仅是少数。

2. “夫为妻纲”，妻子附属于丈夫。以清代国家法为例，基于三纲五常的传统秩序安排，按照血缘的远近，对家庭成员进行了尊卑、长幼、男女的划分，确定了家庭成员的不同名分，并以此作为法律适用的衡量标准。具体而言，家族内部各个成员所处的法律地位是不同的：尊长地位高于卑幼，父母地位高于子女，丈夫地位高于妻子。〔1〕《现行律》“民事有效部分”的立法内容没有打破传统尊卑泾渭分明的立法格局，在婚姻关系中，妻子于人格、身份、财产方面都处于丈夫的荫罩之下。基于国家法加持的妻子对丈夫的依附性，妻子被视为丈夫的附庸，丈夫对妻子拥有很大程度的控制权与处分权。例如，在特定的情况下〔2〕，买休卖休可能会得到法官的宽恕，当事人不会受到惩处，也不必按法律关于“买休卖休”规定强行解除婚姻关系。在经济欠发达的农业社会，尤其是在灾荒年间，卖妻图命是常事。据史料载，雍正十年（1732年）夏季，海水倒灌至内陆，淹没了

---

〔1〕 经君健认为：“清代法典中，礼制丧仪部分以九族五服形式把血缘关系按亲疏尊卑组织起来，规定血缘关系具有尊卑长幼名分。刑律则根据这种名分决定亲族间法律地位的不平等关系。在社会上，凡人之间的法律地位是平等的，法典规定了统一的处刑标准。而凡人在家族关系中则具有双重身份：身为尊长，对卑幼处于较高的法律地位，身为卑幼则相反。丈夫法律地位高于妻子，妻子低于丈夫。父为子纲，夫为妻纲的天定秩序以法律形式固定下来了”。参见经君健：“试论清代等级制度”，载《中国社会科学》1980年第6期，第165~166页。

〔2〕 一般是指“卖身以图活命”，“19世纪早期，清代法庭开始采取这样的态度，被迫自卖其身以图活命的穷人应予同情对待并免予惩处。该同情态度转过来又让同情图活命时代的法官明确承认妇女有时选择被卖掉。”参见［美］黄宗智：《法典、习俗与司法实践：清代与民国的比较》，上海书店出版社2007年版，第139页。

大片土地，百姓死伤无数，庄稼牲畜荡然无存，大批难民涌到江浙等地乞讨为生，为谋生计，他们不得不卖妻以获取一二贯钱财。[1]于情理出发，司法官员对“图活命”而“买休卖休”案件的处理通常持同情怜悯的态度，法外开恩，并没有严格按照律典的规定处理。如《刑案汇览》所载一起丈夫卖妻案，司法官员是这样灵活处理的：河南王黑狗因生计困难将妻子扈氏卖给李存敬。司法官员认为如果扈氏回到她原来的丈夫身边，她只会被再卖掉“势又失节”，这是一个恶性循环，因此做出的处理是认可扈氏与李存敬新的婚姻关系，而非令扈氏回王家与王黑狗再续前缘。[2]

3. 离婚理由条款，严于女而宽于男。《现行律》“民事有效部分”规定的离婚理由中，严于女而宽于男，性别差等对待很明显。同一离婚缘由，对丈夫和妻子的要求与处置是不一致的。例如丈夫或者妻子一方离家出走，双方取得呈诉离婚主动权的条件是不一致的。妻子只要偷偷离开夫家，即使是回娘家了，也可能落个“背夫在逃”的罪名，丈夫可以据此提请解除婚姻关系。丈夫离家出走，妻子要取得离婚请求权，需满足二个条件：一是丈夫因为刑事犯罪离家逃亡；二是丈夫离家出走的时间至少达到三年以上，在此三年期间内，妻子还不能改嫁，只能等至三年期限届满，请求司法官员颁发“许可执照”方可再婚，否则将会受到刑罚处罚。再如，夫妻殴伤的情形，丈夫殴妻须至折伤（如骨折），妻子才能据此提出离婚；如果丈夫殴打

〔1〕“雍正十年七月十六日夜，海潮怒涌。内塘之东，民死什六七，六畜无存……田稼尽烂，饥民乞食苏常及浙之嘉湖诸郡。……卖妻者值钱一二贯，屋材器用值一两者不值一钱。”参见潘超等编：《中华竹枝词全编（二）》，北京出版社 2007 年版，第 144 页。

〔2〕［美］黄宗智：《法典、习俗与司法实践：清代与民国的比较》，上海书店出版社 2007 年版，第 140 页。

妻子致死，但如果夫家有承祀的需要，则可以法外开恩，得以减免刑罚。《清通典》卷八五记载了清雍正时期尚书张照的一则关涉夫妻相犯处理的奏准，该奏准认为：一是丈夫无故殴打妻子致死，如果丈夫是家里唯一的男丁，则可以用肉刑代替死刑；二是夫妻口角，妻子因此上吊自杀，丈夫无须承担责任；三是丈夫与妻子互相侵犯，在刑法适用方面，丈夫轻于妻子。[1]同理，在夫妻相犯的情况下，如果妻子殴打丈夫，就是以下犯上了，宛若子女殴打父母，则不管丈夫是否伤至折伤，丈夫均可据此提起离婚。

三、大理院判解与民初离婚诉讼——司法兼营立法，泥守中的变通

（一）民初大理院及其判决例、解释例

中国古代专司审判、掌管狱讼的机构，秦汉时期设廷尉，隋唐时期有大理寺，元代设刑部，明清以刑部主掌，大理寺监督。在政治改革呼声的敦促下，光绪三十二年（1906年），清廷将大理寺改为大理院，负责“平反重辟，审决狱，专掌审判，成为全国最高法院”[2]。成立之初，大理院与法部就权力的分配问题进行了激烈的争辩（“部院之争”），最终大理院胜出，独掌“最高审判权”与“法令统一解释权”。[3]民国成立之初，

---

〔1〕“雍正十一年七月，尚书张照奏准，夫殴死妻，审无故杀别情者，如家无承祀之人，准留承祀，以枷责完结。大清律条例：妻与夫口角，以致妻自缢，无伤痕者，无庸议。”“综上所述，夫犯妻者，其刑轻，且得减免，而妻犯夫者，则加重其刑。”参见陈鹏：《中国婚姻史稿》，中华书局2005年版，第575页。

〔2〕上海商务印书馆编译所编纂：《大清新法令（1901—1911）》（点校本·第8卷），林乾、王丽娟点校，商务印书馆2010年版，第679页。

〔3〕“属于最高审判暨统一解释法令事务，即由大理院钦遵国家法律办理。所有该院现审死罪案件，毋庸咨送法部覆核，以重审判独立之权。”参见（清）朱寿朋编：《光绪朝东华录》，中华书局1958年版，第5861页。

政权新旧更迭，政局动荡不安，国会被解散，难以行使立法权统一法令。司法机关的设置基本延续了前清大理院的设立机制，大理院为全国最高审判机关，兼营司法权与立法权。大理院成立于民国元年（1912 年），民国十六年（1927 年）解散，虽然运营的时间不长，但对于推动当时社会平稳过渡，促进传统法制近代化，发挥了司法界的“平衡器”与“推动器”的作用。台湾地区学者黄源盛对民初大理院予以这样的评价：在当时风云诡谲的氛围下，大理院还能坚持其独立性，妥善应对各种司法现实问题缓解矛盾，积极创设法律文本弥补国家法的空缺，让黑暗中的民初司法界看到了一丝光明。〔1〕

民国初期的政治局势与法制状况决定了民初大理院必须要司法与立法“双肩挑”：在行使司法审判权的同时，兼顾造法建制行使立法权。民国初期大理院面临着法律条文缺失、旧律典与新思潮矛盾不断、传统尊卑等级观念与自由平等理念冲突四起的难局。尤其是在亲属、婚姻领域，适用旧的法律条文调整新的婚姻关系，难免有捉襟见肘之尴尬。时任国民党修律馆总裁的江庸倍感法律缺失的困厄：社会已经发生了翻天覆地的变化，再生搬硬套前清旧律来调整当前的社会关系，司法官员倍感牵强，非但不能化解冲突，还会滋生新的矛盾。〔2〕如何弥补成文法的缺失？如何调节新旧矛盾、中西冲突？在审理离婚冲突时，大理院推事们的解决方案是：通过发布典型案例的判决

---

〔1〕“大理院能独立超然于政潮之外，为民国的司法前途带来一线曙光，它不仅能妥帖地应付现状，还倾力创造新法律的基础。”参见黄源盛：“民初大理院（1912—1928）”，载《政大法学评论》1998 年第 60 期，第 139 页。

〔2〕“旧律中亲属、继承之规定，与社会情形悬隔天壤，适用极感困难，法曹类能言之，欲存旧制，适成恶法，改弦更张，又滋纠纷，何去何从，非斟酌尽美，不能遽断。”参见胡长清：《中国民法总论》，中国政法大学出版社 1997 年版，第 35 页。

作为判决例，或通过解答各级司法机关提请的关于法律适用的疑问形成解释例，弥补成文法的缺失，缓和传统离婚法制与社会新需求之间的矛盾。

大理院在其运营的十六年期间（民国元年至民国十六年，即1912年至1927年），据黄源盛的统计，审理了两万余件民事案件。[1]当然，并非所有案例都能发挥判例的法律效力。大理院民事判例源于民事判决，是大理院推事们在审理民事案件时，对具有代表性的民事判决适用法条或进行适当的解释，或者进行扩张解释，或在法条缺失的情况下，干脆创设新法。如此形成的判例要似成文法一般得以普遍性的适用还需要公之于众，让各级法院知晓并据此为判案依据。由于当时传媒条件的限制，大理院主要以《大理院公报》《政府公报》《司法公报》为渠道发布具有普遍适用效力的判例。为了便于施行，大理院还将其判例及要旨编撰成册。[2]《大理院判例要旨汇览（正集）》序言指出，当法律缺失或不能满足现实需要之时，可以适用大理院的判例。一时找不到法律依据，可以根据具体情况，参考学说，编著为具有效力的先例。[3]日积月累，民国初期大理院判例逐渐形成为系统的民事法律规范体系，发挥着填补法律空缺、调和法律适用矛盾、甚至满足政治需求的“奇特”功用。[4]大理院判解

---

〔1〕 该数据来自黄源盛在《政大法学评论》1998年第59期刊发的“民初大理院司法档案的整理与研究”一文。

〔2〕 民国四年（1915年）编印《大理院判决录》，民国八年（1919年）编印《大理院判例要旨汇览（正集）》，民国十三年（1924年）编印《大理院判例要旨汇览续集》等专辑。

〔3〕 “法有不备，或于时不适，则藉解释，以救济之。其无可据者，则审度国情，参以学理，著为先例。”参见大理院编辑处编：《大理院判例要旨汇览（正集）》，大理院编辑处1919年版，序言。

〔4〕 我国台湾地区学者黄源盛称民初大理院判例为：“古今中外法制史上相当奇特的现象”。

在当时的司法实践中得到了极大的尊重与普遍的适用，被法官、检察官及律师奉为处理法律纠纷的重要依据，“承法之士，无不人手一编”[1]。

大理院解释例是大理院对下级司法机关在审理案件过程中遇到疑难问题所做请示的答复，与判例相较，其行文简洁、处理周期短，同样经《大理院公报》《政府公报》《司法公报》等媒介公布后为各级司法机关借鉴适用。有关离婚问题的大理院解释例有 15 条[2]，分别涉及“出妻”“义绝”“三不去”“无子”“不事舅姑”等传统离婚法条文在当时社会的适用问题，以及由于时代变换而新生的“妻子的离婚权”“重婚的处理”等新式离婚冲突的处置。当代学者汪雄涛等认为，民初大理院解释例不仅是过渡时期法源选择的结果，其间蕴含了丰富的社会实践。同时，这些解释例还向人们展示了生动的法律冲突，以及人们在相矛盾的法律条文中作出抉择的思辨过程。[3]

（二）“泥守传统”的大理院离婚判解

民国初期的主要要法源是《现行律》“民事有效部分”，大理院司法兼立法形成的判解是辅助性法源。成文法、判例，还有民间习惯及条理构成了一个多元互补的法源体系。黄源盛亦

---

[1] 当时之“承法之士无不人手一编，每遇讼争，则律师与审判官皆不约而同，而以‘查大理院某年某字某号判决如何如何’为讼争定谳之根据”。参见胡长清：《中国民法总论》，中国政法大学出版社 1997 年版，第 36~37 页。

[2] 转引自汪雄涛、曾青未在《云南大学学报（法学版）》2009 年第 5 期刊发的“民初法律冲突中的离婚问题——以大理院解释例为素材的考察”一文中的数据。

[3] 汪雄涛、曾青未认为：“解释例是大理院首当其冲地面对法律适用过程中的新旧法律抉择问题的产物，容纳了有关法律冲突鲜活的社会事实，我们从解释例中看到丰富的法律冲突现象、不同的法律适用理由以及最终作出选择的思维逻辑。”参见汪雄涛、曾青未：“民初法律冲突中的离婚问题——以大理院解释例为素材的考察”，载《云南大学学报（法学版）》2009 年第 5 期，第 38 页。

认为，民国初期的审判依据包括[1]：①《大清现行刑律》中的《现刑律》“民事有效部分”；②少数民事特别法规；③习惯法；④判例；⑤《大清民律草案》（未颁行）；⑥法理及学说。

在司法实践中，法条、判例、习惯、条理等该如何选择，这里就关涉法源位阶的问题。得益于借鉴未经颁行便随着清王朝的倾覆而“胎死腹中”的《大清民律草案》第一条的规定：在民事法律适用方面，法律没有规定适用习惯，既没有法律规定又没有习惯的，则按照条理处理。大理院的推事们通过判例解决了法源位阶的问题。民国二年（1913 年）上字第 64 号判例公布，从制定法到习惯再到条理的法律适用原则是通行的做法。[2]第 64 号判例确定了“制定法—习惯法—条理”的法源位阶。《现行律》“民事有效部分”是民初各级司法机关据以审理离婚案件的首要法源。

一个国家的法律体系中，最能反映社会风土人情的是关涉婚姻家庭领域的立法。就中国而言，不管法律规范发生如何翻天覆地革新，或是潜移默化的变迁，或是受到外来文化的冲击，婚姻家庭法律制度都显示着强大的生命力，固执地延续着传统宗法伦理的影响。[3]具有悠久历史的中华法系，整个体系散发

---

〔1〕 黄源盛：“民刑分立之后——民初大理院民事审判法源问题再探”，载《政大法学评论》2007 年第 98 期，第 14 页。

〔2〕 “本院查：判断民事案件应先依法律所规定，无法律明文者，依习惯法；无习惯法者，则依条理，盖通例也。现在民国民法法典尚未颁行，前清现行律关于民事各规定继续有效，自应根据以为判断。”参见黄源盛：《民初大理院与裁判》，元照出版有限公司 2011 年版，第 147 页。

〔3〕 王新宇认为：“婚姻、家庭、继承法是法律体系中最具民族特色、与国情民风联系最为直接、密切的部分，无论是法律制度的渐进式演变、革命性变革，还是移植式引进，婚姻、家庭、继承制度都最大限度地保留了本国文化的传统因子，并展示其保守性、稳定性。传统中国，重宗法血缘伦常关系，婚姻、家庭、继承制度尤其受到宗法文化的影响而具有独到的坚韧性。”参见王新宇：《民国时期婚姻法近代化研究》，中国法制出版社 2006 年版。

着家族主义、纲常伦理、尊卑有别的气息。[1]《现行律》“民事有效部分”作为中国传统固有法的遗留，必然延续着中华法系重伦理、轻权利、分尊卑、别男女的立法特色，几千年的延续传承，纲常伦理的制度安排昭显着旺盛的生命力与强大的影响力，亲属伦理安排的制度安排，不可能随着帝制的崩塌而瞬间消逝。基于法源位阶与固有法的影响两个因素，民国初期大理院的推事们，即使他们大部分是深受自由平等理念洗礼的时代前沿者（据黄源盛《民国大理院历任院长及推事略历一览表》所载，当时有学历记录的大理院推事，近80%曾游美日等国），但这些推事们在裁决离婚案件时，还是得拿起旧律书，翻起旧法条，以中国传统的固有法作为判案的首要依据，潜移默化中，传统礼法观念的束缚难以摆脱。

大理院离婚冲突判解中固守旧法最显著的体现是泥守“七出”“义绝”等丈夫单方面决定的离婚制度。如大理院统字第576号解释例[2]，就肯定了丈夫的“出妻权”：

> 浙江高等审判厅问：
>
> “妻子触犯了‘七出’之条没有‘三不去’的情形，或有‘三不去’情形但犯奸，丈夫有没有出妻权？”律例的规定是“妻犯七出之状而无三不去之理，及虽有三不去之理而系犯奸，其夫出之者，可以无庸追还完聚，以其非擅出非不得辄绝而绝也。换言之，即夫于妻有此等情形时，律例上认其有出妻之权也。”

---

〔1〕范忠信：“中华法系的亲伦精神——以西方法系的市民精神为参照系来认识”，载《南京大学法律评论》1999年第1期，第105页。

〔2〕郭卫编著：《民国大理院解释例全文》，吴宏耀、郭恒点校，中国政法大学出版社2014年版，第569页。

大理院的答复是：

“丈夫有出妻权，但在判决做出前，夫妻关系仍然维系。”

“妻犯七出而无三不去之理，自应认夫有出妻之权，其有三不去系犯奸者亦同，并依本律犯奸条愿否离异，仍应由本夫主持。至义绝应离，固在强制离异之列，然本为夫妇在未经官判离以前，其夫妻关系，自仍存在。”

（三）“变通旧制”的大理院离婚判解

清末民初，在自由平等理念的洗礼下，人们开始质疑性别领域的不平等，开始要求破除男尊女卑的旧惯习，妇女解放运动层出不穷。1912 年 1 月，民国成立之时，由女界精英林宗素等领导的“女子参政会”向临时大总统孙中山提出男女平权的请求，孙中山的回复是“男女原应一律平等参政”。虽然后遭保守势力的反对，林宗素等人的男女平权主张未能实现，民国成立之始未能也是不可能完全破除男尊女卑实现男女平等，但至少撼动了性别差等对待的传统制度根基，“男女平权”的理念开始在社会蔓延。

对同时代的大理院推事们而言，“男女平权”思潮风起云涌，完全援用旧制度，必然与新形式相悖离。且大理院诸君“游学国外，浸润西法，未尝不想接引潮流”〔1〕。大理院的推事们在审理离婚案件时既要坚守旧法伦理，也要兼顾新社会的实际需求，即要遵守传统固有法，又要借鉴西方继受法，权衡新旧中西各方理念，衡平各方社会关系。因此，大理院推事们在

〔1〕 汪雄涛、曾青未：“民初法律冲突中的离婚问题——以大理院解释例为素材的考察”，载《云南大学学报（法学版）》2009 年第 5 期，第 41 页。

固守旧法的同时，也探寻变通之道，尽量剔除旧法中的不合理因素，以调和法制与现实的矛盾。

对以“七出”之由提起的离婚，大理院推事们在肯定丈夫单方面“出妻权”的同时，也对“七出”内容的具体执行做了一些变通处理。例如，对“七出”之“不事舅姑”一项的具体情形做出了具有时代意义的解释，有了这样的解释例，妻子不用担心因“姑前叱狗”之类的细微小事就被丈夫逐出家门了。何为“不事舅姑”？大理院的解释是：不孝敬公婆，经过训诫且不悔改的，才构成“不事舅姑”。民国六年（1917 年）上字第 497 号判例确定了“不事舅姑”的情形。[1]具体而言，因家庭纠纷小吵小闹不能认定为“不事舅姑”；偶尔赌气回娘家，丈夫又拒绝妻子归家的，客观上失去了侍奉公婆的机会，不能认定为“不事舅姑”。统字第 1134 号[2]解释例询问“不事舅姑”情形更详细：某女与丈夫关系紧张，不得丈夫喜爱，然后将气撒在公婆身上，常常出言辱骂，摔东摔西，吵闹不休，公婆不堪容忍，要求夫妻二人离家到外居住，但丈夫不愿意与父母分开，因此提出离婚。这种情况怎么处理呢？大理院的回复是：“不事舅姑”指的就是不孝、不敬的意思，也即打骂、虐待、侮辱公婆，如果上诉案中女子的行为达到虐待或重大侮辱程度，就可

---

〔1〕“对于舅姑确有不孝之事实并经训诫怙恶不悛者而言。若因家庭细故负气归家，其夫家遂拒而不纳致不得事舅姑者，尚不在应出之列（现行律婚姻门出妻条律）。”参见郭卫编：《大理院判决例全书》，吴宏耀、郭恒、李娜点校，中国政法大学出版社 2013 年版，第 410 页。

〔2〕统字第 1134 号解释例询问：“兹有某妻因不见悦于其夫，遂迁怒于舅姑，时时垢骂并有击碎家什之情事，舅姑不堪其扰，令夫妇俩出外居住，夫不愿离父母而居遂提请离异。”大理院的回复是：“不事舅姑”是不孝之义，即指虐待及重大侮辱而言，“如果所述事实确已达到虐待或重大侮辱程度”，可以判令二人离异。参见郭卫编著：《民国大理院解释例全文》，吴宏耀、郭恒点校，中国政法大学出版社 2014 年版，第 644～645 页。

以以“不事舅姑”为由判决二人离婚。

（四）大理院离婚判解中男女对待的变迁

随着社会变革、西学入侵，大理院推事们面临着双重的价值取向：一方面，在公领域，有限度地承认自由平等价值；另一方面，在私领域，则继续奉儒家伦理为圭臬。如何实现中西交融，将自由平等法制移植到传统中国的土壤中？如何缓解怀古保守情怀与锐意变革激情的冲撞？[1]是大理院推事们在判案过程中要平衡的两个问题。在旧法统与新观念的夹缝中，他们既要遵循尊卑、男女等级分明的传统法律条文，但又难以舍弃对自由平等的追求，想要重新审视离婚冲突中的男女平权问题。因此，在维系传统法制的外衣下，他们或变通旧法条文，或创设新的适用规则，既认可丈夫的专有离婚权，又赋予妻子有限的离婚权，以期通过这种“一张一弛”的方式潜移默化式地缩小新时代离婚冲突中男女两性法律地位上的差距。

在大理院的推动下，民国初期传统婚姻关系中男女性别差等制度发生一定的变动，婚姻中的女性权利得到了前所未有的重视。先是大理院通过判解有限认可妻子在个别领域享有独立于丈夫的完全行为能力。大理院民国七年（1918 年）上字第 1308 号判决确认“妻之信教自由，不受夫权限制”。大理院依据《中华民国约法》（1914 年）所载的“人民有信教之自由”等语，做了关于平等的宗教信仰权的类推解释。[2]类推解释确

---

〔1〕“如何使中国国情与外国法制兼容并蓄，如何使怀古之渝调与求变求新之学说各得其所。”参见吴经熊：《法律哲学研究》，上海法学编译社 1933 年版，第 85 页。

〔2〕“寻绎法意，举凡人民，无论男女及有无完全行为能力，均可自由信教，并不受有何等限制。又查妇人私法上之行为同受夫权之限制，但其宗教上之信仰，自非夫权所能禁止。”参见郭卫编：《大理院判决例全书》，吴宏耀、郭恒、李娜点校，中国政法大学出版社 2013 年版，第 188 页。

认了女性宗教信仰自由权，虽然没有在私法领域上赋予女性独立的法律人格，但也体现了当时司法实践中完全的男尊女卑、男女不平等的状态已经开始松动。

随后大理院通过判解适度扩大妻子的离婚自由。在大理院离婚冲突判解中，成文法的适用多因袭传统旧制，夫权居于上风。但是，仔细研究这些判解，不难发现，对待妇权的态度已经在悄然变化，这个变化是向着有利于女方的方向发展的。当代学者徐静莉在《民初司法判解中女性权利变化的总体趋势——以大理院亲属、继承判解为中心》一文中，总结了大理院司法判解中女性权利变化的三个趋势：①从法律层面确认了女性独立的法律主体资格；②彰显了对男女平权一定程度的关注；③女性身份开始由纯粹的义务主体向权利主体迈进。[1]

离婚冲突中对妻子权益的考虑，这是民初以前中国社会的女性们不敢想象的。大理院通过判解对婚姻里的“虐待”“殴打”“遗弃”“重婚”做出了新的解释，总体而言，这些解释是有利于妻子的。例如，据《现行律》“民事有效部分”的规定，丈夫殴打妻子，只有受伤达到法定程度的情况下，如骨折、眼瞎、齿断，妻子才可以单方面提出离婚，且能不能离婚，还要看丈夫的意愿。大理院民国五年（1916年）上字第1073、1457号和民国六年（1917年）上字第634号判例就推翻了“夫殴妻必至折伤以上方可离异”的法条适用。第1073号判例重新界定了当丈夫殴打虐待妻子时，妻子可以提起离婚的条件：将

〔1〕徐静莉：“民初司法判解中女性权利变化的总体趋势——以大理院亲属、继承判解为中心”，载《山西师大学报（社会科学版）》2008年第2期，第109~111页。

“妻必至折伤”的情形降低为“受稍重之伤害”；或如果丈夫经常施暴于妻子，“受稍重之伤害”则不是必须条件：“本院判例所谓夫虐待其妻，致令受稍重之伤害者，实以伤害之程度较重，足为虐待情形最确切之证明之故。如其殴打行为实系出于惯行，则所受伤害之程度不必已达到较重之程度，既足证明实有不堪同居之虐待情形，即无不判离之理。”第1457号判例中规定，夫妻一方或双方经常施暴、虐待导致不能再共同生活的，允许其离婚。第634号判例则排除了“夫殴妻”离婚纠纷中丈夫的同意权：丈夫殴打妻子，导致妻子受到骨折以上的严重伤害，妻子要求离婚，应当支持妻子的请求，无须丈夫同意。

四、民初离婚的法定方式与理由

（一）离婚的法定方式

1. 强制离异。强制离异与传统离婚制度中的“义绝”之制相类似，是公权力涉入的强制离婚，即夫妻及其近亲属之间存在“悖逆人伦，杀妻父母，废绝纲常”[1]的情形，当由公权力介入强制离婚，否则“若犯义绝应离不离者，亦处八等罚”。明时义绝之制已经式微，至清代，关于义绝出妻的案例记载已经不多见了。[2]随着社会的变迁，古老的“义绝”之制在新的时代背景下被予以了新的解读。民国五年（1916年），浙江高等审判厅请示大理院［民国五年（1916年）函字第584条］“‘义

---

〔1〕 班固在《白虎通·嫁娶》中对“义绝”的解读。

〔2〕［日］滋贺秀三：《中国家族法原理》，张建国、李力译，法律出版社2003年版，第405页。

绝’二字之定义及义绝情状成立之要件如何”？[1]次年，大理院的答复是［民国六年（1917年）统字第576号］[2]：

《现行刑律》义绝律文，采用唐律，则义绝之事例，自可援据疏议，并非限定律文内离异各条。又该律第一节系指妻对于夫言，次节兼指双方犯义绝，应离不离一语，谓事实发生经官处断而故违者，方予科罪，寻绎前后用意，疑义自明。

皆旧律为礼教设立防闲，遇有此类案件，仍宜权衡情法，以剂其平。现在《民法》尚未颁行，该律民事部分，虽属有效，而适用之时，仍宜酌核社会进步情形以为解释，不得拘迂文义，致蹈变本加厉之弊。

---

〔1〕“按‘义绝’二字律内并无小注，于是学者间遂有下列三种学说：（甲）唐律疏议曰：义绝谓殴妻祖父母、父母及杀妻外祖父母、伯叔父母、兄弟姑姊妹，若夫妻祖父母、父母、外祖父母、伯叔父母、兄弟姑姊妹自相杀，及妻殴伤夫之祖父母、父母，杀夫外祖父母、伯叔父母、兄弟姑姊妹及与夫之缌麻以上亲，若妻母奸及欲害夫者，虽会赦亦为义绝，妻虽未入门亦从此令云云，有谓此为‘义绝’二字，原始之解释，应予采用者；（乙）明律注疏曰：义绝专指自得罪于夫者言，如殴夫及欲害夫之类，非谓殴姑舅等项也云云，有谓此说虽较唐疏为略，然唐疏亦有难行之处，仍以此说为当者，然细按此说，就妻绝于夫者言，未免于夫之利益保护过厚，律以妻齐之义，终有未合；（丙）清律注解（系私家注解非律内小注）曰：义绝者谓夫妇之恩情礼意乖离违碍其义已绝也，律中未曾备详其事，而散见于各条中，其所指为义绝者，亦复不同。……但细按此项注解，亦有瑕疵：（一）盖义绝之状，如已分列于各条，而各本条内已标明应离之旨，则律文只云应离而不离者，亦处八等罚可矣，何必多此‘义绝’二字之赘文耶？可见义绝之状，当别求于各条之外；（二）且义绝应离如以律有离异归宗仍两离之等类文句之条为限，则夫妻之一方，有谋故杀死他方之祖父母、父母期亲及外祖父母时，因同律谋杀祖父母、父母斗杀故杀人各条，并无夫妻离异之文，遂不能适用义绝应离之律，于是夫得以七出之理由出其妻，而妻则虽与夫有不共戴天之仇，苟不得其夫承诺，终无术可以离异，而不得不仍留于夫家，无论如何尊重夫权，亦不应有此偏倚不平之法，是此说仍难采用。以上甲、乙、丙三说，有无可取？并‘义绝’二字之定义及义绝情状成立之要件如何？用特具函请求钧院查照。”参见郭卫编著：《民国大理院解释例全文》，吴宏耀、郭恒点校，中国政法大学出版社2014年版，第569~570页。

〔2〕郭卫编著：《民国大理院解释例全文》，吴宏耀、郭恒点校，中国政法大学出版社2014年版，第569~570页。

对“义绝”之条，浙江高等审判厅有三个困惑：新的社会背景下，该对“义绝”作何解释？依据“唐律疏议”“明律注疏”“清律注解”所载的“义绝”事项，新形势下该如何确定“义绝”的成立要件？成文法典的滞后规定与社会现实需要的冲突出现了，怎么办？大理院的答复是：首先，“援据疏议”。请参见《唐律》《大清现行刑律》等律文的解释。其次，还要“权衡情法，以剂其平”。处理此类案件时，不能拘泥于前清旧律的法律规定，要结合社会发展的趋势进行判断，盖因立法之社会背景已经发生了巨大变化，为礼教伦理服务的传统旧法已滞后于社会进步，再照搬旧律，“拘迂文意”，不仅不利于解决离婚冲突，更可能导致矛盾“变本加厉”。从大理院的答复中不难发现，“义绝”作为古代法中的强制离异方式，在民初并没有绝对消失。从此后大理院的判解中可见，在灵活司法的过程中，“义绝”情形中的一部分已经被呈诉离婚兼容到了“不堪容忍之同居”等法定离婚事由中，其中“夫权专擅”“男尊女卑”的性别等级秩序安排特质已经淡化了，开始出现了关注个人人格与男女平权的趋势。

2. 协议离异。协议离异与传统离婚制度中的“和离”之制有一定程度的相似性。国家法对“和离”的法律表达蕴含着时代的特征。唐律表述为夫妻不能和谐相处，就是感情不谐，可以商议离婚。[1]到清时的国家法——《现行律》“民事有效部分”，该表述调适为“若夫妻不相和谐而两愿离者，不坐”。由唐至清，由“不相安谐”到“不相和谐”，协议离婚一直坚守着夫妻双方均同意离婚的“两愿”特性。民初时期的协议离婚，国家法表述为“夫妻双方合意行之，法律不问其离婚原因如何，亦无

〔1〕《唐律疏议》载：“若夫妻不相安谐，谓彼此情不相得，两愿离者，不坐。”

须法院判决之程序。尊重当事人之合意，避免法院之干涉”〔1〕。大理院民国五年（1916年）上字第147号判例裁定“协议离婚为法所许”。后来，学者胡长清专门做了题为《协议离婚问题》的演讲，从学理的角度肯定了协议离婚在离婚司法实践中的价值与意义：“我国自唐以迄于今，皆许协议离婚。……现行律出妻条，与唐律略同，前大理院及今最高法院，更均以此著为判例，历次亲属法草案，亦皆以协议离婚，订为专条”〔2〕。胡长清提出协议离婚的三个要件：一是情感要件，夫妻不相和谐而自愿离婚；二是年龄限制，男未及三十岁，女未及二十岁，须经父母允许；三是程序要件，须呈报户籍吏。

3. 呈诉离异。呈诉离异即裁判离婚，是指“夫妻一方如有法律所定之原因，他方得对其提起离婚之诉，依胜诉判决而为的离婚”〔3〕。时人徐思达的表述是：“呈诉离婚者，乃夫妇之一造，依法定离婚原因，呈诉离婚，经法庭判决而解除婚姻”。在徐氏眼里，呈诉离婚具有三个构成要件：一是当事人为夫妻之一方，任何人不得越俎代庖；二是离婚理由是法律认可的；三是离婚的效力来自法院的依法判决。〔4〕1912年至1928年时期的呈诉离婚虽然能隐约窥见现代诉讼离婚的影子，但明显具有浓郁的民初时期的时代特色。一方面排除了家族尊长对离婚的干涉，把离婚这件事视为夫妻的“个人私事”而非“家族公事”，承认了夫妻双方在离婚方面享有的自由与权利。另一方面，为了避免离婚滥觞酿成社会之大问题，又严格限定离婚的理由，“以杜流弊”而

〔1〕 徐思达：《离婚法论》，天津益世报馆1932年版，第76页。

〔2〕 胡长清演讲，马存坤笔记：“协议离婚问题”，载《法律评论（北京）》1930年第7卷第34期，第11页。

〔3〕 胡长清：《中国民法亲属论》，商务印书馆1986年版，第191页。

〔4〕 徐思达：《离婚法论》，天津益世报馆1932年版，第78页。

“维法律而正风化”，凡是一方单独呈请离婚，离婚理由必须充足明确，此处的“充足明确”可解释为法律认可的离婚缘由。

民初时期，打破男女性别差等秩序，成为当时社会改革口号之一，离婚自由是社会革新的主要内容，是冲破“男尊女卑”罗网，构建男女平等新秩序的关键。现代学者余华林认为，当时主张离婚自由的革新派们持这样的观点，即旧制度赋予了男子充沛的离婚自由，在婚姻关系的解除方面，男子拥有决定性的话语权，而作为婚姻当事人之一的女子，其离婚自由是受到限制的，离婚自由最大的障碍来自男性。由此，离婚自由与女性解放、女权运动息息相关。[1]观念的改变推动社会生活方式的改变，离婚不再是为公众所回避的话题，离婚案件数日益增加。基于对离婚率骤升引发的负面影响的担忧，民国七年（1918年），大理院在统字第822号解释例中明示：“查夫妻如无法律上离婚原因，自非两情相愿，无率予判离之理”[2]。该解释例昭示了国家公权力对离婚事件的强力干涉没有法定理由，若非两情相愿，不予判离。随后，受五四运动、新文化运动带来的思潮革命的影响，在“各种新文化、新思想、新人生观”的冲击下，带动了该时期的离婚率大幅度上扬。以当时大城市北平为例，据吴至信统计，民国六年（1917年）、七年（1918年）、八年（1919年）至五四运动爆发，北平讼离案件分别为28件、26件、22件，而五四运动后一年，讼离案件的数量翻了一番，

[1] “离婚自由论是作为拯救妇女的一大利器而被人提出的。因为当时人们认为男子在旧制度下就可以得到充分的离婚自由权，同时还可以限制女子的离婚自由，人们有理由相信男子比女子更不愿意看到离婚的自由化。因此人们认为‘中国男子方面的离婚问题，远不如女子方面之重大’，并且将离婚自由看作妇女解放的关键。”参见余华林：《女性的“重塑”——民国城市妇女婚姻问题研究》，商务印书馆2009年版，第208页。

[2] 郭卫编著：《民国大理院解释例全文》，吴宏耀、郭恒点校，中国政法大学出版社2014年版，第701页。

达到了44件。[1]虽然离婚自由思潮已经涌动不已，在同时期的《妇女杂志（上海）》等期刊，离婚成了讨论的热点，但现实中，让社会公众陡然抛弃传统习性完全接受自由离婚是不可能的，同时，由于国家法层面缺乏配套制度的支撑，离婚案数量突然增加也衍生了一些社会问题。因此，1922年北洋政府司法部干脆直接通令各省法院限制离婚："案查各地近来离婚之案，层见迭出，若不设法消弥，殊为世道人心之害。嗣后各级审判厅，受理离婚案，应格外慎重，非备具民律草案第1162条所列各款之一，并有确实证据者，不得判准离异，以示限制而挽颓风"。[2]此通令一出，掀起了社会各界一番讨论。有人认为限制离婚是历史的后退，限制离婚自由将置"不相安"夫妻于苦难的境地，如署名为晓风的作者在《论材："限制离婚"底昏迷》一文中所述[3]；有人承认"离婚是病的社会现象，而不是治病的良药"[4]；有人担心离婚热"实在比毒蛇猛兽还要利害"[5]。细观当时关于限制离婚的社评，可以发现，不管是支持限制离婚，还是反对限制离婚，都关涉人们对离婚引起的社会负面影响的担忧：一是离婚会破坏家庭和谐稳定；二是失婚女性的社会融入问题。[6]

---

〔1〕吴至信：《最近十六年之北平离婚案》，载李文海主编：《民国时期社会调查丛编》（一编·婚姻家庭卷），福建教育出版社2005年版，第383页。

〔2〕瑟："司法部限制离婚"，载《妇女杂志（上海）》1922年第8卷第4期，第90页。

〔3〕晓："论材：'限制离婚'底昏迷"，载《民国日报·妇女评论》1922年第29期。

〔4〕瑟："司法部限制离婚"，载《妇女杂志（上海）》1922年第8卷第4期，第90页。

〔5〕徐亚生："离婚论略"，载《妇女杂志（上海）》1930年第16卷第3期，第2~11页。

〔6〕梁景和主编：《社会生活探索——以性伦文化等为中心》，首都师范大学出版社2014年版，第30页。

社会影响与社会观念的转变息息相关，对刚刚开始尝试脱离传统礼法等差秩序安排的影响，开始呼吸自由、民主、平等新鲜空气的民初民众而言，对离婚问题的担忧与讨论，是处理男女离婚事务方面的一个跨时代的进步，一丝男女平权的曙光似乎出现了。

（二）离婚的法定理由

1. 离婚的理由——以《现行律》“民事有效部分”、《大清民律草案》、北洋政府《民律草案》为例。前面已经讨论了民国初期国家层面认可的离婚方式，以“义绝”情形为由的强制离婚在民初司法实践中逐渐被抛弃或部分被呈诉离婚方式所兼容，协议离婚则因为其兼顾男女意愿的“两愿”性依然是民初解决离婚冲突的主要方式，而当男女双方协商不成或一方提出离婚的情形下，颇具现代主义色彩的呈诉讼离婚由于更能体现自由平等思想为大众所接纳。协议离婚与呈诉离婚成为民初解决离婚冲突的主要方式。在进一步讨论民初大理院离婚判解中的男女平权醒觉问题之前，有必要整理民国初期适用的前清成文法中《现行律》“民事有效部分”明文规定的离婚理由，当成文法欠缺或不相适时，给大理院裁判离婚案件带来法源“灵感”的《大清民律草案》（亲属篇和继承篇）中的离婚事由，以及后来随着“司法造法”活动的深入，参照《大清民律草案》（1911年）、《民律亲属法草案》（1915年），“酌采大理院民事判解要旨和民事习惯”，1926年由修订法律馆修订完成《民律草案》中所涉的离婚理由。[1]整理《现行律》“民事有效部分”、《大清民律草案》、北洋政府《民律草案》所涉离婚理由的意义在于，

---

〔1〕虽然由于当时军阀内战，该法条未能经过立法程序成为民法典，但也是当时各级审判机关适用的条理依据。参见张生：“民国《民律草案》评析”，载《江西社会科学》2005年第8期，第61页。

从制定法的层面去把握民初法定离婚理由的变迁格局，为后文由静态的法条规定深入到动态的司法实践，去考察民国初期北洋政府最高审判机关大理院离婚讼案中法定离婚理由的性别差等对待及嬗变做铺垫。以下将《现行律》“民事有效部分”、《大清民律草案》、北洋政府《民律草案》所规定的离婚理由列表展示以便于比较研究：

《现行律》“民事有效部分”、《大清民律草案》、北洋政府《民律草案》离婚理由列表。

《现行律》“民事有效部分”（1910年颁行）[1]	《大清民律草案》（1911年修订完成）（第1359、1362条）	北洋政府《民律草案》（1915年修订完成）（第1147、1151条）
（1）“七出”“义绝” （2）“和离” （3）“若妻背夫在逃” （4）“夫逃亡三年不还” （5）“妄冒为婚” （6）“将妻受财典雇与人为妻妾” （7）“将妻妄作姊妹嫁人” （8）“抑勒或纵容妻与人通奸者” （9）“买休卖休” （10）“夫殴妻至折伤” （11）“妻殴夫者，无须至折伤”	（1）“夫妻不相和谐而两愿离婚者，得行离婚” （2）“重婚” （3）“妻与人通奸” （4）“夫因奸非罪被处罚” （5）“彼造故谋杀害自己” （6）“夫妇之一造受彼造不堪同居之虐待或重大侮辱” （7）“妻虐待夫之直系尊属或重大侮辱” （8）“受夫直系尊属之虐待或重人侮辱”	（1）“夫妻两愿离婚” （2）“重婚” （3）“妻与人通奸” （4）“夫因奸非罪被处罚” （5）“彼方谋杀害自己” （6）“夫妇之一方受彼方不堪同居之虐待或重大侮辱” （7）“妻虐待夫之直系尊属或重大侮辱” （8）“受夫直系尊属之虐待或重大侮辱” （9）“夫妻之一方以恶意遗弃彼方者” （10）“夫妻之一方逾

[1] 《现行律》“民事有效部分”所规定的离婚理由，本章第二节前清《现行律》“民事有效部分”关涉离婚的内容之“解决离婚诉讼的具体规定”中已有简单阐述，为了便于比较，本处再予以罗列。

续表

《现行律》"民事有效部分"(1910年颁行)[1]	《大清民律草案》(1911年修订完成)(第1359、1362条)	北洋政府《民律草案》(1915年修订完成)(第1147、1151条)
	(9)"夫妻之一造以恶意遗弃彼造者" (10)"夫妻之一造逾三年以上生死不明"	三年以上生死不明"

2. 离婚理由的变迁——以《现行律》"民事有效部分"、《大清民律草案》、北洋政府《民律草案》为例。纵观《现行律》"民事有效部分"、《大清民律草案》、北洋政府《民律草案》所列的离婚理由，变化的痕迹是非常明显的。关于民国初期离婚事由的法律规定，《现行律》"民事有效部分"具有过渡性，既源自旧的法典，又期待了新的法典[2]，而《大清民律草案》是对过渡时期法律空白的填补。虽然北洋政府《民律草案》关涉离婚事由的字面变动甚小，但是，深入探究，不难发现该草案的重大突破：不再停留在离婚理由的抽象陈述阶段，开始尝试构建离婚关联的后续性保障措施，如夫妻共同财产的处理、子女的监护、离异后的扶养费问题等。这样的突破传递出一个讯息：离婚法律制度开启了从中国传统礼法尊卑等级秩序到近代民主自由人权的跨跃模式、展开了从男尊女卑到男女平权的质变历程。《现行律》"民事有效部分"、《大清民律草案》、北洋政府《民律草案》所规定的离婚理由演变的具体体现如下：

[1] 《现行律》"民事有效部分"所规定的离婚理由，本章第二节前清《现行律》"民事有效部分"关涉离婚的内容之"解决离婚诉讼的具体规定"中已有简单阐述，为了便于比较，本处再予以罗列。

[2] [美] 黄宗智：《清代以来民事法律的表达与实践：历史、理论与现实》(卷二·法典、习俗与司法实践：清代与民国的比较)，法律出版社2014年版，第25页。

（1）“七出”“义绝”被兼容。我们不能完全否认“七出”“义绝”之离婚事由在1912年至1928年这段时期解决离婚冲突中的效力，至少在这段时期的早年间，丈夫出妻的事例不难发现。虽然在法条上没有出现“七出”“义绝”的用语，但是从其他离婚事由的阐述中，可以窥见它们的蛛丝马迹。如《大清民律草案》、北洋政府《民律草案》中“妻与人通奸”发生婚内奸情，丈夫可以提起离婚诉讼，可以视为“七出”之“淫佚”一项部分精神的延续。之所以认为是部分精神的延续，原因在于前者还有“夫因奸非罪被处罚”一项对丈夫的婚内通奸行为的规范，而后者目标仅指向妻子的贞洁问题。

（2）从“一造”到“一方”，法律语言的变化体现了立法者追随西方的良好意愿。“法律语言作为在法律领域使用的语言，与其他任何语言一样，其产生、发展、变化的动力就是实现法律领域的交际——人与人之间的交流、沟通。法律语言交际目的的实现基本上取决于三个方面：一是词语的使用，二是语句的组织，三是篇章的安排。”〔1〕《大清民律草案》条文中使用“一造”这个词来表达描述夫妻之间相对应的关系，“造”一字通常被诠释为“制作”，而在它还指“相对两方面的人”，即诉讼中的原告与被告。《大清民律草案》于1911年修订完成，此时清制尚存，以传统语言习惯表述条文理所当然，北洋政府《民律草案》于1915年修订完成，此时新文化运动已经开始，五四运动正在酝酿，以新兴词语表述法律条文也是形势所趋了。当然，从“一造”到“一方”的变迁，也体现了当时起草北洋政府《民律草案》参与者们试图解构性别等级秩序，实现男女平权的美好期望。法律语言表述的变迁并非仅此一例，如清代

〔1〕宋北平：《法律语言》，中国政法大学出版社2012年版，第204页。

描述婚姻奸情中“和奸”[1]等行为的词，到了国民党时期的法律文件中被表述为“通奸”。

（3）减轻妻子义务负担，妻子离婚自由进一步扩大。“清代法律从来只赋予妇女在社会中从属的地位，但它并不把他们视为没有意志的被动物体。它通过一系列围绕‘和’一词条款的建构，把她们视作具有一定程度‘自由’的抉择者”[2]。这是学者黄源盛在讨论清代法律下妇女在婚姻奸情中的抉择时，对清代国家法对妇女法律地位的态度所做的表述。《现行律》“民事有效部分”基本延续了清代律典的立法原则与条文规定，虽然妻子获得了一定程度的离婚自由，如被丈夫殴打至折伤以上，丈夫逃亡三年以上，妻子可以请求离异，但是总体而言男尊女卑差别对待的法律秩序并没有完全重新构建，在离婚冲突中，夫权盛于妻权，丈夫拥有更大的离婚决定权。1911 年修订完成《大清民律草案》乃“注重世界最普通之法则，原本后出最精之法理，求取最适于中国民情之法则，期于改进上最有利益之法则”[3]。其中夫权至上已经有所松动，初见男女平权的端倪，女性的离婚自由更为宽泛。从该草案第 1362 条中所列的呈诉离婚理由（见上表）可以观察到，立法者，一改传统婚姻法中“夫妻一体”的习惯，而采取“夫妻别体主义”[4]，可以呈诉

---

〔1〕黄宗智对清代律典中的“和奸”与国民党时期的“通奸”有独到的表述。参见［美］黄宗智：《清代以来民事法律的表达与实践：历史、理论与现实》（卷二·法典、习俗与司法实践：清代与民国的比较），法律出版社 2014 年版，第 126~160 页。

〔2〕［美］黄宗智：《清代以来民事法律的表达与实践：历史、理论与现实》（卷二·法典、习俗与司法实践：清代与民国的比较），法律出版社 2014 年版，第 126 页。

〔3〕《大清民律（草案）·奏折》，宣统三年法律修订馆印。转引自李贵连：《沈家本评传》（增补版），中国民主法制出版社 2016 年版，第 113 页。

〔4〕郑全红：《中国传统婚姻制度向近代的嬗变》，南开大学出版社 2015 年版，第 148 页。

离婚的九个离婚理由，除重婚及婚内奸情外，其他如虐待、遗弃等，不管是丈夫还是妻子，只要符合法定情形，均可以据此请求离婚。1915 年修订的北洋政府《民律草案》所涉呈诉离婚的事由大致延续了《大清民律草案》的条款，但 1915 年《民律草案》开始打破婚姻领域中“性道德的双重标准”，婚内奸情不再是妻子一方面的过错事由，丈夫也是不道德的责任主体，一方面扩大妻的自由，另一方面限制夫的权利。从离婚理由的罗列来看，北洋政府《民律草案》开始尝试给予妻子与丈夫同等的法律对待，该草案第 1151 条所列的九个提起离婚之诉的情形，丈夫可以据此行之，妻子也完全适用。

（三）大理院判解中的离婚理由

静态的法律条文只有渗入动态的司法实践中，才能获得修正不足的机会，才足以体现其社会现实价值。霍姆斯大法官曾经说：“法律的生命始终在于经验而从来不是逻辑”。法律文本所规定的内容必须经过司法实践，书面的权利、义务才可能由抽象到具体[1]。《现行律》“民事有效部分”、《大清民律草案》、北洋政府《民律草案》所列的离婚理由，“是些不说话的语言”，这些“躺在纸上”的法律条文或条理所承载的内在价值如男女平权、离婚自由，还需要通过司法实践激活，在具体的离婚判例中实现。1912 年至 1928 年期间，大理院所作的离婚判决例与解释例修正与扩充了《现行律》“民事有效部分”、《大清民律草案》等所列的离婚理由。经整理，民国初期，大理院离婚判解

〔1〕 日本学者谷口安平认为：“实体法上所规定的权利义务如果不经过具体的判决就只不过是一种主张或‘权利义务的假象’，只是在一定程序过程产生出来的确定性判决中，权利义务才得以实现真正意义上的实体化或实定化。”［日］谷口安平：《程序的正义与诉讼》，王亚新、刘荣军译，中国政法大学出版社 1996 年版，第 7 页。

中所认可的离婚事由如下[1]：

1. 双方均得以提起离婚诉讼的事由。

依　据	大理院判决例	大理院解释例
《现行律》"民事有效部分"	(1) 成婚后发现一造有残疾者，得请求离异［民国九年（1920年）上字第291号］ (2) 定婚时年龄妄冒，因此陷于错误［民国十一年（1922年）上字第1519号］	身有残疾，定婚时未经特别告知［民国九年（1920年）统字第1248号］
扩　充	(1) 夫妇受彼造重大侮辱者离异［民国五年（1916年）上字第717、1073号］ (2) 夫妇之一造经彼造常加虐待至不堪同居之程度者，许其离异［民国五年（1916年）上字第1457号］ (3) 夫妇之一造苟有重婚情事［民国三年（1914年）上字第1167号］	

2. 男方得以提起离婚诉讼的事由。

依　据	大理院判决例	大理院解释例
《现行律》"民事有效部分"	(1) 妻犯七出者离异［民国四年（1915年）上字第1793号］ (2) 有一去不复返背夫在逃［民国五年（1916年）上字第598号］	妻诬告夫确实有据者，视为义绝［民国九年（1920年）统字第1203号］

[1] 资料来源自郭卫编：《大理院判决例全书》，吴宏耀、郭恒、李娜点校，中国政法大学出版社2013年版，第405~414页；郭卫：《民国大理院解释例全文》（第5版），万籁出版社1931年版，第1页；张永鋐："法律继受与转型期司法机制——以大理院民事判决对身分差等的变革为中心"，台湾政治大学2004年硕士学位论文。

续表

依　据	大理院判决例	大理院解释例
	(3) 确有不孝事实训诫不悛，为不事舅姑［民国六年（1917年）上字第947号］ (4) 妻背夫在逃擅自改嫁者［民国八年（1919年）上字第166号］ (5) 夫被妻殴，得请离异，无须至折伤之程度［民国九年（1920年）上字第537号］	

3. 女方得以提起离婚诉讼的事由。

依　据	大理院判决例	大理院解释例
《现行律》“民事有效部分”	(1) 妄冒成婚与殴妻至折伤及抑勒通奸者［民国三年（1914年）上字第866号］ (2) 夫逃亡三年不还者，并听官告给执照改嫁［民国三年（1914年）上字第1167号］ (3) 尊长舅姑抑勒殴伤，本夫知情参与始得离异［民国四年（1915年）上字第378号］ (4) 被夫或祖父母、父母殴打至折伤废笃始得离异［民国六年（1917年）上字第18号］ (5) 买休卖休，不论欺诈胁迫或自愿［民国五年（1916年）上字第654号、民国六年（1917年）上字第1068号］ (6) 僧道未还俗前而娶妻者［民国十三年（1924年）上字第2379号］	

续表

依　据	大理院判决例	大理院解释例
依据条理、习惯扩充	(1) 卖妻为娼虽未成确有证据者，亦为义绝，自可据以离异［民国三年（1914年）上字第433号］ (2) 惯行殴打即为不堪同居之虐待，可以判离［民国五年（1916年）上字第1073号］ (3) 虐待至不堪同居者［民国五年（1916年）上字第1457号］ (4) 后娶之妻不愿作妾［民国六年（1917年）上字第662号］；妻更娶者，后娶之妻离异［民国七年（1918年）上字第84号］；定婚时不知有妻又不愿作妾［民国八年（1919年）上字第177号］；先娶之妻，以夫重婚为由［民国九年（1920年）上字第1124号］ (5) 虐待或重大侮辱妻之父母者，应认为义绝而准离异［民国七年（1918年）上字第150号］ (6) 诬告其妻犯奸［民国六年（1917年）上字第1012号、民国十四年（1925年）上字第44号］ (7) 夫因犯奸处刑，类推未婚男犯奸听女别嫁［民国十五年（1926年）上字第1484号］；夫虐待妻致令受稍重之伤害，如愿离异者，亦准令离异［民国三年（1914年）上字第505号］	(1) 卖妻为娼未成［民国三年（1914年）统字第433号］ (2) 未婚夫及姑抑勒童养媳卖娼［民国四年（1915年）统字第358号］ (3) 尊长舅姑抑勒殴伤且本夫知情参与者［民国四年（1915年）统字第387号］ (4) 舅姑抑勒子妇与人通奸，其本夫知情而不阻止［民国五年（1916年）统字第437号］ (5) 妇为夫父强奸，或非理殴打至残废者［民国七年（1918年）统字第813号］ (6) 夫不愿与妻为床笫之欢，如有程度可任不堪同居之虐待，应认义绝［民国七年（1918年）统字第828号］ (7) 兼祧双娶，后娶之妻虽得为妾，但若系被欺诈重婚，准其离异［民国八年（1919年）统字第939号］

续表

依 据	大理院判决例	大理院解释例
		(8) 自制木狗私刑将妻钉锁，自可认为不堪同居之虐待［民国九年（1920年）统字第1408号］

“静态的法律只是些不说话的语言，这些语言的真正意义必须由法官来激活。”〔1〕毋庸置疑，大理院判决例与解释例中所列的离婚理由是“新旧思想角力激荡下的妥协与折中”〔2〕。一方面，对旧法制难舍难弃，“七出”“义绝”“三不去”的影响尚未消退；另一方面，对民主、自由、平等又饱含倾慕之情，于是，在大理院的离婚判解中出现了运用近代平等法制理念对离婚理由所作的扩张诠释。大理院民国五年（1916年）上字第717号判决例、大理院民国十五年（1926年）上字第1484号判决例出现了“保护妻之人格与名誉计”的描述。要考察民初离婚诉讼中男女性别差等对待的嬗变轨迹，讨论民初解决离婚诉讼所面临的法理难局，仅观察纸上的法律条文是不够的，该时期的大理院离婚判决例和解释例是重要的研究素材。故在接下来的讨论中，将选择具有代表性的案例进一步挖掘在离婚判解中性别差等秩序安排的“守”与“变”，进一步挖掘在新旧交替的过渡时期，由“义务本位”到“权利本位”，由“家族中心”到“个人关注”，由“男尊女卑”到“男女平权”，由“夫权至上”到“夫妻平等”的近代民初中国离婚诉讼中男女平权的醒与觉。

〔1〕 田成有：《法官的信仰：一切为了法治中国》，法制出版社2015年版，第32页。

〔2〕 张永鋐：“法律继受与转型期司法机制——以大理院民事判决对身分差等的变革为中心”，台湾政治大学2004年硕士学位论文，第62页。

第四章

走出血泪：民初虐待离婚的男女平权趋向

民初时期，男权凌驾于女权之上的旧习一时难以完全革除，传统婚姻制度男女差等对待的影响一时难以彻底消除，但是，从该时期数次立法活动中对婚姻制度的修正及大理院的判决例及解释例中，可以看到一丝祛除婚内性别欺凌的期望。本章将通过追踪传统社会婚内虐待的历史背景、探讨民初关涉虐待之离婚在立法层面及司法实践中的变迁，探寻民初离婚事件中男女平权醒觉的蛛丝马迹。

一、解读“婚内虐待”

在刑法视阈里，虐待通常是指“行为人以殴打、捆绑、残害、强行限制人身自由或者其他手段，给其家庭成员的身体、精神等方面造成一定伤害后果的行为”〔1〕。在婚姻法、亲属法视阈里的虐待，通常是指身体方面遭到殴打等暴力行为或精神方面受到言语侮辱等对待。〔2〕虐待行为指向的对象是基于血缘、

〔1〕 卢培伟主编：《侵犯公民人身权利、民主权利罪与侵犯财产罪》，中国民主法制出版社 2014 年版，第 175 页。

〔2〕 “与以身体上或精神上不可忍受之痛苦，致不堪继续同居。”参见史尚宽：《亲属法论》，中国政法大学出版社 2000 年版，第 473 页。

婚姻、收养等关系而共同居住的家庭成员，包括成年子女对年迈父母的虐待、丈夫对妻子的虐待、继父母对继子女的虐待、养父母对养子女的虐待等。行为人对共同居住的家庭成员施虐行为既违背了人人平等的自主生存权利，又侵犯了受害家庭成员的人身权。本章主要讨论的是作为婚姻过错的虐待之离婚问题，因此将围绕婚姻关系中配偶之间的虐待问题而展开。

婚姻过错之虐待（婚内虐待）掺杂着受虐人的血与泪，伴随着人类社会的发展由原始社会进入文明社会，“混迹于人类的婚姻之中一滴血一滴泪地一直走进人类的现代文明”〔1〕。即使是在现代文明社会，婚内虐待也不罕见，家庭暴力也是当下严峻的社会问题。以美国为例，每十个家庭中就有三个家庭中存在家暴现象，近八成的美国妻子被丈夫殴打、虐待过，家庭暴力无时无刻不在发生。在中国，情况也不乐观。据统计，中国近三成的家庭中发生过暴力事件，在40万件离婚案件中，1/4缘起于家庭暴力。〔2〕据反对家庭暴力网络调查报告称，女子监狱里满是伤害或杀死施暴丈夫的妇女。在辽宁省鞍山一座女子监狱里，60%的囚犯属于此类情况。在福建省福州市一座监狱里，80%服重刑妇女是因受虐杀夫或伤夫入狱。〔3〕婚姻领域里虐待之所以肆虐，一方面源于人性的使然，另一方面来自社会制度之失调。虽然经过上千万年的进化发展，但人类的某些动物属性没有泯灭。虐待是恃强凌弱的动物属性在人类社会生活中

---

〔1〕 佘志勤、张玉萍：《婚姻过错论》，西北大学出版社2008年版，第183页。

〔2〕 “在美国，1/4的家庭存在家庭暴力，有80%的已婚妇女遭丈夫施暴，平均每15秒就有一个女人遭到丈夫的殴打。在我国，2.7亿个家庭中，30%存在家庭暴力。每年约40万个解体的家庭中，1/4是缘于家庭暴力。”参见“对家庭暴力说不”，载http://cul.sina.com.cn./view/jtbl/，最后访问日期：2018年6月1日。

〔3〕 2013年1月，“美国媒体报道受虐妇女杀夫被判死刑引争议”，载http://news.163.com/13/0131/09/8MHO1DN300014JB5.html，最后访问日期：2018年6月1日。

的复苏。在婚姻关系中，恃强凌弱的动物性时时蠢蠢欲动，通常是作为自然强者的丈夫凭借其力量、体格的优势欺凌柔弱的妻子。同时，男尊女卑的社会制度设计助长了虐待之风。在男女不平等的制度设计下，本来就是自然强者的男性被赋予凌驾于女性之上的特权，增强了他们对她们的掌握与控制。

《女诫》云："男以强为贵，女以弱为美。故曰敬顺之道，妇人之大礼也。"如同父亲管教孩子，丈夫对妻子理所当然享有训诫的权利，妻子之于丈夫是"直者不能争，曲者不能讼"，因此，打骂、禁闭等虐待妻子的行为通常被视为丈夫（包括丈夫的尊亲属）的特权。当然为了维护夫妻之"义"，法律也规定了丈夫施暴的限度，如《唐律疏议》第325条规定丈夫殴打妻妾，至折伤才获罪；如果伤情不重没有达到折伤的程度，丈夫就毋庸担心有牢狱之灾了。反之，妻妾是绝对不能殴打丈夫的。有限度地许可婚内丈夫对妻子的虐待实则是不平等的社会制度，变相地默许暴行的实施。[1]"在人类文明社会中，婚姻虽然不再像原始社会那样赤裸裸地野蛮，但虐待仍然堪称人类婚姻中的痛苦因素。"[2]

二、传统婚姻中的虐待迷思

（一）夫妻差等对待之礼

传统中国社会是一个身份秩序分明的社会。在等级森严的纲常伦理的罗网之下，家国一体，互相融通，宗族主义优胜于个人主义，个人在家国中的权利义务安排及身份地位，决定于

〔1〕《唐律疏议》第325条："殴妾，非折伤无罪，折伤以上，减妻罪二等；即是减凡人四等。"此项规定由《唐律疏议》延续至《宋刑统》《大明律例》《大清律例》乃至在民初时期还存影响。

〔2〕佘志勤、张玉萍：《婚姻过错论》，西北大学出版社2008年版，第185页。

个人的性别、家庭背景及与之相关联的社会地位。[1]《周易·系辞上》提出：天地尊卑之定理，是公认的道理，高贵卑贱都是冥冥中注定的。身份秩序社会是上下有别、尊卑分明的社会，礼与法在不同身份、性别的社会成员之间勾画了一条难以逾越的界限，人们在权利享有与义务承担方面受到不平等的对待。如有君臣、父子、夫妇三纲之阶序，臣民要服从君主的命令，子女对父母要尽孝道，妻子要恭顺于丈夫，服从、孝道、恭顺的终极目标是齐家治国。[2]传统婚姻关系里，礼所安排的丈夫与妻子身份序列是男女有别、夫尊妻卑。在礼的指引下，法对夫妻之间的权利义务安排同样是失衡的、偏颇的、不平等的。

那么，礼如何安排夫妻身份关系呢？首先，夫妻一体论。《礼记·丧服》曰“夫妻一体也”；《白虎通·嫁娶》曰“妻者，齐也，与夫齐体”。此处的夫妻之“齐”，并非主张夫妻之间是平等的，妻子与丈夫平起平坐，应该是意指妻子应当在丈夫的带领下，随夫左右，一起承载祭祀宗庙、繁衍子嗣、繁荣家族的重任。其次，夫者为尊论。在男权主导的传统社会，以男为贵，以男为尊，《晏子春秋·天瑞》曰“男女之别，男尊女卑，故以男为贵”。对于妻子而言，丈夫是天，必须仰视，丈夫是尊，必须膜拜。《仪礼·丧服》就主张由于“夫者，妻之天也”，

〔1〕 黄源盛认为：“由于深受宗法制度的影响，建构成家国相通，亲贵合一，天、君、忠、孝相连的政治体制，而在这种体制的牵引下，形成了以宗族为本位，以伦理为核心的‘身分秩序社会’，个人在社会中，在法律上的权利义务，基本上取决于他在先天或后天所取得的身分。”参见黄源盛：《中国传统法制与思想》，五南图书出版公司1998年版，第371页。

〔2〕 经君健认为：“君臣之纲乃是根本，父子之纲要求子孝，夫妇之纲要求妇顺。孝和顺为了齐家，齐家又是为了治国。”参见经君健：“试论清代等级制度”，载《中国社会科学》1980年第6期，第149页。

所以“夫，至尊也”。最后，妻者从夫论。汉语中“妇”谐音“服”，“服”的对象是夫，《尔雅·释亲》云：“妇之言服也，服事于夫也”。具体而言，妇如何“服事”夫，礼有从父、从夫、从子的“三从”安排。《仪礼·丧服》载：女子要遵循三从之德，在家时听从父亲的命令，出嫁后服从丈夫的安排，丈夫身故后按照儿子的意思行事。〔1〕《礼记·郊特牲》云，男子领导女子，女子服从男子，这是夫妻相处的原则〔2〕。即使丈夫品行不端，做妻子的也不能主动求离，如《白虎通·嫁娶》所载：“地无去天之义也”。

（二）夫妻差等对待之法

在“夫妻一体”“夫者为尊”“妻者从夫”之礼的指引下，国家法关于夫妻权利义务的规定，也弥散着浓浓的性别差等对待的气息。传统礼法所构建的夫妻关系是不对等的、尊卑有别的，礼法统制下的夫妻关系是丈夫权利本位与妻子义务本位的夫妻关系。〔3〕传统国家法受礼的“潜移默化”〔4〕，关于夫权妇权的配置，倾向于将丈夫与妻子置于尊卑有别的不对称的法律语境中进行考量，其显著特征就是优待于丈夫，苛严于妻子。从权利义务的配置来看，丈夫享有财产专属、离婚自由、管教

---

〔1〕“妇人有三从之义，无专用之道。故未嫁从父，既嫁从夫，夫死从子。”

〔2〕“男帅女，女从男，夫妇之义由此始也。”

〔3〕钱泳宏在论及清代夫妻相犯时认为：“礼法所认可的夫妻关系依然是一种不平等的尊卑关系，几乎完全由夫对妻所享有的权利与妻对夫应尽的义务所构成。”参见钱泳宏：“清代夫妻相犯研究——基于《大清律例》与刑科档案的法文化考察”，华东政法大学 2010 年博士学位论文，第 14 页。

〔4〕“外国法典均不涉及道德领域。惟中国法典，尤以《唐律》为典范，它把封建的礼和法紧紧糅合在一起。以法的强制力来推行礼的规范。又以礼的精神统治力量加强法的镇压作用，形成了政权、父权、夫权互相渗透、融为一体。其中政权是基干，族权、夫权共同服务于政权。”朱明玉编：《古代律典》，蓝天出版社 1998 年版，第 73 页。

妻子、甚至剥夺妻子人身自由及生命的权利；而妻子则负担了对丈夫的贞节义务、同居义务、侍奉丈夫家人等义务。[1]法律赋予丈夫主宰妻子的财产、人身、甚至生命的权利，与强悍的夫权相对应的是妻子财产权、人身权、生命权、离婚自由被忽略甚至缺失，在婚姻生活中最直接的体现就是丈夫对妻子实施殴打、辱骂等暴虐行为，一般而言，不为法所禁止[2]，“法无规定不可为，法无禁止即自由”，由此，丈夫（包括其尊亲属）对妻子施行的殴打、禁闭等虐待暴行以行使管教权之名成为传统婚姻中的流俗肆虐上千年而不衰，甚至在当今社会，丈夫对妻子的暴力行为也不乏其踪迹。

“中国旧律，自唐以降，其立法基础植根于礼教，而礼教又是建立于五伦之上。人伦有尊卑之别、上下之分、昭穆之序。因此，即使行为人所犯的罪行相同，法律每因犯人及被害人的身分、辈分、性别，甚至职业的不同，而差异其罪之适用，或分别用刑之轻重，有其明显的‘身分秩序’差等性。”[3]“诸法合体、重刑轻民”是中国传统法的显著特征，在“重刑轻民”的时代，没有专门调整婚姻家庭关系的部门法，婚姻家庭关系主要是通过刑法予以规范。在男女性别差等对待的大前提下利用刑罚手段规整婚姻关系，既无视婚姻家庭关系的特殊性显得严苛无情，又是赤裸裸的性别欺凌。婚内虐待是人类婚姻生活

---

〔1〕 钱泳宏认为：“夫对妻所享有的权利主要包括财产权、教令权、休妻权、嫁卖权与杀妻权等；妻对夫应尽的义务主要包括从一而终的贞操义务、从夫而居的同居义务、为夫隐匿的容隐义务、夫丧期不再婚的义务与侍奉舅姑的赡养义务等。”参见钱泳宏：“清代夫妻相犯研究——基于《大清律例》与刑科档案的法文化考察”，华东政法大学 2010 年博士学位论文，第 14 页。

〔2〕 当然，中国传统法并非完全无条件支持丈夫对妻子的施暴行为，当情节严重到一定程度时，如《唐律疏议》规定，殴打妻子至折伤，丈夫则获罪。

〔3〕 黄源盛：《中国传统法制与思想》，五南图书出版公司 1998 年版，第 371 页。

中的暴行，然而，自秦以降，无论汉、唐、宋、元、明、清各朝各代，“严女宽男，同罪异罚”是传统中国法秉承的立法态度，因此，对于婚内虐待，尤其是丈夫对妻子的虐待，法律的调整就显得苍白无力了。

秦时，如果丈夫殴打妻子，法律是这样规定的，妻子性情彪悍，丈夫责骂殴打训诫，将其耳朵撕裂，或致其胳膊、双腿、手指等肢体折伤，这种情况下，对丈夫的处理是剃光他的胡须。[1]秦时律令附条件地认可丈夫对妻子的体罚权，前提是妻子“不顺”“不服”“不柔”，此时的秦律尚对夫权有一定的限制。[2]汉代，对婚内虐待的处理则发生了变化——夫权扩张并开始强调尊卑等级不可犯。一方面，夫可殴辱妇。根据张家山汉简《二年律令》《贼律》所载[3]：丈夫训诫悍妻，只要不用“兵刃”，即使打伤了也免于追究法律责任。反之，妻子殴打丈夫，不管是否有正当理由，无论殴伤程度，一律罚为“隶妾”。另一方面，妇不可殴辱夫。如果妻子殴打、辱骂丈夫的尊亲属，包括祖父母、父母、嫡母、继母等，将会被处以极刑。[4]秦汉律何以对丈夫之于妻子实施的体罚权冠以“妻悍”的前提？有学者认为，主要是由于当时社会上频频出现悍妻殴夫事件，“相应法律的成立，是因为当时社会存在这些法律所针对的现象”，因此，“以暴制暴”成为丈夫们的治理“悍妻”

---

〔1〕睡虎地秦简，《法律答问》七九载：“妻悍，夫殴治之，夬（决）其耳，若折支（肢）指，胅（澧）体，问夫可（何）论？当耐。”

〔2〕睡虎地秦墓竹简整理小组编：《睡虎地秦墓竹简》，文物出版社1990年版，第112页。

〔3〕“妻悍而夫殴笞之，非以兵刃也，虽伤之，毋罪”；“妻殴夫，耐为隶妾”。

〔4〕“妻贼伤、殴詈夫之泰父母、父母、主母、后母，皆弃市”。参见张家山二四七号汉墓竹简整理小组编著：《张家山汉墓竹简：二四七号墓》，文物出版社2001年版，第139~140页。

的良方。[1]

相较于秦汉律令，唐律关于婚内虐待的刑罚规定更加系统、全面，即使唐时女性在性别对待上还获得过相对较好的待遇，但从当时的律令条文中可以观察到夫权的扩大与膨胀。唐律中既有夫殴伤妻妾的规定，又有妻妾殴詈夫的条文。按唐律规定，如果丈夫殴伤乃至殴杀妻妾，丈夫获罪的前提是妻妾受到丈夫故意严重伤害，或是故意殴伤致死。在量刑方面，丈夫享有“减凡人”罪的优待。在定罪方面，又规定“夫伤杀妻妾罪”是亲告罪，需要受害人本人告诉至官府才处理，非本人不得告诉，除非受害人已经死亡，他人才得以告诉。[2]反之，当妻妾殴打辱骂丈夫，女方为殴骂行为的实施者，唐律明显“同罪异罚”。[3]不管是丈夫殴伤妻妾还是妻妾殴詈丈夫，在定罪量刑方面，对于婚内虐待的男性施暴者，唐律做的是“减法”——对女方的身体伤害要达到一定程度且“减凡人”获罪，而对于婚内虐待的女性施行者，唐律做的是“加法”——妻妾们会因言语辱骂丈夫获罪且“加凡人”。关涉婚内殴打等虐待行为，丈夫与妻妾双方定罪量刑方面“减法”与“加法”的区别对待，与唐时期女性的社会身份与法律地位不无关系。刘俊文认为唐律中，就法律地位而言“夫、妻、妾三者之中，夫之法律地位最为优越，妾之法律地位最为低劣，妻则处于二者中间，即优于妾而低于夫。盖依封建宗法秩序，夫妻如长幼，而夫为

〔1〕 张家山汉简所见“妻悍”“妻殴夫”等事论说。参见王子今、田平主编：《〈南都学坛〉汉代文化研究论文集（九）（2002年第1期—2002年第6期）》，南阳师范学院图书馆2002年版，第55页。

〔2〕 刘俊文撰：《唐律疏议笺解》（上），中华书局1996年版，第1543~1544页。

〔3〕 刘俊文撰：《唐律疏议笺解》（上），中华书局1996年版，第1547页。

君，妻为女主，夫妻与妾如君主与臣仆也”[1]。鉴于尊长卑幼的礼法秩序不可逾越，法律条文偏袒丈夫在所难免了：“唐律中对妻的身份地位既非尊长，又殊卑幼，在礼及诗比于兄弟，即是妻同于幼”，“夫伤杀妻妾罪，指丈夫殴击妻妾致伤致死或无意失手伤杀妻妾之行为……此类行为虽亦是侵犯身体及生命罪，但因行为双方乃家属之关系，且有长幼、大小之名分，异于常犯，故律立为专条，不与一般斗殴罪或过失杀伤罪同科”[2]。

关涉婚内虐待的法律规定，《宋刑统》《大明律例》《大清律例》几乎与《唐律疏议》一脉相传，虽然在细节方面稍有出入，但维护宗法等级、男性特权的主旨一直未曾改变，女性受奴役的血泪史一直在持续。“我国西汉以降，男尊女卑观念逐渐、全面地渗透封建婚姻制度，虐待妇女与其说是法律禁止的行为，毋宁说是男性社会所享有的折磨妇女的特权。”[3]到了清代，清律令除了将“殴妻折伤”作为丈夫承担法律责任的起点外，还限制了夫殴妻情形下妻子的离婚权，被丈夫殴打的妻子要离婚还需要得到施暴丈夫的许可。具体规定如下：丈夫殴打妻子，没有达到折伤的程度不追究刑事责任；若导致妻子折伤或更严重的伤害，比照一般人之间相犯情形减轻处罚，如果妻子不告官则可免受刑责；因夫殴打妻子提起的离婚诉讼，先询问夫妻双方，如果都愿意解除婚姻关系，则处以刑罚并判决离异，如果不愿意解除婚姻关系，则根据妻子受伤情况给予丈夫相应的

---

〔1〕 刘俊文撰：《唐律疏议笺解》（上），中华书局 1996 年版，第 1546 页。
〔2〕 刘俊文撰：《唐律疏议笺解》（上），中华书局 1996 年版，第 1545 页。
〔3〕 佘志勤、张玉萍：《婚姻过错论》，西北大学出版社 2008 年版，第 185 页。

处理，婚姻关系继续维持。[1]清乾嘉时期，全士潮编撰的成案编集《驳案汇编》就收录了不少夫妻相犯、同罪异罚的案例。“李王氏伸腿误毙夫命案”[2]与“韩云故意勒死妻王氏案”[3]就是夫妻相犯致死而男女同罪异罚的两个典型案例。两案都是人命案，但案中李王氏与韩云承担的刑罚处罚是不一样的：李王氏获“斩候”，韩云及帮凶韩平均没有性命之忧。论两案的犯罪主观恶性，李王氏致丈夫死亡是过失，而韩云杀害妻是故意，前者明显轻于后者，但司法官员裁断的刑罚明显轻男重女，原因还是妻子之于丈夫，就若子女之于父母，妻子殴杀丈夫就好似子女殴杀父母，卑下犯尊上，是骇人听闻不可思议的，礼法是不能容忍的。

〔1〕《大清律例·刑律·妻妾殴夫》：“其夫殴妻，非折伤勿论；至折伤以上，减凡人二等（须妻自告乃坐）。先行审问夫妇，如愿离异者，断罪离异；不愿离异者，验（所伤应坐之）罪收赎。”

〔2〕“李王氏伸腿误毙夫命案”：李二泮与妻李王氏素睦，是晚李二泮出外闲逛，李王氏因困乏，又因右膝下患疮疼痛，先将房门处掩，和衣横卧，旋即睡熟。一更时李二泮进房并无灯亮，走至炕前，手摸李王氏下体，李王氏于睡梦中猛然惊醒，疑为他人，用脚踢伤李二泮小腹，一面喝问，李二泮答应，并拉其两腿求欢，李王氏因被拉疮处，负痛难忍，两脚猛伸，误行踢伤李二泮小腹，倒地殒命。司法机关的处理是：将李王氏拟斩立决，声明情节，九卿议奏，改为斩候。嘉庆二十五年案，参见（清）祝庆祺等编：《刑案汇览三编》（第2编），北京古籍出版社2004年版，第1468页。

〔3〕“韩云故意勒死妻王氏案”：王氏因家无用度与夫韩云吵闹，韩云之父韩中伦斥责其非，被王氏拾石掷打未中。韩中伦欲行送官，乡保陈思露再四劝处，令王氏服礼寝息。后韩云因衣服汗污令王氏浆洗，王氏不允，韩云用言斥詈，王氏即行回骂，辱及翁姑。韩云欲拉王氏诉知父母，不防王氏用手叉伤韩云咽喉倒地，以致垫伤脑后，一时昏晕。经韩中伦同妻潘氏踵至救醒，王氏亦潜归母家。是日韩云同父食饭，韩中伦因媳悍泼，气忿坠泪，食不下咽。韩云目击心伤，并触起王将伊叉跌致伤之隙，痛恨莫释，遂起意致死泄忿，告知韩中伦，亦不阻止。韩云复虑一人难以制服，即往草地寻觅伊兄韩平，恳其帮同勒死王氏。后王氏自母家回归，旋即进房就寝。韩云俟其睡熟，密告韩平随同入室。韩云寻取麻绳，将绳头从王氏颈下递过，绕转咽喉，与韩平分执绳头，用力拉勒，王氏立时毙命。司法机关的处理：韩云依“妻妾殴骂夫之父母，而夫不告官擅杀死”律一百。韩平照“谋杀加功拟绞”律量减一等，杖一百、流三千里。参见（清）全士潮等编：《驳案汇编》（第4册），“妻殴骂夫父母夫擅杀”，转引自陈金全、汪世荣主编：《中国传统司法与司法传统》（下），陕西师范大学出版社2009年版，第872页。

反之，由于丈夫对妻子拥有“教令权”，日常之间的打骂，如同训诫儿女，是再正常不过的事，大家都习以为常了。同时，在丈夫以孝之名义杀害妻子（韩云故意勒死妻王氏案）的情况下，如果丈夫的父母年老需留养，或是其父母已故、家无次丁需承祀的情形下，即使丈夫是故意杀妻，他还拥有很大的获得从宽处罚的机会。因此，“无论留养承祀都可见侍奉父母及祭祀承祧之重，承祀一项更可看出‘妻命为轻，祖宗嗣续为重’的道理”〔1〕。

上文从传统礼法中夫妻身份差等秩序安排出发，考察了夫妻相殴情形的“女加刑，男减刑”的区别对待。在传统法视阈下，夫权高于妇权，如果夫妻之间发生殴打辱骂情形，毋庸置疑，道德与法律是偏向丈夫一方的，即使妻子遭遇丈夫或舅姑的施暴，离婚与否的抉择权还是被男方所掌执。对于丈夫殴打辱骂等婚内的虐待行为，礼法认为是丈夫以家长的身份对位同卑幼妻子的训诫，通常情况下，只要没有造成严重的损害结果，礼法的态度是默许的。礼与法的偏袒“实际上难免成为尊长虐待卑幼、丈夫虐待妻妾的法律借口，往往导致有冤难伸的恶劣后果”〔2〕。在离婚不自由的或是不能随意解除婚姻关系的旧时代，面对来自丈夫及其尊亲属的施虐暴行，忍气吞声是大部分妻子无可奈何的选择，有极少数妻子奋而反之，但很难获得社会的同情与礼法的宽宥，以暴制暴可能引发更大的悲剧，如《刑部比照加减成案》所载的“蒋李氏误伤夫致死案”〔3〕。事实上，

---

〔1〕 瞿同祖：《中国法律与中国社会》，中华书局2003年版，第126页。

〔2〕 佘志勤、张玉萍：《婚姻过错论》，西北大学出版社2008年版，第188页。

〔3〕 “蒋李氏误伤夫致死案”：蒋李氏因误用田契纸垫晒药末，经伊夫蒋常青瞥见，用柴块乱殴。蒋李氏负痛，情急图脱，用头吓撞，误伤蒋常青胸膛殒命。蒋李氏依律拟斩立决，声明究系口角起衅，被殴图脱，吓撞适伤身死，并非有心欲杀。奉旨：九卿议奏，改为斩候。参见（清）许梿、熊莪纂辑：《刑部比照加减成案》，何勤华等点校，法律出版社2009年版，第218页。

在现代社会，受虐妇女在求告无门的情况下采取暴力方式回击的案例也是常见。四川资阳妇女李彦受其夫谭勇长期家暴，“回想他对我的暴力行为，真的是不堪回首，打我，骂我，当众侮辱我成了他的家常便饭，特别是晚上，稍不顺他意就打我，扯住我头发往墙上撞，用烟头烫我脸和下身”，在多次遭受家庭暴力求诉无门的情况下，2010 年 11 月的一次争吵中，李彦用气枪的枪管打死了谭勇。2012 年 8 月，四川省高级人民法院驳回李彦上诉，维持一审死刑判决，并报最高人民法院核准。2013 年 12 月，最高人民法院不予核准李彦死刑，将该案发回重审。四川省高级人民法院重审后认定李彦受到谭某多次殴打，谭某行为对引发本案具有过错，改判李彦死缓〔1〕。

三、大理院虐待离婚判解中的男女平权趋向

（一）大理院虐待离婚判决例

1. 十六个婚内虐待判决例（1912—1928 年）。前文中讨论了民初时期国家法关于离婚理由的规定。就婚内虐待构成离婚理由的情形，《现行律》“民事有效部分”〔2〕、《大清民律草案》〔3〕、北洋政府《民律草案》〔4〕均有规定。社会观念与法律制度的变迁是渐进的，人们不断在中国传统礼法与西方舶来品的融合交集中寻找适切的平衡点，一步一步推动婚姻领域由男尊女卑到男女平权的转变。对于婚内虐待现象，民初司法机关虽然受现

〔1〕“杀夫者李彦”，载 http://lady.163.com/special/sense/liyan.htm，最后访问日期：2018 年 6 月 1 日。

〔2〕《现行律》“民事有效部分”载：“夫殴妻至折伤”；“妻殴夫者，无须至折伤”。

〔3〕《大清民律草案》载：“夫妇之一造受彼造不堪同居之虐待或重大侮辱者。”

〔4〕北洋政府《民律草案》载：“夫妇之一方受彼方不堪同居之虐待或重大侮辱者”“妻虐待夫之直系尊属或重大侮辱者”“受夫直系尊属之虐待或重大侮辱者”。

实所限采纳前清旧法作为处理虐待离婚诉讼的直接法律依据，但“司法兼营立法”大理院的判决例与解释例对婚内虐待作出了与时俱进的回应，一定程度上突破了旧法男尊女卑的立法藩篱。在司法实践中，从大理院的婚内虐待判解中似乎能瞥见一丝男女平权的曙光。法条是抽象、笼统、守旧的，大理院以判决例与解释例生动地诠释了何为离婚法定理由之虐待的具体情形，形象地展示了离婚诉讼中由“折伤”到“惯行殴打”与“不堪同居之虐待侮辱”的夫妻男女平权的变迁轨迹。接下来的讨论将围绕民初时期大理院婚内虐待离婚判决例与解释例展开。

1912年至1928年期间，大理院关涉虐待的离婚判决例如下：[1]

1	民国三年（1914年）上字第38号	“无折伤之虐待，不能离异”
2	民国三年（1914年）上字第866号	“殴妻至折伤”
3	民国三年（1914年）上字第505号	“夫虐待妻致令受稍重之伤害，如愿离异者，亦准令离异”
4	民国四年（1915年）上字第378号	“尊长舅姑抑勒殴伤，本夫知情参与始得离异”
5	民国五年（1916年）上字第717号	“夫妇受彼造重大侮辱者离异”

〔1〕根据郭卫编《大理院判决例全书》整理。参见郭卫编：《大理院判决例全书》，吴宏耀、郭恒、李娜点校，中国政法大学出版社2013年版，第405~414页。

续表

6	民国五年（1916 年）上字第 1073 号	“惯行殴打即为不堪同居之虐待”“夫妇受彼造重大侮辱者离异”
7	民国五年（1916 年）上字第 1457 号	“夫妇之一造经彼造常加虐待至不堪同居之程度者，许其离异”
8	民国六年（1917 年）上字第 18 号	“被夫或祖父母、父母殴打至折伤废笃始得离异”
9	民国六年（1917 年）上字第 1012 号	“诬告其妻犯奸为重大侮辱”
10	民国六年（1917 年）上字第 1068 号	“夫妇于涉讼中相诋毁，不得为重大侮辱”
11	民国七年（1918 年）上字第 150 号	“虐待或重大侮辱妻之父母者，应认为义绝而准离异”
12	民国七年（1918 年）上字第 264 号	“因一时气忿致他造受轻伤者，不为虐待”
13	民国八年（1919 年）上字第 700 号	“夫因妻不善事舅姑而气忿殴骂，不能指为虐待”
14	民国九年（1920 年）上字第 537 号	“夫被妻殴，得请离异，无须至折伤之程度”
15	民国九年（1920 年）上字第 809 号	“虐待一造不得对被虐待一造请求离异”
16	民国十四年（1925 年）上字第 44 号	“妻受夫重大侮辱者，得请求离婚”

2. 被“忽略”的妻子诉求：以“张李氏、张瑞江离婚上告

案”［民国三年（1914年）上字第38号判决例］为例[1]。

（1）判决例要旨：“无折伤之虐待，不能离异。”

（2）判决全文。

（3）上告人（张李氏 妻）之主张：一是地方高等庭没有核实案件事实的有无，就在判决中认定上告人有“暗自卖娼”十几年的情形；二是上告人向地方法庭提交的被上告人张瑞江（夫）虐待之诉状被撤销是因为地方庭停办，而非“该庭查无实据将诉状撤销”；三是上告人被张瑞江虐待殴伤的伤情可以通过勘验为证，但是高等庭没有组织验伤，“仅庭讯一次含糊断令”而维持原判不准离异。基于上述三个理由，上告人请求撤销原判。

（4）被上告人（张瑞江 夫）之主张：一是上告人张李氏与他人有奸情，其提出被抑勒卖娼、受虐不堪事由实属编造；二是上告人张李氏提出离婚是受奸夫唆使。为了让二个女儿有所依靠而不至于一家四散，被上告人辩称：“向无虐待不愿离婚”。

（5）总检察厅检察官的意见：参与审理此案的总检察厅检察官李杭文支持了原审地方高等庭不准离异的判决，理由为：一是经查张李氏是自愿卖奸，不存在被其夫强迫的情形；二是关于是否构成“虐待”情形，检察官李杭文援用了《现行律》“民事有效部分”中“夫殴妻至折伤”才能构成因虐待而离婚的情形，认为一方面根据上告人张李氏陈述，其虽然受到被上告人的虐待，但受伤轻微不至折伤，另一方面，根据原审判决

〔1〕 该判决全文源自民初大理院书记厅编《大理院判决录》。转引自王坤、徐静莉：《大理院婚姻、继承司法档案的整理与研究：以民初女性权利变化为中心》，知识产权出版社2014年版，第77~86页。

所载虐待事由查无所证，且二人之间也不存在“义绝”的情形，因此，“原判决不准离异尚无不合”。

（6）大理院之判决：大理院推事们在对该案进行了书面审理，依据《现行律》“民事有效部分”的规定“抑勒妻妾与人通奸者，妇女不坐，并离异归宗”，“夫殴妻至折伤以上，先行审问夫妇，各愿离异者断罪离异”，对于该案是否存在“抑勒卖奸”情形，推事们认为上告人卖奸持续长达10年，其间都未就“逼奸”情形提起诉讼，据此可以判断原审认定的“上告人暗自卖娼”是事实，不予支持上告人“抑勒卖奸”的主张。对于是否存在婚内虐待情形，大理院的推事们采纳了检察官李杭文的意见，上告人所受之虐待为轻微伤不足以构成折伤离异的情形。因此，推事们对该案的裁决是：“本案上告系空言攻击，原判并无法律上正当理由终应驳回之件。”

（7）结语：张李氏、张瑞江离婚上告案发生在民国三年（1914年）。该案为女方主动诉求离异案，虽经基层法庭判决不准离异，女方仍然坚持离婚主张并上告至大理院，说明此女求离之心如磐石般坚不可移。相反，该案中的男方倒是对婚姻充满了眷念之情，“绝不认离异，结发之妻致使二女无依一家离散”。传统中国社会，离婚事宜通常是男权专擅，出妻是礼法等级秩序下男方的专有特权，基于经济状况、世俗观念、家庭伦理，鲜有出现妻子坚决要离婚情形。民国三年（1914年），张李氏、张瑞江离婚上告案的发生，虽事出有因，但一定程度上也反映了在这个新旧更替的阶段，婚姻家庭领域中女性权利意识的觉醒。虽然当事人开始尝试突破旧俗陈规，然而，审理该案的司法官员们似乎还拘囿于旧法男尊女卑传统而作出支持原审判决，“驳回上告”的裁决。尤其在针对该案所争执的焦点是否有“抑勒通奸”“虐待至伤”情形，不管是总检察厅检察官还是大理院推事们，均忽略了上告方张李氏提出的原审法院在审理案件中程序方面的质疑。即使该“忽略”可能受当时大理院书面审理上告案办案形式的影响，但透过司法官员对《现行律》“民事有效部分”列举的“抑勒通奸”“虐待至伤”离婚事由无条件的援引，可以观察到，虽然参与审理该案的 5 名推事〔1〕，全部是留学日本学习法政的毕业生，都曾受男女平等理念的感染，但在男尊女卑根深蒂固的民初社会，在男女区别对待的旧法体系拘囿下，总检察厅检察官与大理院推事们在审理该虐待离婚案时，无论从观念层面还是法律层面都难以突破传统性别差等对待观念的束缚。

3. 开始“考虑”妻之诉求：以“马杨氏、马英魁离婚上告案”［民国三年（1914 年）上字第 505 号判决例］为例〔2〕。

（1）判决例要旨：“夫虐待妻致令受稍重之伤害，如愿离异者，亦准令离异。”

---

〔1〕 该案推事背景：①余启昌（1881—1949），浙江绍兴人，1902 年赴日本留学，1911 年毕业于日本东京帝国大学法科，曾任清户部主事，民国法制局参事、民国大理院推事、庭长、司法讲习所所长、修订法律馆顾问、1923 年任大理院院长。②朱献文（1876—1949），浙江义乌人，毕业于日本东京帝国大学法科，曾任修订法律馆协修、1912 任国务院法制局参事、1914 年任江西高等审判厅厅长、1919 年任司法院参事、1927 年任国民政府司法部司长。③黄德章（1869—1923），四川成都新繁人，毕业于日本东京帝国大学法科，法科进士、翰林院编修、司法部编撰、大理院推事、京师地方审判厅厅长。④李祖虞（1884—?），江苏武运人，毕业于日本早稻田大学政治经济科，1911 年赴欧洲考察司法，1912 年任京师高等审判厅推事、厅长、1913 年任大理院推事、1922 年执业律师。⑤林志钧（1882—?），福建闽侯人，1909 年毕业于日本中央大学，曾任清储才馆馆员、外务部日本股股员、民国外交部佥事、北京大学讲师、司法部参事、民事司司长、大理院推事。参见黄源盛：《民初大理院与裁判》，元照出版有限公司 2011 年版，第 66、67、69、71、78 页。

〔2〕 该判决全文源自民初大理院书记厅编《大理院判决录》。转引自王坤、徐静莉：《大理院婚姻、继承司法档案的整理与研究：以民初女性权利变化为中心》，知识产权出版社 2014 年版，第 77~86 页。

（2）判决全文。

（3）上告人（马杨氏 妻）之主张：一是被上告人马英魁殴打至重伤，且该伤情经总检察厅验明为证；二是被上告人马英魁“抑勒”与沈明柱通奸；三是上告人于被上告人之间不存在法律意义上的婚姻关系，是“野合夫妻”。基于上述三个理由，上告人请求撤销原审不准离婚的判决而“自由离合”。

（4）被上告人（马英魁 夫）之主张：一是被上告人与上告人的婚姻关系是具有法律效力的婚姻关系，有“媒介街邻”为证，并且已经育有子女；二是上告人与雇工沈明柱通奸并合谋盗窃被上告人的财物；三是基于“通奸”“盗窃”事由，被上告人稍稍打骂了上告人，希望上告人能够改过自新、迷途归反。被上告人马英魁认为上告人的离异请求是“受人挑唆”，因此“应请驳回上告”。

（5）总检察厅检察官的意见：总检察厅检察官李杭文援引了《现行律》“民事有效部分”所列的“抑勒妻与人通奸”“买休卖休”“夫殴妻至折伤以上”离婚事由，认为按照原审判决中认定的事实：一是虽然被上告人马英魁有殴打妻马杨氏的情形，但经鉴定马杨氏所受之伤“未至折伤以上”；二是马杨氏与人通奸在前，马英魁施行殴打行为事出有因，既非“抑勒”，也不至于“虐待”，也不存在“买休卖休”的情形。因此，对于该上告案，总检察厅检察官李杭文的审理意见是，上告人马杨氏“请求离婚条件无一具备”，认为原审判决“不准离异甚属允当”。

（6）大理院之判决：根据《现行律》“民事有效部分”列举的“抑勒通奸”“虐待受伤”离婚事由，对马杨氏、马英魁离婚上告案进行了书面审理，认为根据《现行律》“民事有效部分”

关于离婚的规定：一是关于上告人受伤情形的勘验，济南地方检察厅的两次验伤记录有明显出入。通过检阅案卷，民国二年（1913 年）五月二十四日的记录是“验得上告人受伤多处及受伤程度”，但同年六月六日的预审记录是“上告人无伤可验”。到底上告人有伤还是无伤，大理院的推事们对基层司法机关的鉴验记录心存质疑。二是关于上告人与被上告人之间是否存在具有法律效力的婚姻关系，大理院的推事们认为山东高等审判庭在审理案件时疏于职守没有进行调查核实，无法确认上告人与被告人之间是“正式夫妻”还是“野合夫妻”。因此，基于上述两点，大理院推事们对该上告案作出的处理决定是“原判撤销。本案发还山东高等审判庭更为审判”。

（7）结语：“张李氏、张瑞江离婚上告案”“马杨氏、马英魁离婚上告案”均发生在民国三年（1914 年），且一前一后时间间隔约 5 个月，无独有偶，两案都是女方请求离异的上告案，在该案中，女方上告的理由也是“虐待受伤”与“抑勒通奸”，被上告人男方坚决否认了“虐待”“抑勒”情形，认为殴打责骂女方是在训诫“犯奸”的妻子，本意上还是希望女方回心转意，不足以构成离婚情形。参与审理两案的总检察厅检察官为同一人，即李杭文，时隔 5 个月，检察官对类似案件的态度与立场没有发生变化，一丝不苟地援引了《现行律》“民事有效部分”的规定，认为原审判决“不准离异甚属允当”。根据检察官的意见陈述“马杨氏与人通奸其夫禁制不得而相争闹，何得谓其抑迫不从以致虐待”可知，对于该案中上告人主张的“虐待”，检察官的定性是丈夫在对妻子进行正常的训诫，犯了错就该挨打，一定程度上折射出了检察官对待婚内虐待行为“重男轻女”传统的泥守。而大理院的推事们〔1〕在审理“马杨氏、马英魁离婚上告案”时，较于前案与总检察厅检察官保持一致意见，态度则发生了一些细微的变化，做出了相左的判决。一是虽然仍旧是书面审理，但是对案卷的审理明显更加细致，由此发现了原审法庭在伤情记录上前后两次“鉴柄不相人”以及在案件事实认定方面存在的一些疏漏；二是以“夫虐待其妻致令受稍重之伤害”的表述代替了《现行律》“民事有效部分”“夫殴妻至折伤”条文。“稍重之伤害”代替“折伤”，虽然有学者认为“仍然没有超出折伤的标准”“仅仅是皮肉之伤无论如何也难以认定为重伤”〔2〕，但是，由“折伤”到“稍重之伤害”的变化，也折射出了在处理婚内虐待离婚案件时，大理院推事们开始尝试着对旧法规定进行一些变动，而这些变动是向着男女平权的方向发展的，于因婚内受夫虐待提起离婚的女性是有利的。

（二）大理院虐待离婚解释例

1. 五个大理院虐待离婚解释例（1919—1918 年）。根据郭卫所编著的《民国大理院解释例全文》，此处整理了五个大理院对虐待离婚案件的解释例〔3〕：

〔1〕 该案推事背景介绍：①姚震（1884—1935），安徽贵池人，毕业于日本早稻田大学法科，1910 年法科进士，清日本司法省及裁判所实习、法部院外郎、民国司法官惩戒委员会委员长、大理院推事、庭长、院长等。②林志规（1882—?），浙江鄞县人，英国伦敦大学法学士，曾任大理院推事，法律编查会编查员、1915 年司法部民事司司长、司法讲习所教员等。③冯毓德，浙江人，1911 年毕业于日本法政大学专门部法科，大理院推事。参见黄源盛：《民初大理院与裁判》，元照出版有限公司 2011 年版，第 70、71、77 页。

〔2〕 王坤、徐静莉：《大理院婚姻、继承司法档案的整理与研究：以民初女性权利变化为中心》，知识产权出版社 2014 年版，第 80 页。

〔3〕 根据郭卫所编著的《民国大理院解释例全文》整理。参见郭卫编著：《民国大理院解释例全文》，吴宏耀、郭恒点校，中国政法大学出版社 2014 年版。

1	民国七年（1918年）统字第813号	“妇为夫父强奸，或非理殴打至残废者”
2	民国七年（1918年）统字第828号	“夫不愿与妻为床第之欢，如有程度可任不堪同居之虐待，应认义绝”
3	民国八年（1919年）统字第1134号	“不事舅姑，系不孝之义，即指虐待及重大侮辱而言”
4	民国九年（1920年）统字第1203号	“查妻自己或助人诬告其夫，确实有据者，自可认为义绝，准其离异”
5	民国九年（1920年）统字第1408号	“自制木狗私刑将妻订锁，自可认为不堪同居之虐待”

2. 大理院虐待离婚解释例的时代应和与传统拘囿。五个大理院虐待离婚解释例与前述的大理院虐待离婚判决例紧密相扣，前后应和，为民初司法官员处理虐待离婚案件提供了典型案例的借鉴，一起推动民初婚姻家庭法律制度向男女平权方向的发展。如，关于“不堪容忍之同居”情形是否得以构成虐待离异条件，《现行律》“民事有效部分”仅有“夫殴妻至折伤”和“妻殴夫者，无须至折伤”两条明文规定，而民国五年（1916年）上字第1073〔1〕、1457〔2〕号，两个判决例扩展了对“虐待”范畴的阐释，将“不堪容忍之同居”纳入了虐待离异的范畴。至民国七年（1918年）统字第828号解释例又将“夫不愿与妻为床第之欢”纳入了不堪同居之虐待的范围。再至民国九年（1920年）统字第1408号又增加“自制木狗私刑将妻订锁”为不堪同居之虐待。大理院的解释例与判决例一起，在民初中国

〔1〕“惯行殴打即为不堪同居之虐待。”

〔2〕“夫妇之一造经彼造常加虐待至不堪同居之程度者，许其离异。”

充分发挥了“司法兼营立法”的功能，在原有法律制度的基础上查漏补缺，填补法律漏洞以满足新时期纷繁复杂的社会需求，延续了 1915 年修订完成的北洋政府《民律草案》“夫妇一方受彼方不堪同居之虐待或重大侮辱”的规定。

大理院判决例是基于典型案例形成相应判例以指导后来类似案例的处理，大理院解释例是对各级司法机关就法律的运用等问题及困惑的答疑解惑，二者的生成根源及生成机制是不同的。关涉虐待离婚方面，相较于大理院判决例的“步步为营”，大理院解释例显得较为大胆与前卫。

民国七年（1918 年），广西高等审判厅具函询问大理院：

> “设有中人家产之甲，娶贫贱之乙为妻，幼时未知男女之欢爱，夫妻尚无异词。迨情窦既开，甲遂抱有嫌贫爱富之念，始终不肯与乙为床笫之欢，决意娶妾，然又不表示与离异；乙因受甲虐待，遂请求离异。”“夫不愿与妻为床笫之欢”是否属于婚内虐待？

大理院作出了大胆而肯定的可以准其离异的答复：

> “函述情形，如有程度可认为不堪同居之虐待，自可准其离异。”

大理院关于婚内虐待问题作出了大胆的解释，这些解释例已经开始孕育了一些男女平权的理念，但在民初时期传统旧制甚浓的氛围之下，即使大理院解释例在民初时期大放异彩，一定程度上弥补了法律对女权的亏欠，但要突破旧观念、旧法律的拘囿，冲破男女不平等的罗网，是艰难而漫长的。如民国八年（1919 年）统字第 1134 号解释例将妻子“不事舅姑”的情形确定为妻子对公婆“虐待及重大侮辱”之不孝，彰显了该解释例对中国传统社会孝道的隆重，民初时期的妻子们与传统社会的中国社会的女性一般，必须得处理好婆媳关系，否则丈夫可以“不孝”之名“出妻”并能得到司法机关的支持。

第五章
灵肉解放：民初通奸离婚男女差等对待的突破

在“禁欲主义”儒家性伦理的指导下，“饿死事极小，失节事极大”，对妇女贞节的要求已经超越了她们个体价值。自汉以来，婚姻奸情被定性为犯罪行为，遭到历代法令不遗余力的惩处。犯奸的女性通常会受到较于男方更重的来自国家法令与家法族规的双重处罚。而丈夫方面，除妻子之外还可以拥有其他的性伴侣（如妾），已婚的男子很少因为婚姻奸情受到惩罚，除非他触犯了刑法的其他条例。本章的研究重点不是去谴责通奸行为的道德沦落，也不是辩论对待通奸应该公罪化或是除罪化，而是企图通过探掘传统的性伦理与性道德背景，以描述在民初这个政权更迭、观念变革的过渡时期，性伦理与性道德发生了什么样的变化？这些变化如何影响关涉婚内通奸的立法？变更后的法律文本是否能够跟得上社会发展的步伐？在具体的通奸离婚司法实践中，这些法律文本得到了如何的体现？最终回归到本书男女平权研究主线：民初通奸离婚案中，女方是否能获得平等、公正的对待？

一、解读“通奸”

何为“通奸”？有学者认为“通奸，谓配偶以外之异性的性交”[1]。有学者主张“通奸是指一方或者双方有配偶的男女，自愿发生的不正当性行为”[2]。还有人认为“有配偶者与他人同居，或者明知他人有配偶仍与其同居的行为就属于通奸”[3]。通奸之构成主要包括三个要件：一是婚姻关系的存在；二是非配偶之间的两性关系；三是这种结合是自愿的。人类社会的婚姻制度经历了群婚制、对偶婚制、个体婚制三个发展阶段，而通奸“自有人类，且由人类自己给自己套上婚姻禁忌的枷锁以来，它就与人类的婚姻如影相随”[4]。由于违背社会公序良俗，破坏婚姻家庭和谐稳定，自古以来，通奸行为一直为社会所诟病，为了遏制通奸，惩处“奸夫奸妇”，将通奸公罪化，用严刑峻法惩处“不正当”的两性关系是普遍的做法。古罗马人认为通奸行为扰乱宗族血缘纯洁，为了“小心地监护家族的纯洁”，将通奸定性为“最大的错误”[5]，且出台了专门针对通奸行为的法律规范——《惩治通奸罪的优流斯法》。《惩治通奸罪的优流斯法》对后世的影响深远，在二十世纪早期的意大利法律文本中还可以窥见其遗留的痕迹。在传统中国社会，通奸通常被称为“和奸”，婚姻奸情被传统礼法视为洪水猛兽，被斥之为“淫”，“淫，所以乱宗也”，自汉时起，通奸即为罪，是历代刑法的打击对象，乃至到了民初时期，在《暂行新刑律》[6]等法

---

〔1〕史尚宽：《亲属法论》，中国政法大学出版社2000年版，第472页。

〔2〕佘志勤、张玉萍：《婚姻过错论》，西北大学出版社2008年版，第99页。

〔3〕王盈赢：“通奸的禁制及其流变——以中国为例”，载《学理论》2012年第14期，第105页。

〔4〕林秀雄：《婚姻家庭法之研究》，中国政法大学出版社2001年版，第104页。

〔5〕杨振山、[意]斯奇巴尼主编：《罗马法·中国法与民法法典化》，中国政法大学出版社1995年版，第484页。

〔6〕《暂行新刑律》第289条规定：“同有家室的男女通奸的人，处四年以下有期徒刑或拘役，与其通奸的人也处以同样的刑罚。”1935年7月1日施行的《中华民国刑法》（修订）规定：“有配偶而与人通奸者，处一年以下有期徒刑。与其相奸者，亦同。”

律文本中还可以看到关于“通奸罪”的规定。

然而，在严刑峻法的压制下，在社会道德的谴责下，通奸并没有随着人类文明的向前发展而消失，反倒如“人类的遗传病一样时有发作，甚至在个别国家和地区竟有演变成为流行病的危险”[1]。通奸似人类婚姻的影子，无论人类社会如何进步，无论人类婚姻制度如何发展，它都与之相随，给人类的婚姻生活添上一抹不愉快的阴影。通奸之所以具有如此强大的生命力或诱惑力，首先与人类的自然动物属性有密切关系。亚里士多德认为：“人是社会性的动物”，婚姻奸情自然而然乃是“人的自然属性的充分表达”了，而这个“自然属性”就是对两性欲望的渴望。同样，通奸还是人类婚姻关系发展过程的衍生物。康德在论及爱情与婚姻的关系时，认为在恋爱初期，随着感情的迸发，人们体味到的是激情、甜蜜与美好，但随着时光的流逝，在日常操劳、家长里短的侵蚀下，激情不复存在，取而代之的是惺惺相惜的依赖、协作之情。[2]婚姻是有保鲜期的，在日常生活油盐酱醋的磨砺下，再多的激情也会变得平淡无味，这时婚外情就可能趁机而入了。不同的时代与社会对婚姻奸情的处断是不一样的。倡导男女平等的当代社会，婚姻被认为是男女基于爱情的自愿组合，在婚姻关系存续期间，配偶之间负有“互守忠诚”的义务，在此前提下夫妻携手合作，一起追寻幸福美好的生活。夫妻互相遵守对彼造的忠诚义务，是幸福美

---

〔1〕 林秀雄：《婚姻家庭法之研究》，中国政法大学出版社2001年版，第107页。

〔2〕 “所有由这些感受而得到的美好和甜蜜，都只是在一开始才具有其全部的强烈力量，但是随后就由于共同生活和家务操劳而逐渐变得日益迟钝，这时它就退化成为互相信赖的爱情。”参见［德］康德：《论优美感和崇高感》，何兆武译，商务印书馆2001年版，第47页。

好生活得以实现的根本保证。〔1〕

婚姻内的守贞义务是夫妻双方，不管是男方还是女方，均应该负担的义务，违反守贞义务是对无过错方配偶权的侵害。这是男女平等视野下对婚内通奸行为的过错分责。然而，在传统社会，女性们通常“生活在被贞操防卫起来的环境中”〔2〕以保证宗族血缘的纯净及维系夫权尊严。从社会道义与法律制度层面来看，奸妇是通奸罪名的主要背负者与苛刑的主要承担者，而奸夫要承担的罪责远远轻于女性。从古罗马时期的法律文本到传统中国历代法律规定的通奸罪条款中均可以发现明显的男权主义色彩。康德曾曰，要伤害一个男人，就给他戴上骗子的帽子，要侮辱一位女性，就给她冠上不贞洁的称谓吧！〔3〕丈夫可以妻妾成群，但妻子不能与其他异性发生关系以履行对丈夫的守贞义务，犯奸的妻子必然受到苛严的处罚。

二、传统礼教下的通奸罪责

（一）“禁欲主义”的儒家性伦理

婚姻奸情与社会的性伦理密切相关，保守谨慎的性伦理抑或开放自由的性伦理将会以不同的性道德来约束婚内的两性关系，由此对婚姻奸情的处理将会产生截然不同的结果。因此，在讨论民初婚姻奸情离婚诉讼之前，有必要分析传统中国社会性伦理的基本观点、态度以及由此形成的性道德约束框架体系。

---

〔1〕 林秀雄认为：“婚姻系以夫妻之共同生活为其目的，配偶应互相协力保持其共同生活之圆满安全及幸福，而夫妻互守诚实，系为确保其共同生活之圆满安全及幸福之必要条件。”参见林秀雄：《婚姻家庭法之研究》，中国政法大学出版社 2001 年版，第 160 页。

〔2〕 《马克思恩格斯选集》（第 4 卷），人民出版社 1995 年版，第 66 页。

〔3〕 ［德］康德：《论优美感和崇高感》，何兆武译，商务印书馆 2001 年版，第 47、35 页。

性伦理是“调整男女两性之间的性行为以及性行为与社会之间关系的行为规范的总和，作为意识形态之一，性伦理由社会经济关系所决定，并反作用于社会经济关系”[1]。总体而言，儒家思想影响了传统中国社会不同时期性伦理态度的走向。早期的儒家认为性的需求是人的天性。关于性色，孟子将其归为人贪婪的原始本性。在贪婪之性的始作俑下，即使得到天下人心、娶尧帝的两个女儿为妻、拥有天下财富、位极天子之尊，还是不会满足[2]。孟子还将性色与饮食并列，认为是人性本能的需求：“食色，性也”[3]。《礼记·礼运》中也有类似的表述，认为世间男女都有欲望[4]。但是《礼记·礼运》接下来又说如果随心所欲，任欲望横流，必然败坏天理，因此，有节操之人必然一箪一食有节制，男男女女有区别[5]。人的欲望要有节制，否则有违天理，而别男女是控制欲望的有效途径。如何“别男女”，儒家的方法是强调“男女大防”，将“男女授受不亲”细化为日常的行为准则。[6]男女年满七岁，不能坐在一张席上，不能一起吃饭。男子住在外院，女子住在内院。通往后宫的大门，要由专人看守，没有特别许可，男男女女不得随意出入。男女的衣裳不能放置在一个衣架上。即是帝王也要远离女色为

[1] 章海山、罗蔚主编：《伦理学引论》，高等教育出版社2009年版，第321页。

[2] 《孟子·万章上》载：“天下之士悦之，人之所欲也，而不足以解忧；好色，人之所欲，妻帝之二女，而不足以解忧；富，人之所欲，富有天下，而不足以解忧；贵，人之所欲，贵为天子，而不足以解忧。”

[3] 《孟子·告子上》载。

[4] 《礼记·礼运》载：“饮食男女，人之大欲存焉。”

[5] 《礼记·礼运》载：“然人欲既胜，天理或亡；故有道之士，必使饮食有节，男女有别。”

[6] 《礼记·内则》载：“七年，男女不同席，不共食。”“男子居外，女子居内。深宫固门，阍寺守之；男不入，女不出。男女不同椸枷……”甚至要求君王“远色，以为民纪。”

百姓做榜样。

早期儒家源于天性的性伦理观是相对宽容，乃至到唐时仍显松散，对男女性道德的要求也没那么严苛。在唐时离婚相对比较自由，如杨志坚之妻请离，女子再嫁也不是罕见的事，据史料载，唐时公主再嫁的有 23 人，鸿儒韩愈的女儿再嫁两次。到北宋，随着理学逐渐成形，儒家性伦理的规范力度陡然加大，性道德要求越来严格，在儒学大家们的主导下，出现了禁欲主义的思潮，性逐渐成了一个禁忌的话题，出现了清除个人贪淫私欲以彰显天地之真理的主张。〔1〕人之天性被理学大师们视为“动物私欲”，必须要以“天理”克服私欲。而“二程”之程颐更是发出了“饿死事小，失节事大”的号召。朱熹亦认为：“人之一心，天理存则人欲亡，人欲胜则天理灭，未有天理人欲夹杂者。”在人欲与天理对抗观的引导下，“革尽人欲，复尽天理”的呼号出现了。“如果说在宋代禁欲主义思潮还仅仅停留在思想家的头脑里，到了明清时期，这种禁欲主义已经从思潮变成了不折不扣的政治和法律制度，或者说成为了某种国家意志。”〔2〕明清时期性伦理发展到了非常严苛的阶段，但明清时期传统的性伦理遭遇了社会现实的强力挑衅，走向了两个极端：一方面，主流伦理以家国情怀消解个人欲望，要求人们清心寡欲；另一方面，社会风气秽淫污浊，性色成为满足肉欲的消遣，就连士大夫阶层也不例外。总体而言，传统中国社会的性伦理态度，截至清代，经历了一个由宽泛到苛严的发展历程，这期间无不充斥着儒家两性伦理观的深远影响。

---

〔1〕《二程遗书·卷二十四》载：“人心私欲，故危殆。道心，天理，故精微。灭私欲则天理明矣。”

〔2〕刘文明、刘宇编著：《性生活与社会规范——社会变迁与多元文化视野中的性》，武汉大学出版社 2006 年版，第 69 页。

（二）“从一而终”的妇女贞节观

伴随男女有别、革尽人欲的性伦理主张而生的是对贞节的强化萌生。与传统性伦理的变迁轨迹相辉映，贞节观也经历了一个由宽泛到苛严的历程。“秦代以法律劝导贞节，汉代以法律奖励贞节，魏晋南北朝时期松散中的保守，宋代‘将贞节凌驾于生命之上’”，“贞操观念向极端发展，两性道德彻底蜕变为片面要求女性坚守贞操的单向道德，婚姻也成为了女子向男子出卖的交易”。[1]到了明清时期，严酷的礼教对女性的贞节要求苛刻至极。在明清时期，“贞节超然于生命”的个案数不胜数。大名鼎鼎的明代清吏海瑞因为五岁女儿吃了男仆递来的食物，大怒“女子岂容随便接受童仆的饼饵”，强令女儿绝食七日而亡了，面对如此不人道的行为，还有人大为赞赏，认为：“非忠介不生此女”。在婚姻关系中，女性承担的贞节义务有二：一是成亲时务必保持处子之身；二是婚姻期间务必守贞。同时，贞节义务的效力从在婚姻关系成立之前一直延续到婚姻关系结束后甚至可能贯穿于女性一生：与夫之牌位成亲偕老终身的女子及为亡夫守节的寡妇将会获得社会的广为褒扬。明清时期，在道德衡量标尺下，名节之于女子远甚于她们的生命，在虚无缥缈的名节桂冠下，女性的生命权被践踏。[2]除了承认好色乃人性本源外，儒家还明确了性行为之“上以事宗庙，下以继后世”的繁衍功能，性之生殖价值的认可对后世的影响是深远的，历代婚姻制度中都可窥见繁衍功能说的影子。

---

〔1〕罗中玺：《中国性习俗伦理透视》，作家出版社2009年版，第303页。

〔2〕“在男性的眼中，女性的个体生命价值远远比不上虚无的名节……女性的贞节远比女性的生命要宝贵得多。”参见王萌：《禁锢的灵魂与挣扎的慧心——晚明至民国女性创作主体意识研究》，河南大学出版社2009年版，第237页。

（三）通奸行为与历代刑罚

通奸是指有配偶的男女在婚姻关系存续期间与非配偶发生不正当的两性关系。社会对通奸的共识是认为该行为破坏了一夫一妻的婚姻制度，侵害了无过错方配偶的婚姻权利，进而可能会给社会公共秩序带来重大威胁。所以，通奸行为一直被视为社会的毒瘤，被定性为犯罪行为。儒家伦理更是将通奸行为视为重点打击的对象。自《尚书》曰："男女不以义交者，其刑宫"，三千多年以来，通奸罪一直是我国历代刑罚重点打击的犯罪行为，通奸是否入罪？罪当何处？自清末到民国乃至在当今中国台湾地区，争议之声尚未停息。清末法学家沈家本在修订新律时曾试图缩小通奸罪的处罚范围，他认为通过家庭的谆谆教诲、社会层面的舆论评价，从道德层面着手是预防通奸的有效办法。企图通过苛刻的刑律来解决通奸问题，是治标不治本的做法。在沈氏的眼里，无夫奸不该受到刑罚的处罚，沈氏的发声在一群遗老遗少中掀起轰然大波被群起而攻之，最后不得不妥协了事。20 世纪 30 年代，国民党立法会的委员们就通奸罪的废除问题进行了一番争执，被当时媒体戏称曰"部分立法委员为争取通奸权而奋斗"，此次争论的结果是"通奸罪名仍在，但处罚减半"。1949 年新中国成立后，通奸行为逐渐非罪化，当前大陆地区的法律体系中已无通奸罪条款，而中国台湾地区由于深受国民党时期旧法体制的影响，通奸行为是否为罪的争论还在继续。恩格斯曾说："通奸是一夫一妻制的经常伴侣"[1]，"无论什么国家、什么民族、什么社会制度形态、什么时期，性犯罪都是一个回避不了的现实，是文明社会必须面对的一个共

〔1〕《马克思恩格斯选集》（第 4 卷），第 63 页，转引自戴镦隆主编：《民事法律词典》，群众出版社 1987 年版，第 400 页。

同问题。这可能是人类社会的不同时代、不同文明形式中最大的共同问题"[1]。在传统中国的性伦理中，"万恶淫为首"，维护贞节是牺牲性命也在所不惜的，贞节操守，被上升至危及家国秩序安稳的层面，伤风败俗的通奸行为固然为社会所不能容忍，因此，在中国传统法律体系中通奸历来是重其罪，重其刑，用重典治通奸，在刑罚的具体适用中又重责妻子，轻罚丈夫。

秦始皇三十七年（公元前210年），《会稽刻石》载："夫为寄豭，杀之无罪，男秉义程。""豭"，即公猪。该文意思是，男子要遵守礼仪，如果有妇之夫像公猪一样与别的女性通奸，妻子杀死通奸的丈夫不用承担刑事责任。秦代对通奸行为的处罚在男女对待方面还是比较公允的，允许妻子捉奸，甚至杀死犯奸的丈夫。随着儒家性伦理构建及贞节观形成后，妻子非但没有了要求丈夫婚内性忠诚的权利，因夫通奸而杀夫，简直是惊世骇俗了。《汉律》规定"通奸罪至弃市"，也即在汉代通奸可以判处死刑的。汉代儒家复兴，故汉代开始讲究等级伦理，视亲属间的通奸为"禽兽行"，深恶痛疾之，即使王公贵族若犯此行也难逃死罪，如汉武帝时衡山王刘赐的儿子刘孝与刘赐的奴婢通奸就被判处死刑，"与王御婢奸，弃市"。

唐代外族迁入中原，社会阶层结构发生了变化，儒家性伦理的约束力有所削弱，对待婚内通奸，罪至死刑的较少了，取而代之的是徒刑。《唐律》规定："诸奸者徒一年半，有夫者徒二年。"以徒刑取代死刑，足以见唐时对通奸行为的宽宥，但《唐律疏议》又曰："和奸者，男女各徒一年半，有大者二年"。将奸罪根据受害女性的态度分为强奸与和奸，为唐时首创，"强

---

[1] 范忠信：《中西法文化的暗合与差异》，中国政法大学出版社2001年版，第172页。

奸”“和奸”之区分一直延持续到清末民初时期。要是女性在遭遇性暴力时没有反抗抵制的话就是和奸，婚内通奸即为和奸，犯奸男女各判处徒刑一年半，对于有丈夫的妇女，要加重处罚，徒刑两年。至于有妻者通奸，是否加重处罚，唐代律令似乎没有涉及。综合考察唐的社会背景，受异族风习的影响，世风稍有开化，上至统治阶层，下至庶民百姓，性道德略显松散，对女性贞操要求较之前朝稍有松动，但通过观察唐时法律条文内容，性道德的松弛并非放任自流，女性依然负荷着贞节的枷锁。元时对通奸的处罚较唐代严苛：一是重罚通奸的有夫之妇。通奸的妇女要被脱去衣物在众目睽睽之下受杖刑。《元史·刑法志·奸非》载，犯和奸之罪，处以七十七杖刑，有夫之妇则加处杖刑十。诱奸并一起逃跑的，刑罚加重，男女一起处以相同的刑罚，且女犯脱衣受刑。[1]脱衣受刑，犹如游街示众，除了对犯奸妇给以肉体上的处罚，还施以人格上的侮辱。二是除了肉刑，还赋予了丈夫杀奸权。《元史·刑法志·奸非》还规定，妻子与人通奸被丈夫抓获，如果在争执拉扯中，丈夫杀死妻子，丈夫无罪，无须承担刑事责任。[2]三是捉奸要捉双。如果只杀奸夫或奸妇一人，丈夫反而要被处以杖刑。[3]

到了明清时期，在宋明理学严格的性道德观的指引下，对女子贞节的要求达到了巅峰，对通奸（尤其是发生婚姻奸情的女性）的处罚也更为苛严。明代吕坤《闺范》称，男子志在四

---

〔1〕《元史·刑法志·奸非》载：“诸和奸者，杖七十七；有夫者，八十七。诱奸妇逃者，加一等，男女同罪，妇人去衣受刑。”

〔2〕《元史·刑法志·奸非》载：“诸夫获妻奸，妻拒捕，杀之无罪”，“诸妻妾与人奸，夫于奸所杀其奸夫及其妻妾……不坐。”

〔3〕《元史·刑法志·奸非》载：“若于奸所杀其奸夫而妻妾获免，其杀妻妾而奸夫获免者，杖一百七。”

方，是要成就大事业的，即使名节方面偶然有点小瑕疵，也无关痛痒；而女子以名声贞节为重，一旦名声败坏、贞节不保，即使其他方面再优秀也难以弥补。〔1〕清代蓝鼎元《女学·妇德》以将军守城之例来譬喻女子守身如玉，宁可贫困、卑贱、失去生命，也不可名节受辱。〔2〕《大明律》规定，犯和奸罪者处以八十杖刑，有夫之妇与人和奸，增加十杖；如果是刁奸，则刑罚加重，处以一百杖。无论是和奸还是刁奸，男女都要受罚。〔3〕《大清律例》规定，犯和奸罪者处以八等刑罚，有夫之妇与人和奸，罪加一等；妻妾与人通奸被丈夫当场抓获，丈夫拥有杀奸（奸夫、奸妇）权；若只杀死奸夫，犯奸妻妾则按照法律定罪发卖。〔4〕据统计，在清代司法案卷中"和奸"或"通奸"在民事和刑事案件中占有相当的比重。〔5〕有人在翻阅明清通奸判牍后，不禁发出这样的感慨：在这些判牍中，对男权的偏颇触目惊心，受苦受难的总是女性，不管是和奸、刁奸还是强奸，在贞节的枷锁下，妻妾们完全没有辩争的权利，等待她们的唯一出路是

---

〔1〕《闺范》载："丈夫事业在六合，苟非嬻伦，小节犹足自赎；女子名节在一身，稍有微瑕，万善不能相掩。"

〔2〕《女学·妇德》载："男女之防，人兽之关，最宜慎重，不可紊也。女子守身当兢兢业业，如将军守城，稍有一毫疏失，则不得生，故曰：无不敬也，敬身为大焉。别嫌明微，必防其渐，正本清源，必慎其始。可贫可贱，可死可亡，而身不可辱。"

〔3〕《大明律》载："凡和奸杖八十，有夫杖九十；刁奸杖一百……其和奸刁奸者男女同罪。"

〔4〕《大清律例》载："凡和奸，处八等罚；有夫者，处九等罚"，"凡妻妾与人奸通，而于奸所亲获奸夫、奸妇，登时杀死者勿论；若止杀死奸夫者，奸妇依和奸律断罪，当官嫁卖，身价入官"。

〔5〕据统计，在婚姻类案件中，因通奸引起纠纷的估计占一半到2/3，即22%中的50%~75%。又据中国第一历史档案馆所藏"婚姻奸情类"档案数统计，乾隆间，各省区每年上报朝廷批决的此类命案要案平均在800件左右。这800件命案要案中，因通奸引发的约为250~530件。参见郭松义："清代403宗民刑案例中的私通行为考察"，载《历史研究》2000年第3期，第51页。

丈夫的裁判。[1]夫的"杀奸权"发挥到了极致，一旦发现妻子犯奸，丈夫愤而杀之者不在少数，且往往能获得国家法的宽宥及人们的同情。[2]在国家法的支持下，家法族规对通奸行为的处置更是严厉。国家法赋予私人"处奸"权，公开告官处理还是依家法族规内部切结可以自行选择。通常家丑不可外扬，发生婚姻奸情乃奇耻大辱，被戴上绿帽子的丈夫更愿意悄悄以家法族规处置之。对于犯奸妻，等待她们的通常是死刑，"其中相当一部分家庭和宗族即将她们处死，来维持所谓的清白门风"[3]。处死的方式多种多样，残忍而又冷酷，缚而沉江、沉潭、活埋等。文学作品中常见关于民间惩奸事例的描述。在沈从文所作《萧萧》中，萧萧与花狗事发，家族内对犯奸女萧萧的处裁是，先关起来，由萧萧的娘家人来决定是"沉潭"或"发卖"。[4]

---

〔1〕"在明清两代的通奸罪判例中，充满了男权因素，永远只有'奸妇'如何如何，而没有妻子对丈夫的捉奸。即使要捉，也只有对方丈夫才有这个权力，男权在这里拥有绝对优势，因为自宋以降几个朝代，女性都被剥夺了诉讼权利。"参见《新周刊》杂志社选编：《〈新周刊〉2014年度佳作——中国记忆榜》，漓江出版社2015年版，第163页。

〔2〕据《道光十二年说帖》载，冯吉沅因与韩玉富之妻韩李氏通奸，韩玉富并不知情。冯吉沅趁韩玉富外出，潜至其家与韩李氏在房说笑，正好韩玉富回家听闻，踢门进内捉拿，将冯吉沅扭住。冯吉沅挣脱逃跑，韩玉富尾追不及，转回向韩李氏盘出奸情，气忿莫遏，将韩李氏殴伤身死。"本夫奸所获奸将奸妇杀死奸夫到官不讳"，参见（清）全士潮等纂辑：《驳案汇编》，何勤华等点校，法律出版社2009年版，第669页。嘉庆二十四年（1819年），魏机匠与吴世柏之妻吴樊氏通奸，被氏翁撞见逃跑。追氏翁向吴世柏告知，吴世柏气忿，将吴樊氏勒毙。参见（清）许梿、熊莪纂辑：《刑部比照加减成案》，何勤华等点校，法律出版社2009年版，第139页。

〔3〕费成康主编：《中国的家法族规》，上海社会科学院出版社1998年版，第183页。

〔4〕"于是祖父从现实出发，想出个聪明主意，把萧萧关在房里，派人好好看守着，请萧萧本族的人来说话，照规矩，看是'沉潭'还是'发卖'，萧萧家中人要面子，就沉潭淹死了她，舍不得死就发卖。"参见沈从文：《边城：沈从文小说经典》，二十一世纪出版社2014年版，第162页。

三、“灵肉解放”的思潮与法律文本的应对

（一）“灵肉解放”的性道德思潮

男权主导的保守性伦理纵横了三千多年，辛亥革命一声枪响，带来的不仅仅是新的政权，社会经济、文化、意识领域各个层面都受着新风气的感染并悄然发生着改变，保守的性道德首当其冲地受到了新思潮的冲击。西风东渐，特别是在罗素、爱伦凯等人自由平等婚恋观的影响下，人们开始质疑这仅将性视为生殖需要、压迫人欲、男性中心的旧性道德的合理性，在五四运动前后，掀起了沸沸扬扬的关于性道德、贞节观的讨论。《新青年》《妇女杂志（上海）》等期刊为这场前卫的性道德论战提供了舆论据点，章锡琛任主编时期的《妇女杂志（上海）》，是当时讨论女权问题、男女平权、新性道德的先锋阵地。1922年，《妇女杂志（上海）》首次推出“离婚问题号”，1925年推出“新性道德号”，就性道德问题进行了专刊的讨论。“新性道德号”的扬帆推动了自由平等、尊重人性、灵肉解放的新性道德思潮的形成，为这个时期的女性摆脱婚恋中的枷锁提供了舆论助力。以“新性道德号”为媒介，章锡琛、周作人、章永康（别号“瑟庐”）、张竞生等知识阶层的精英人物一马当先，他们从西人罗素、爱伦凯的自由平等婚恋观中获得灵感，超越了梁启超等男女平权先声，大胆地发出了尊重人伦、平等对待的新性道德、贞操平等对待的呼号。

1918年，《新青年》刊出《贞操论》一文。《贞操论》一文在民初社会激起千层浪，开启了公开讨论贞操问题的先河，是民初时期最早的一篇讨论贞操的文章。该文认为，女性要承担“失贞”的谴责，而男性却没有“不贞”的困扰，这种男女区

别对待的二元贞操道德观是不公允的。[1]

同年，《新青年》第5卷第1期刊登了新文化运动领袖人物胡适的《贞操问题》一文，在该文中胡适提出，保守贞洁不仅仅是女方的义务，男子也应当担负这样的义务。[2]他甚至列举圣人孔子名言“己所不欲，勿施于人”来予以举证，以堵住悠悠众口。那么在时人们眼里的新性道德是什么样的呢？章锡琛在《新性道德是什么》一文中做出了解答，他认为新的性道德是男男女女自由、平等的性道德。[3]一方面，性的冲动是人的自然需求，不应该压制，不应该丑化；另一方面，要兼顾妻子的意愿。在民风尚还保守的民国二十年代提出这样的新性道德观，可谓大胆而又前卫，但是值得注意的是章氏的新性道德主张基本还是立足男性主导的角度去考虑的，可以说是触及了男女平权思想的表面，但并未抵达思想的深处。而另一位先锋人物是被称为“性博士”的张竞生，1925年他同样提出了“新性道德”的主张。张竞生在其著作[4]中有关涉“新性道德”的讨论，他关于男女两性关系的见解较章锡琛更为直接，他认为性关系的存在，不是为了解决生理需求，而是为了满足感觉与器官全方位的享受，两性关系促使了男女关系由肉体的享受升华到

[1] [日]与谢野晶子：“贞操论”，周作人译，载《新青年》1918年第4卷第5期，第22~30页。

[2] “贞操不是个人的事，乃是人对人的事；不是一方面的事，乃是双方面的事。”参见胡适：“贞操问题”，载《新青年》1918年第5卷第1期，第10~19页。

[3] “世俗的道德把妻视为夫的隶属者，甚至剥夺她一切社会的权利，这是新的性道德所难容许的，新性的道德的原则，便在于满足社会个人自由平等的要求。”参见章锡琛：“新性道德是什么”，载《妇女杂志（上海）》1925年第11卷第1期，第6~7页。

[4] 参见张竞生撰《美的人生观》《美的社会组织法》，参见张竞生著，张培忠辑：《美的人生观》，生活·读书·新知三联书店2009年版。

灵魂的慰藉。[1]

当然，“不平等地位是与男性法权共存的，其根本的改变须靠整个社会的变革与进步，更有待于全社会平等性爱自由观念的普遍觉醒”[2]，“新旧性道德观念的对立，实质上是基于男性法权的男性中心的旧性道德观念与源于民主主义思想的男女平等的新性道德观念的对立”[3]。胡适、章锡琛、周作人、瑟庐、张竞生等人自由平等的新性道德的呼号，虽然难以让民众立刻忘记男女区别对待的旧的道德伦理，难以让女性立刻摆脱贞节观念的枷锁，但思潮的涌动往往是新生的开始。

（二）通奸罪“废”“存”之辩

那么，关涉婚姻奸情，民初时期的法律文件做出了什么样的回应呢？此处将从一场关于通奸罪的“废”“存”之辩说起。《暂行新刑律》第289条规定“和奸有夫之妇者”。《中华民国刑法》（1928年）第256条规定：“有夫之妇与人通奸者”，不管是“和奸”还是“通奸”，犯奸的“有夫之妇”均会受到刑法的制裁，至于“有妇之夫”与人通奸是否是犯罪，都没有提及。可见，在《暂行新刑律》《中华民国刑法》的适用时代，“有妇之夫”婚内出轨不为罪，所以即使当时社会上娼妓之风、纳妾之风盛行，但少有已婚男子因此而遭受牢狱之灾的。如果将纳妾定性为刑事犯罪，那么，以当时的蓄妾率，全国的监狱将要

---

〔1〕“人们性交的目的不是生理发泄，而是感官色欲的享受，使男女双方由‘肉’的享乐达到‘灵’的升华境界”。参见刘慧英：《女权、启蒙与民族国家话语》，人民文学出版社2013年版，第184页。

〔2〕韩立群：《现代女性的精神历程：从冰心到张爱玲》，中国人民大学出版社2013年版，第88页。

〔3〕韩立群：《现代女性的精神历程：从冰心到张爱玲》，中国人民大学出版社2013年版，第89页。

爆满了。[1]《暂行新刑律》第289条规定与《中华民国刑法》第256条规定，只要求妻子承担婚姻性道德的贞操义务，丈夫却不必受到性道德的约束，不用遵守婚内性行为的专一性，不必为妻子守身如玉了。1935年1月1日公布并于7月1日生效的《中华民国刑法》（修订）第239条化解了对待通奸问题男女区别对待的问题，该条将“有夫之妇与人通奸者”修改为“有配偶而与人通奸者”，不管是妻子还是丈夫，只要在婚姻期间违背夫妻性道德与人通奸，都会被“处一年以下有期徒刑”，同时期的民法也规定，出现通奸情形，不管妻子或丈夫，“配偶中的任何一方都可以把通奸作为分开的合法理由”[2]，“通奸”过错被纳入可以提起离异的法定理由的范围。

实现男女平权的理想，是曲折而又漫长的。1934年出台的《刑法修正案》将1928年《中华民国刑法》第256条规定[3]重新审查后列为第239条，规定婚内通奸，不管丈夫还是妻子，皆判处有期徒刑二年，与之相奸的人同罪。[4]1934年10月31日，立法委员会召开第78次会议，继续对第239条进行讨论。立法委员们各抒己见，争执颇多。有主张维持现行法第256条之规定的，如孙维栋等；有的主张重新审查，如史尚宽等；有的主张维持原修正案，但将刑期减为六月以下，如陈长蘅等。

---

〔1〕“娶妾者将成为刑事犯，何况中国娶妾者达30%以上，全国监狱仅仅监禁有妇之夫与人通奸罪者就不足。”参见“王宠惠谈科罪问题”，载《大公报》1934年11月14日。

〔2〕［美］黄宗智：《法典、习俗与司法实践：清代与民国的比较》，上海书店出版社2007年版，第150页。

〔3〕1928年《中华民国刑法》第256条：“有夫之妇与人通奸者，处二年以下有期徒刑，其相奸者亦同。”

〔4〕1934年出台的《刑法修正案》第239条：“与有配偶之人通奸者，处二年以下有期徒刑，其相奸者亦同。”

当时的社会各界也对第239条修正草案反响强烈。南京、上海妇女界纷纷发起了请愿活动，抗议第256条违反了《中华民国训政时期约法》第6条民国公民一律平等的规定。[1]《刑法修正案》第239条遭遇到强大的阻力，甚至有人号召为了男女平权、女子人格独立，即使付出生命的代价也在所不惜。[2]1935年《中华民国刑法》（修订）第239条最终一锤定音，被媒体戏称为是当时社会各界为"争取通奸权而奋斗"而获得的妥协性成果。

民初时期，婚内奸情依然被视为一种犯罪行为，属刑法调整的范畴，具体规定可见于《暂行新刑律》第289条、《中华民国刑法》第256条、《中华民国刑法》（修订）第239条[3]：

民国时期关涉婚内奸情的法律规定：

法律文件	颁行时间	条　　文
《暂行新刑律》第289条	1912年3月颁布	"和奸有夫之妇者，处四年以下有期徒刑或拘役，其通奸者，亦同"
《中华民国刑法》第256条	1928年3月10日公布，9月1日施行	"有夫之妇与人通奸者，处二年以下有期徒刑；其相奸者，亦同"
《中华民国刑法》（修订）第239条	1935年1月1日公布，7月1日生效	"有配偶而与人通奸者，处一年以下有期徒刑，其相奸者，亦同"

[1]《中华民国训政时期约法》第6条："中华民国国民无男女、种族、宗教、阶级之区别，在法律上一律平等。"

[2]"为了保持妇女的人格，为了维护天经地义的男女平等的真理，为了谋社会的进步，人类的幸福，我们誓死反对这种不平等的修正案。"参见绿子："我们为什么要反对《刑法修正案第二百三十九条》"，载《申报（上海）》1934年11月11日。

[3]为了更全面地展示民初通奸离婚法律规定变迁的轨迹，此处讨论的法律文件超越了1912年至1928年的民初时限。

（三）关涉婚姻奸情的民初立法特色

辛亥革命推翻了几千年的封建帝制，革命带来的变化历历在目。1912 年 3 月，有时人发文《新陈代谢》从各个领域的变化感慨了革命前后社会风气的变迁[1]。该文颇有调侃之意，革命引发了社会方方面面的改变，但这样的改变是否触及灵魂深处而非停留在表面，函待商榷。可以确定的是，法律制度的革新滞后于政治层面的变革。关于婚内奸情的处置，法律制度、社会态度、司法实践也有“新陈代谢”的困惑。人们开始重新审视旧的保守的性道德伦理，男女有别的贞操义务要求受到质疑。在国家法领域，开始尝试重新制定涉及通奸行为的法律规定，相较于前朝各代，国家法对通奸罪已经采取了相对宽宥的态度，奸夫淫妇不再动辄处死[2]。制度设计中也开始嵌入平等、自由、民主的元素。那么，在这个“新陈代谢”时期，关涉通奸的离婚法律制度又是怎样一番情景呢？被视为民初法源的《现行律》“民事有效部分”、《大清民律草案》、北洋政府《民律草案》（1915 年修订）三个法律文本所里列的通奸离婚理由表述如下：

---

〔1〕“共和政体成，专制政体灭；中华民国成，清朝灭；总统成，皇帝灭；新内阁成，旧内阁灭；新官制成，旧官制灭；新教育兴，旧教育灭；枪炮兴，弓矢灭；新礼服兴，翎顶补服灭；剪发兴，辫子灭；盘云髻兴，堕马髻灭；爱国帽兴，瓜皮帽灭；爱华兜兴，女兜灭；天足兴，纤足灭；放足鞋兴，菱鞋灭；阳历兴，阴历灭；鞠躬礼兴，拜跪礼灭；卡片兴，大名刺灭；马路兴，城垣卷栅灭；律师兴，讼师灭；枪毙兴，斩绞灭；舞台名词兴，茶园名词灭；旅馆名词兴，客栈名词灭。”参见吴冰心：“新陈代谢”，载《时报》1912 年 3 月 5 日。

〔2〕当然，虽然国家法对婚内奸情稍有放松，但也不能完全排除民间对有夫之妇犯奸的不容放过，有时候人们会避开国家法，按照家法族规严厉处置。

《现行律》“民事有效部分”（1910 颁行）	《大清民律草案》（1911 修订完成）（第 1359、1362 条）	北洋政府《民律草案》（1915 年修订完成）（第 1147、1151 条）
（1）“七出”之淫 （2）“抑勒或纵容妻与人通奸者”	（1）“妻与人通奸” （2）“夫因奸非罪被处罚”	（1）“妻与人通奸” （2）“夫因奸非罪被处罚”

民国初期所适用的法律文本中，即使主张男女平权的新性道德伦理已经提出，涉及婚内奸情，条文规定彰显了“恕于夫男，严于妇女”差别对待的特质，不管是前清旧法还是 1915 年修订完成的北洋政府《民律草案》，男女性别差等对待的通奸离婚条文一再出现。三部法律文件认为：有夫之妻与人通奸，丈夫既可以依据离婚法的规定要求离婚，也可以依据刑法的规定告官由国家公权力介入，以“和奸”之罪处置奸夫淫妇，经过告官判处，原婚姻关系理所当然解除。反之，仅在有妻之夫因“奸非罪”被处罚时，做妻子的才能据此提起离婚，至于丈夫寻花问柳、纳妾嫖娼则不足以构成离婚情由。法律之所以对丈夫与妻子婚内犯奸情形的区别对待，1911 年《大清民律草案》修订者给出的解释可窥见其缘由：“妇人以守身为第一义，一犯奸私，不惟污秽家声，抑恐混乱乎血统。故文明诸国之制度，凡妻与人奸通，恒视夫为特严。若妻非犯和奸而被人强奸，则不幸而受污，夫不得提起离婚之诉。”[1]

当妻子通奸，丈夫拥有离婚诉权；反之，在丈夫与他人通

〔1〕 怀效锋主编：《清末法制变革史料》（上卷·宪法、行政法、诉讼法编），李俊等点校，中国政法大学出版社 2010 年版，第 752 页。

奸的情况下，除非丈夫因此入刑，否则妻子没有离婚诉权。[1]婚内犯奸，丈夫与妻子如此差别对待，且刑法与民法交相呼应，前者规定有夫之妇与人和奸，双双处以徒刑，后者规定妻与人通奸可以构成夫主离婚的理由，旧的性道德伦理还没有断根，新的性道德伦理还停留在口号阶段，双重标准的贞操标准还有着坚固的社会基础，男女平权思潮在婚姻立法领域发生的影响较小。直至1931年5月5日施行的南京国民政府《民法》第四编亲属编第1052条才将“妻与人通奸”“夫因奸非罪被处罚”修改为“与人通奸”，取缔了“宽于男，严于女”的差别对待。但是，依然有保守派跳出来要维持婚内犯奸“宽于男，严于女”传统旧制。1935年，《东方杂志》刊登《社会问题：家庭制度与男女平等原则》一文，该文作者从血统问题与社会分工角度，论证了婚姻领域男女区别对待的双重性道德标准的必要性：

> 在建立家庭制度之时，血统问题乃须十分注意之一事，假使子女之血统不明，是父母之名分难定，家庭作用根本既难得维持，于是为顾全此一点起见，社会于规定家庭制度之外，不能不维持贞义观念，而贞义之责任，又不能不较恕于夫男，独严于妇女。普通见解，以为既有性的禁令可施于妇女，为何不可同时并使男子亦受其约束。此其理由自极明确，因家庭制度是社会规定妇女之一种权利，但是男子之一种义务，社会不能因尽义务而受限制。性欲的限制，从另一方面看，或者是自然的，甚至是需要的，但

---

〔1〕“妻与人通奸，法律既许其夫提起离婚之诉，而夫与人通奸，则除因奸受刑外，其妻不得请求离婚”；“严于责妻而宽于责夫”。参见怀效锋主编：《清末法制变革史料》（上卷·宪法、行政法、诉讼法编），李俊等点校，中国政法大学出版社2010年版，第752页。

是社会生育作用之立足点上而论，对于男子而加以强迫之制裁，是导人规避义务，其结果是家庭制度之不能推广。[1]

（四）法律话语“女性派生构造”的淡化

从1912年到1935年一路走来，法律制度几经变迁，从照搬旧律到颁布新法，此时关涉婚姻奸情的刑法规定，对于婚内犯奸的男女们已经宽容多了，不再动辄喊打喊杀，其刑罚的力度较于旧道德伦理笼罩下的前朝各代法令，已经明显有所降低。仔细观察上述法律条文，不难发现两个显著的变化：一是法律话语“女性派生构造”的淡化，“通奸”取代了“和奸”，出现了男女平等对待的趋向。黄宗智考察了清代至民国时期法律文本中的“和奸”“强奸”“通奸”用语的表达，认为中国传统法律文化里的“和”意指自愿，如“和略”指女子自愿跟随非丈夫之外的男性离家出走，带有私奔的意思；“和卖”指女子知晓被卖的事实且不表示反对；“和奸”指对于发生非婚姻的两性关系，女方是自愿的，至少是没有反抗。值得注意的是，“和”的对象是女子，对男子而言是不适用“和”的。[2]

“清代法律从来只赋予妇女在社会中从属的地位，但它并不把她们视为无意志的被动物体。它通过一系列围绕‘和’一词的条款的建构，把她们视作具有一定程度‘自由’的抉择者。应用于现实生活中，那些条款为受侵犯的妇女提供了某些法律

---

〔1〕应成一：“社会问题：家庭制度与男女平等原则”，载《东方杂志》1935年第32卷第1期，第45~48页。

〔2〕黄宗智认为：“和”意指同意。和略，即同意被拐；和卖，即同意被卖；和诱，即同意被引诱；和奸，即同意犯奸，用到男人身上，它字面上的意思是指男人在女人的同意下做什么事。“和”的用法具有性别特征。男人略、卖、诱、奸，没有“和”，和的是妇女。参见［美］黄宗智：《法典、习俗与司法实践：清代与民国的比较》，上海书店出版社2007年版，第132页。

保护，但也强加给她们不合理的负担。”〔1〕因此，根据大清律例，“和奸”即为妇女同意让他人对她犯奸，“通奸”或“相奸”即为妇女自己主动情愿与人犯奸。男子不顾女子反抗，强行与其发生性关系，即强奸，该男将被判处绞刑。如果男子“和奸”已婚女子，该男将被判处九十杖刑。倘若女方未婚且已满十二周岁，该男将被判处八十杖刑。对于女方而言，她的态度如何决定了其是否承担刑罚及刑罚程度：如果女子被强奸，虽名节有损但免予刑罚，如果她不反抗或表示同意，将与男子一同受罚。〔2〕而民初时期的新法抛弃了“清代法律用于妇女的那一套派生构造”〔3〕。与清代国家法以女方的态度为标准来定罪量刑不同，民初时期的国家法以“通奸”一词取代了“和奸”。从“和奸”到“通奸”，一则将有婚姻奸情的丈夫也纳入了国家法规范的范畴，二则非婚姻性行为被排除在国家法的强制规范之外。〔4〕

---

〔1〕［美］黄宗智：《法典、习俗与司法实践：清代与民国的比较》，上海书店出版社2007年版，第126页。

〔2〕黄宗智认为：“如果一个男子强奸了一个女子，他将被绞死。如果他刁奸她，他将被杖一百。如果他和奸她，若她已婚，他将被杖九十；若她未婚并已满12岁，他将被杖八十。对妇女而言，如果她被强奸，她将不受惩罚。否则的话，她将因同意此性行为而与男人一起受到惩处。”参见［美］黄宗智：《法典、习俗与司法实践：清代与民国的比较》，上海书店出版社2007年版，第132页。

〔3〕［美］黄宗智：《法典、习俗与司法实践：清代与民国的比较》，上海书店出版社2007年版，第132页。

〔4〕黄宗智认为：“与第三者的奸情如何在字面上变得有现代意义并被冠上一个新名字——通奸。与清代法典的‘和奸’只考虑妇女是同意还是抵抗一个男人对她做了什么不同，‘通奸’认为双方具有同等积极的自主，它并且只适用于已婚者。新法律摒除清代法律视任何婚外性行为‘犯奸’的观点，未婚者之间双方情愿的性行为不属非法。”参见［美］黄宗智：《法典、习俗与司法实践：清代与民国的比较》，上海书店出版社2007年版，第149页。

四、大理院通奸离婚判决例与解释例

（一）关涉通奸离婚的判解

既然静态的法律文件延续了婚内奸情男女区别对待的旧习，民初社会，面对先行者打破男女差等对待格局的声声呐喊，滞后的法律规定与社会现实需要的矛盾就出现了。民初最高审判机关大理院如何在《现行律》“民事有效部分”划定的圈子里进行司法裁判活动，如何摆脱“有效法律本身实质精神的制约”，回避“某种对现行有效法律的实质合理性质疑，跳过法律实质合理性的检验”，以“较不具争议性的事项渐进式的引导变迁，不强求形式平等而回归权利主体实质面的关照”。〔1〕处理婚内通奸离婚冲突时，在旧法男尊女卑传统与男女平权发展趋向的角力中，大理院的推事们面临着艰巨的挑战。一方面，《现行律》“民事有效部分”是大理院处理离婚讼案的一个“紧箍咒”。〔2〕毕竟，《现行律》“民事有效部分”保留着帝制时期法律文本“义务本位”的特色，而近代民事法律体系彰显的是“权利本位”的特征。另一方面，在社会急剧变革之下，再继续冥顽不化地生搬硬套旧法，非但不能解决纠纷，反而会加剧社会矛盾。当时的大理院推事们想必也不甘落于旧俗的套路，在几经探索后，他们找到了一个“权变”之法，以化解旧法律与新现实之间的冲突。如何“权变”《现行律》“民事有效部分”？就是“透过新的法学解释方法，使其与近现代法学理论相结合”，具体而言就是用“近代欧陆法概念来阐释其内涵”，使

〔1〕张永鋐：“法律继受与转型期司法机制——以大理院民事判决对身分差等的变革为中心”，台湾政治大学2004年硕士学位论文，第215页。

〔2〕张永鋐：“法律继受与转型期司法机制——以大理院民事判决对身分差等的变革为中心”，台湾政治大学2004年硕士学位论文，第215页。

《现行律》“民事有效部分”得以蕴含西式“权利观”[1]。民初时期大理院处理通奸离婚讼案而形成的判决例与解释例就是“旧法新装”的“权变”例证。以下是根据郭卫所编《大理院判决例全书》《民国大理院解释例全文》所整理的民初大理院通奸离婚判解。

1. 九个通奸离婚判决例。[2]

1	民国三年（1914 年）上字第 866 号	“抑勒妻妾与人通奸者，妇女不坐并离异归宗”
2	民国四年（1915 年）上字第 331 号	“纵妻犯奸者，夫不得请求离异”
3	民国四年（1915 年）上字第 1793 号	“妻犯七出者离异”
4	民国五年（1916 年）上字第 872 号	“妇虽犯奸，夫不愿离，不得由舅姑嫁卖”
5	民国五年（1916 年）上字第 717 号	“如对人诬称其妻与人私通而其妻本为良家妇女者，视为夫对妻的重大侮辱”
6	民国六年（1917 年）上字第 1012 号	“诬告其妻犯奸为重大侮辱”
7	民国九年（1920 年）上字第 86 号	“纵容妻妾通奸或为娼，若事出两愿，即不得请求离异”
8	民国十四年（1925 年）上字第 44 号	“夫于妻诬奸告官，应认为有重大之侮辱”（补）
9	民国十五年（1926 年）上字第 1484 号	“夫因犯奸处刑，应准援用现行律未婚男犯奸听女别嫁之规定”

〔1〕 黄源盛：《民初大理院与裁判》，元照出版有限公司 2011 年版，第 163 页。

〔2〕 郭卫编：《大理院判决例全书》，吴宏耀、郭恒、李娜点校，中国政法大学出版社 2013 年版，第 405~414 页。

2. 三个通奸离婚解释例。[1]

1	民国四年（1915年）统字第358号	“抑勒童养媳与人通奸，准其离异”
2	民国五年（1916年）统字第465号	“和买为妻，自不成立奸非罪，妇应依前清现行律离异归宗”
3	民国五年（1916年）统字第437号	“舅姑抑勒子妇与人通奸，如其夫知情亦而不阻止，可认为有义绝情况者，自应许其离异”

（二）妻权之扩展[2]

1. 纵容、强迫妻子与人通奸，丈夫丧失离婚诉权。大理院民国四年（1915年）上字第331号判例云：

> 纵妻犯奸者，夫不得请求离异。现行律载“妻犯七出之状有三不去之理，不得辄绝，但犯奸者，不在此限”，是指妻对其夫有不贞洁之行为者，当然可以为离异之原因。惟对于此类行为，其夫实已故纵在前（并非因保全名誉而事后掩饰）者，则妻之责任即已解除，夫不得以业已故纵之行为请求与妻离异。[3]

丈夫对奸情知情不理，被视为对妻子奸情的默许，由此就

〔1〕郭卫编著：《民国大理院解释例全文》，吴宏耀、郭恒点校，中国政法大学出版社2014年版，第464~513页。

〔2〕黄宗智在比较清代与民国的法典后认为：“扩展妇女可以离婚的理由可能是国民党民法与清代法律最不相同的部分。”参见［美］黄宗智：《法典、习俗与司法实践：清代与民国的比较》，上海书店出版社2007年版，第150页。

〔3〕郭卫编：《大理院判决例全书》，吴宏耀、郭恒、李娜点校，中国政法大学出版社2013年版，第406页。

消减了妻子的贞洁义务，在此种情况下，没有必要将丈夫置于婚姻关系中权利受损者的角度予以法律的保护了。事前知晓妻子与他人通奸，但不表示反对的，基于知情故纵，丈夫丧失因妻犯奸的离婚请求权。大理院民国四年（1915 年）上字第 331 号判例主张在大理院民国九年（1920 年）上字第 86 号判例中再次体现。

大理院民国九年（1920 年）上字第 86 号判例云：

> 纵容妻妾通奸或为娼，若事出两愿，即不得请求离异。现行律载“凡纵容妻妾与人通奸，本夫、奸夫、奸妇各处罚。抑勒妻妾及乞养女与人通奸者，本夫、义父各处罚，妇女不坐并离异归宗”。所谓“并离异归宗”者，系指被抑勒之妻妾及乞养女除不坐罪外，并得请求与本夫或义父离异。若其纵容通奸事出两愿，即无许一造请求离异之礼。又纵容抑勒妻妾或乞养女为娼，与纵容抑勒通奸相同，自可依据此项律文以为判断。〔1〕

丈夫纵容或抑勒妻子通奸，或是基于生存的压力，或是基于传宗接代的需要，或是基于其他原因，根据《现行律》“民事有效部分”的规定，纵容妻子与人通奸，丈夫与妻子都要受到刑律的处罚；强迫妻子与人通奸甚至堕为娼妓，完全有悖于婚姻缔结之“义”，且与性道德伦理相背离，由此不管是“纵容”或是“抑勒”均产生双重法律后果：一是要承担刑事责任，二是解除婚姻关系。不管大理院民国九年（1920 年）上字第 86 号判例的作出是基于传统之“义”，还是受益于近代欧美法律理念

---

〔1〕郭卫编：《大理院判决例全书》，吴宏耀、郭恒、李娜点校，中国政法大学出版社 2013 年版，第 412 页。

的影响，如果丈夫知道妻子有奸情而放纵其为之或有强迫的情形，其告奸权及离婚诉权就会被取消，同时允许被迫犯奸的妻子拥有离婚请求权，一定程度上可以视为对处于劣势地位妻子的权利救济。

同时，大理院民国四年（1915年）统字第358号、民国五年（1916年）统字第465、437号解释例又对“纵容”“抑勒”做了延伸性的解释。该第358号解释例将童养媳也纳入了保护的范畴，“抑勒童养媳与人通奸，准其离异”。该第465号回答了“和买”是否构成通奸的问题。该解释例中，山西高等审判厅问：“和买是否仍旧论奸罪？”大理院的答复是：“和买为妻，自不成立奸非罪，（乙妇）应依前清现行律离异归宗。”该第465号解释例实际上是延续了传统法的“夫妻齐体”立法精神。传统礼法认为如果丈夫自愿出卖妻子与他人，可以视为对夫妻之“义”的违背，既然男方背信弃义，那么女方也没必要为其保持贞节了。因此，传统法通常认为和买导致的妻子与他人发生两性关系甚至同居不为犯奸。和买不为奸，探其渊源还是离不开礼法之“义”，实际上，在男尊女卑的大环境下，和买不为奸，是对受丈夫管控的妻子的一丝“特殊”照顾。该第437号解释例曰：“舅姑抑勒子妇与人通奸，如其夫知情亦而不阻止，可认为有义绝情况者，自应许其离异。”《礼记·内则》云：“既为人妇，则其事舅姑也，当无异于子事父母。”舅姑是丈夫尊长，同样对子媳拥有管制之权，该解释例将舅姑即公婆增加为“抑勒”行为的施行者，如果丈夫知情而放纵父母对其妻子的迫害，那么，法律就同样剥夺男方的离婚诉权，妻子可以离异逃离苦海。该第437号是对第546号判例的扩张解释，体现了离婚司法实践中对夫权至上传统旧俗的改造。

2. 丈夫诬告妻子与人通奸，视为对妻子人格名誉的重大侮辱，妻子可以请求离异。大理院民国五年（1916年）上字第717号判例云：

> 凡妻受夫重大侮辱，实际有不堪继续为夫妇之关系者，亦应准其离婚，以维持家庭之平和而尊重个人之人格。至所谓重大侮辱，当然不包括轻微口角及无关重要之詈责而言。惟如果其言语行动足以使其妻丧失社会上之人格，其所受侮辱之程度至不能忍受者，自应以重大侮辱论。如对人诬称其妻与人私通而其妻本为良家妇女者，即其适例。[1]

何为"重大侮辱"之情形？依该第717号判例的解释，丈夫的言语及行为给妻子的声誉造成了重大不良影响，且妻子已经不堪忍受由此带来的不名誉，当然，鉴于婚姻家庭生活的日常琐碎性质，偶尔的轻微责骂、争吵不是夫对妻的"重大侮辱"。

随后，大理院民国六年（1917年）上字第1012号判例又继续对诬奸之重大侮辱作出了解释：

> 诬告其妻犯奸为重大侮辱。夫之于妻如有诬奸告官之事实，则行同义绝，并非轻微口角及无关重要之詈责可比，应认为有重大侮辱，准其妻请求离异。[2]

---

〔1〕郭卫编：《大理院判决例全书》，吴宏耀、郭恒、李娜点校，中国政法大学出版社2013年版，第408页。

〔2〕郭卫编：《大理院判决例全书》，吴宏耀、郭恒、李娜点校，中国政法大学出版社2013年版，第410页。

该第1012号判例与上述第717号判例，均认为丈夫诬告妻子与他人通奸是得以请求离婚的“重大侮辱”情形，妻子可以据此请求离婚。第717号判例的要解决的重点是何为“重大侮辱”之离婚理由。第1012号判例则专注于解决“诬奸”的处理。该判例认为，丈夫捏造妻子与他人通奸情事，并上告官府，其主观恶性及给女方带来的负面影响已经超过了“轻微口角及无关重要之詈责”，是对妻子人格权的侵犯，诬奸行为形同“义绝”，夫妻之间恩断义绝，这样的婚姻还有维持下去的必要吗？因此，丈夫诬奸告官，妻子获得离婚请求权。

3. 小结。“纵妻犯奸者，夫不得请求离异”，“纵容妻妾通奸或为娼，若事出两愿，即不得请求离异”，“纵容妻妾通奸或为娼，若事出两愿，即不得请求离异”等判决例及解释例严格遵守《现行律》“民事有效部分”的规定而作出，但又在原有条文上进行了扩展，并运用近代西方“人格”权利理念修正了婚内通奸离婚的男权主导倾向，充分发挥了判决例在滞后的法律与现实的需要之间的衡平功能，初现男女平等对待的旭光，是对大清封建的《现行律》“民事有效部分”在民初社会适用的有效权变。同时，将丈夫诬告妻子通奸纳入“重大侮辱”的范畴，披上中国传统之“义”的外衣，旧瓶装新酒，运用近代西法权利概念对诬奸进行扩展性的规定，从补偿权利受损方的角度出发，适度限制丈夫的离婚诉权，给予受诬陷妻子离婚诉权的有限关照，可谓是对通奸离婚中法律体系及司法实践中“男宽女严”状况的改善。

（三）夫权之优势

1. 难以摆脱的“紧箍咒”。中国台湾地区学者黄源盛在论及民初大理院及裁判时，既对大理院打破男尊女卑的勇气大加赞赏："从正面而言，大理院毅然打破中国社会向来重男轻女的陋见，而劈成'夫妻齐一'的蹊径，其正义、胆识，诚属可敬"，又憾于其不能完全突破男尊女卑的旧制罗网："遗憾的是大理院显然陷于必须援引《大清现行刑律》自苦，以至于无法更开怀的解释律文，也不能完全迎合男女平权的时代呼声"〔1〕。观察大理院民国元年（1912年）至民国十六年（1917年）的离婚判决，在保守、封建的《大清现行刑律》的钳制下，大理院涉及通奸离婚的判决："保守倾向自然而然显现，即使大理院企图透过判例从事某种变革，也会存在某种潜在的反向拉力，阻止这种变革"〔2〕。大理院民国四年（1915年）上字第1793号判决例就有明显偏袒男权的倾向。大理院民国四年（1915年）上字第1793号判决例依据《现行律》"民事有效部分"的规定认为"妻犯七出者离异"，而七出离婚事由包括无子、淫佚、不事舅姑、多言、盗窃、妒嫉、恶疾。该判决例意味着婚内犯奸的妻子，丈夫有权利出之，单方面强调丈夫的离婚主动权，因为，依照传统性道德，保持贞洁是妻子的专属义务。

2. "进"与"守"——以"生李氏、生贤华上告离婚案"[民国十五年（1926年）上字第1484号判决例]为例。

（1）判决例要旨。〔3〕

---

〔1〕 黄源盛：《民初大理院与裁判》，元照出版有限公司2011年版，第165页。

〔2〕 张永鋐："法律继受与转型期司法机制——以大理院民事判决对身分差等的变革为中心"，台湾政治大学2004年硕士学位论文，第215页。

〔3〕 "夫犯奸通常固不可与妻犯奸并论而径许离异，但若已因犯奸处刑则情形又有不同，为保护妻之人格与名誉计，自应援用现行律未婚男犯奸听女别嫁之规定，许其离异。"参见郭卫编：《大理院判决例全书》，吴宏耀、郭恒、李娜点校，中国政法大学出版社2013年版，第412页。

（2）判决全文。[1]

（3）上告人（生李氏妻）之主张：上告人生李氏上告要求废弃奉天高等审判庭作出的第二审判决而维持第一审判决，理由是：一是生贤华与人通奸入刑，理当离异。但原审判决援引了不利于女方的《现行律》“民事有效部分”“未婚男犯奸听女别嫁”之规定，认定婚内通奸不适用该条。而第一审判决援引的民法原则（该原则即为男女双方拥有平等的离婚权利，发生婚内奸情，均构成妻子或丈夫提起离异的法定理由）中的离异条件更能彰显婚姻关系中的男女平等对待。二是生李氏受生贤华之父强行调戏，生贤华知情却并不阻止，属于《现行律》之“舅姑抑勒子妇通奸者，其夫知情而不阻止，许其离异”之情形。

（4）被上告人（生贤华夫）之主张：面对生李氏的指控，被上告人生贤华认为：一是生李氏“勒逼子妇通奸”的控诉是信口雌黄编造的一面之词，不足以为信。二是因通奸被处徒刑4个月，是被人诬赖陷害，实际上没有通奸事实。况且根据《现行律》之规定，“男子有犯奸盗者听女别嫁”仅适用于“未成婚之男女”。三是上告人自从嫁到生家，家庭和睦，并且生李氏常常回娘家居住甚至长期不归，要虐待她也无机会。

（5）检察官的意见：检察官依据《现行律》的规定，认为被上告人所犯奸罪发生在结婚后，不构成法定的离婚理由。但是，该案根据前面的三审审判，二人之情形已经构成“义绝”。

（6）大理院之判决：大理院的推事们在审理该案时，认为

〔1〕《大理院公报》（第3册）1927年3月31日，第120~122页，现藏于中国社会科学院法学研究所图书馆。转引自王坤、徐静莉：《大理院婚姻、继承司法档案的整理与研究：以民初女性权利变化为中心》，知识产权出版社2014年版，第86~87页。

被上诉人犯奸受刑是事实，即使《现行律》规定“未婚男犯奸听女别嫁”，但为了保护妻子的人格权与名誉权，已婚男犯奸，也应该许妻离异。因此，废弃原判维持第一审判决。

（7）结语：大理院在遵守《现行律》“民事有效部分”进行司法实践的同时，也在寻找契机，解决现行有效法律文件在民初社会的合理性问题。在不违背现行有效法律文件的前提下，一些松动悄然出现。《现行律》“民事有效部分”仅规定妻子犯奸丈夫可以出妻，如果丈夫犯奸妻子是不可以离夫的。民国十五年（1916年）生李氏与丈夫生贤华离婚上诉案中，生贤华因与于王氏和奸被处徒刑，其妻要求离婚，大理院的推事们突破《现行律》“民事有效部分”妻子不能因为“丈夫犯奸”要求离婚的藩篱，扩大妻子的离婚自主权，这标志着大理院离婚判解在男女平权的路程上又进了一步。[1]但是，透过大理院对生李氏上告生贤华离婚案的审理，不难发现，在字里行间掩盖不住对夫权的偏袒，于男女平权而言，该案的审理暴露了民初大理院离婚司法实践中既要坚守旧法又要解决新生社会矛盾的“捉襟见肘”难局。第一审法庭已经开始在援引彰显男女平权理念的“新法”作为判案依据，但大理院依然坚持了“夫犯奸通常固不可与妻犯奸并论而径许离异”等明显男女差别对待的《现

---

〔1〕 两个因素的影响不可忽略：一是1911年修订完成的《大清民律草案》、1915年修订的北洋政府《民律草案》，给了大理院的推事们启示。《大清民律草案》第1359、1362条分别规定“妻与人通奸”夫因“奸非罪”被处罚均为可以离婚的理由，《现行律》“民事有效部分”是一个“紧箍咒”，是大理院审理案件的法律依据，不可违背，但是推事们采取了“曲线救国”的方式，从婚约部分找到了类似条文，并加以适用。二是从1912年至1927年15年期间，从新文化运动到五四运动，男女平权的理念已经从最初的口号开始在社会生活中产生了实际的效应，再加上女权运动的蓬勃发展，在社会现实的推动下，大理院的推事们作出了民国十五年（1916年）上字第1484号判决例。

行律》“民事有效部分”之规定，不得不“曲线救国”，从婚约条文中去寻找“处方”，可见对于当时“男女平权”的时代呼声，民初离婚司法实践的反应还稍显滞后，没有及时跟上“平权”的步伐。因此，该第1484号判决例是附条件的夫犯奸妻可离异的情形，没有从根本上解决婚内奸情中男女差别对待的问题。

第六章

存废之间：夫妾脱离中的权利差等与妾权关注[1]

“一夫一妻多妾”是传统中国的主流婚制，自西周迄，纳妾之俗在中国历史长河中绵延了数千年之久。妾，在甲骨文中的形象是枷锁桎梏下的女性，《礼记·内则》曰：“聘则为妻，奔则为妾”，相较于与夫“齐”的妻，妾是旧式婚姻家庭中的特殊群体，是受礼法差等秩序戕害最为惨烈的女性群体。时光荏苒，民初时期，“一夫一妻多妾”的传统婚制有没有随着社会革命发生相应的变迁？妾制是否与封建帝制一起湮灭在革命炮火里？妾的命运是否发生了改变？在西风欧雨、新文化运动和五四运动的推波助澜下，传统纲常伦理逐渐崩塌，人们开始以批判的眼光来审视传统旧制。一些先见之士开始反思“一夫一妻多妾”传统婚制，意识到妾制的存在，有悖于文明社会的发展潮流，不利于社会合理秩序的维系，不利于平等夫妻关系的构建，不利于子女的教养，不利于男女平权的实现，一时之

---

〔1〕 民国初期，国家法将夫妾关系塑造为“契约关系”而非“婚姻关系”，在法律文本及司法实践中多用“脱离”一词表述夫妾关系解除，本文亦沿用该表述。

间，废妾之声此起彼伏。[1]当然，处于过渡时期的民初时期，传统的中土伦理正迎来一场暴风骤雨，新理念与旧传统相互博弈、此起彼伏，一时难辨胜负。[2]根深蒂固的蓄妾之风也不可能因为辛亥革命的枪响一夕之间灰飞烟灭，在新旧势力的此彼消长中，“废妾之声”与“纳妾之风”进行着艰难的角力，社会婚制一路磕磕碰碰由一夫一妻多妾制转向一夫一妻制。

民初时期“一夫一妻”主义在婚姻领域的实现程度如何？时人如何对待妾的问题，是坚决取缔还是蓄妾有理还是犹犹豫豫难自弃？社会道德与法律制度对观念的变迁又作出了什么样的回应？将上述三个问题再回归到民初婚姻领域具体的司法实践中，在当时国家法明确规定实行“一夫一妻”婚制的情况下，妾作为特殊的群体，与夫解除关系时，司法机关是如何进行裁判的？如何权衡家长、正妻、小妾之间的权利冲突，如何调和男尊女卑观念与男女平权主张思想的冲突？本章进行研究的具体路径是：传统婚制的描述——一夫一妻主义在近代中国的萌生——民初妾制的“废”“存”之争——民初涉妾立法对夫妾关系及妾之身份的重新定位——大理院夫妾脱离的司法实践。本章试图通过考察夫妾脱离中社会、立法、司法三个层面对妾

〔1〕关于民初时人的一夫一妻主张及对妾制的抨击，可见于1911年《东方杂志》所载“论蓄妾”、1912年《独立周报》所载“一夫一妻之主张”、1915年《东方杂志》所载“谈屑：戒纳妾”、1916年《进步杂志》所载“一夫一妻主义之提倡”、1919年《解放与改造》所载“妾婢制度的因果和铲除的办法”、1919年《妇女杂志（上海）》所载“论今日娶妾者之心理及所以禁之之道”、1927年《幻洲》所载“一夫一妻制”、1928年《妇女旬刊》所载“提倡一夫一妻制与论娶妾之害”等。1922年，朱采真创办杂志《废妾号》向社会公开征稿以抨击妾制之流弊。

〔2〕“民国初期是一个无数旧势力应消减而未消减，无数新势力求生而不得生的时期。”参见王世杰：“大理院与习惯法”，载《法律评论（北京）》1926年第4卷第12期，第2~4页。

态度的变化以进一步探讨民初离婚事件中的男女平权议题。因此，妾这一特殊的女性群体是本章的主要研究对象，关于妾制下妻子的权益保障问题，在本处不加赘述。

一、传统中国一夫一妻多妾婚制

（一）人类婚制的变迁

美国人类学家摩尔根在其著作《古代社会》中，将人类社会的进化历程分为“蒙昧、野蛮、文明”三个阶段，他认为在人类社会的进化历程中，人类家庭“从母系氏族过渡到父系氏族，从母权社会过渡到父权社会，从群婚时代过渡到个体婚时代”[1]。与之相对应的婚姻家庭制度可以分为五种模式：血婚制、伙婚制、对偶婚制、父权婚制、专偶婚制[2]。恩格斯在《家庭、私有制和国家的起源》中评述了不同的婚制与多妻的关系。他认为，不同的婚制对应不同的时代。蒙昧期人类婚制以群婚为主，野蛮时期对应的是对偶婚，当社会步入文明阶段，则演变为专偶婚。群婚制及对偶婚制以多妻及奴役女性为特征，而专偶婚中则充斥着通奸、卖淫。[3]恩格斯看来，人类社会的婚姻形式主要经历了群婚、对偶婚、专偶婚三个阶段。群婚制与对偶婚制是文明不发达社会的产物，随着人类社会文明的螺旋式向上发展，出现了专偶婚这种形式，专偶婚在某种程度上

---

〔1〕 蔡晓红：《婚姻家庭与人的发展问题研究》，中国文史出版社 2007 年版，第 48 页。

〔2〕［美］摩尔根：《古代社会》，杨东莼、马雍、马巨译，中央编译出版社 2007 年版，第 271 页。

〔3〕“群婚制是与蒙昧时代相适应的，对偶婚制是与野蛮时代相适应的，以通奸和卖淫为补充的一夫一妻制是与文明时代相适应的。在野蛮时代高级阶段，在对偶婚制和一夫一妻制之间，插入了男子对女奴隶的统治和多妻制”。《马克思恩格斯选集》（第 4 卷），人民出版社 1995 年版，第 73 页。

就是一夫一妻制。在此基础上，恩格斯提出了古典的一夫一妻制与现代的一夫一妻制。前者强调婚姻是两个单身男女之间结成的一起共同生活的契约关系，“每一个人只能有一个婚姻伙伴，而不能有两个或多个，确定和改变婚姻伙伴必须通过某种形式的认可”〔1〕，但古典的一夫一妻制事实上是一夫多妾制，缔约的男女双方是不平等的。古典一夫一妻制立足于男尊女卑的社会基石之上，这样的婚制中，责任的承担者必然是女性而非男性——女子的一夫一妻制。〔2〕恩格斯眼里的现代一夫一妻制是真正意义上的一夫一妻制，在这样的婚姻制度下，一个人同时拥有两个或两个以上的配偶是法律所禁止，道德所不能容忍的。现代的一夫一妻制之所以能排除古典的一夫多妻制，成为现代人类社会的主流婚姻制度，其决定性优势在于这种婚姻制度建立在社会个体不分男女、人人平等的基础之上，它克服了一夫多妻制中男女不平等的家长制作风，家长制作风的负面影响是：“如果这种作风应用在整个社会中，将束缚人们的自由思想，让社会发展陷入停滞”〔3〕。根据调查数据显示，一夫一妻制较一夫多妻制更利于给社会带来积极效应。在一夫一妻制为主导的社会里，人们生活比较富裕、不易滋生腐败、刑事犯罪

---

〔1〕 江畅、周鸿雁：《幸福与优雅》，人民出版社2006年版，第274页。

〔2〕 “从一开始就具有了它的特殊的性质，使它成了只对妇女而不是对男子的一夫一妻制。”参见［德］恩格斯：《家庭、私有制和国家的起源》，中共中央马克思、恩格斯、列宁、斯大林著作编译局译，人民出版社1972年版，第73页。转引自蔡晓红：《婚姻家庭与人的发展问题研究》，中国文史出版社2007年版，第213页。

〔3〕 此为美国大法官莫里森·韦特（Morrison Waite）在撰写雷诺案裁决书时引用当时最受尊重的美国法律权威弗朗西斯·利伯（Francis Lieber）的话。转引自［美］斯坦利·库茨：“民主与一夫多妻制（上篇）”，吴万伟编译，载《社会学家茶座》2006年第3期，第71页。

率相对较低、死刑较少使用。[1]国家要兴旺发达持续发展，就必须实行一夫一妻制。[2]早在古希腊时期，柏拉图与亚里士多德就倡导一夫一妻的婚姻模式。当前，虽然一夫多“妻”（妾、情人）在个别社会中偶有存在[3]，但蕴含男女平等理念的一夫一妻制几经风雨，已经成为当今世界主流的婚姻模式。

（二）传统中国社会的主流婚制

传统中国社会的主流婚制，是一夫多妻制，一夫一妻制，还是一夫多妾制？学界普遍认为是妻妾有别的一夫一妻多妾制。传统中国的一夫一妻多妾制带有恩格斯所称的古典一夫一妻制的色彩，即以丈夫为中心的一夫一妻制。在这样的婚姻模式里，妻子必须保持对丈夫的绝对忠诚，而丈夫则不用承担这样的忠诚义务，男性在正式配偶之外还可以拥有多个妾或情人。无独有偶，在古希腊和古罗马，已经开始实行“一夫一妻制”。[4]在古希腊、古罗马社会，男性公民只允许拥有一个妻子，不许纳妾。但实际情况是，男性公民与自己的女奴发生性关系是法

---

〔1〕 爱德华多·波特认为：一夫一妻制社会人口稠密，较少腐败，较少使用死刑，而且比一夫多妻制社会富裕。参见［美］爱德华多·波特：“‘一夫多妻制’与‘一夫一妻制’”，赵德亮译，载《现代阅读》2012年第4期，第76页。

〔2〕 爱德华多·波特认为：民主大国要想生存下去，一夫多妻制必须被禁止。参见［美］爱德华多·波特：“‘一夫多妻制’与‘一夫一妻制’”，赵德亮译，载《现代阅读》2012年第4期，第76页。

〔3〕 2001年在埃及播放的连续剧《哈格·马特瓦里》讲述了一个穆斯林族长与他的四个妻子的故事；美国修正法案第5332条明确了一夫一妻制，规定重婚是违法行为：“在美国领土内，或者美国有排他的司法管辖权的其他地方，任何人如果尚有活着的妻子或丈夫，又与已婚或单身的第三人结婚的，即是犯有重婚罪，应被判500美元以下的罚金以及5年以下的监禁……”但在19世纪的大部分时间里，一夫一妻制遭到文化左派“自由恋爱者”们的质疑，也遭到文化右派摩门教徒的反对，维护一夫一妻制的雷诺裁定案屡屡被人以民主的名义加以抨击。参见［美］斯坦利·库茨：“民主与一夫多妻制（上篇）”，吴万伟编译，载《社会学家茶座》2006年第3期，第70页。

〔4〕 从公元前10世纪开始。

所许可的。[1]瞿同祖先生在《中国法律与中国社会》中论及传统中国社会的一夫多妾制时认为，国家法赋予了一个男子统领多名女性共同居住的权利，对于这一男性专权，伦理道德也是认可的。同时又对这些女性的身份进行了划分，明媒正娶的一名女子为配偶（正妻），其他女子都是侧室（妾）[2]。中国古代社会之所以盛行妻妾有别的一夫一妻多妾制，讲究身份性别等差的宗法制度“功”不可没。叶孝信就认为：“封建家族制源于宗法制度，而宗法最忌嫡庶无别，因为这会紊乱宗族。要使嫡庶有别，首先在于重妻妾的名分。由严格的宗法制度而终于确立了中国传统婚姻制度的最基本特点即一夫一妻多妾，从先秦开始一直未改变过。”[3]自周以来，男性可以蓄妾（或纳妾）数人[4]，但只能娶妻一位，就是天子也要严守一夫一妻之制，只能有一位皇后，其他的妃嫔皆为等级不同的妾。[5]理由是“并后匹敌，两政祸国。乱之本也”[6]。天子如此，士大夫庶民更不能例外，“一夫只应一妇，断无二妇并称为妻之理”[7]。

---

〔1〕［美］爱德华多·波特：“‘一夫多妻制’与‘一夫一妻制’”，赵德亮译，载《现代阅读》2012年第4期，第77页。

〔2〕“（中国传统）社会和法律承认一个男人和一群女人住在一个家庭共同生活的权利。但只承认其中的一人为其配偶（妻）。其余的人则为妾。只能说是一妻多妾制。”参见瞿同祖：《中国法律与中国社会》，中华书局2007年版，第143页。

〔3〕叶孝信：《中国民法史》，上海人民出版社1993年版，第77页。

〔4〕关于妾的数量，传统中国的历代法律体系中，晋律、唐律、明律中均有规定，而清律中则取消了数量的限制。

〔5〕《周礼》云：“王者立后，三夫人，九嫔，二十七世妇，八十一女御。”后代掖庭，除皇后外，又有美人，才人，八子，七子，婕妤，昭娥，昭仪，昭容，修容，修仪，贵妃，淑妃，德妃，贤妃等名目。各朝名色虽不同，但皆为妃嫔。

〔6〕《左传·桓公十八年·辛伯语》。

〔7〕瞿同祖：《瞿同祖法学论著集》（第2版），中国政法大学出版社2004年版，第155页。

蓄妾习俗由来已久，据考可以追溯至西周时期，刚开始，只有贵族阶级、大户人家才有经济实力纳妾，“在周朝初年讨小老婆只是地主贵族里的事”〔1〕。而春秋战国时期，纳妾之习开始风行。妾制在华夏大地盛行久矣，至少有两千多年的历史。在甲骨文中，“妾”字被形象化为“[illegible]”，抽象化的甲骨文“妾”意味着刑具枷锁下的女性。东汉时，刘熙将“妾”诠释为：“妾，接也，以贱见接幸也”。现代《汉语大辞典》将“妾”释为：“旧时男子在妻以外娶的女子”〔2〕。由“妾”字从古至今的释义演变来看，虽然传统礼法允许男性在正妻之外可以拥有数额不等的妾，在等级森严的宗法框架下，妻妾有别，泾渭分明。妻妾之别主要体现在以下方面：一是娶妻与纳妾的程序有别。古人娶妻必经父母之命、媒妁之言、三聘六礼，盖因妻者“妻者，齐也。与夫齐体。”〔3〕而纳妾方面的程序就松散得多了，不经结婚仪式，就可以缔结夫妾关系。传统礼法认为，由于这种关系缺乏婚姻成立的程序要件，故如《礼记》云“聘者贵，奔者贱”。二是妻妾身份有别。正妻凌驾于众妾之上。就妻妾而言，双方身份是不平等的，正妻有统领管理群妾之权，拥有对群妾的训诫、处罚、生死攫夺之权。当然也有例外发生，如受宠的小妾爬到了正妻头上，妻妾易位的情况虽然在中国古代社会时有发生，但于法于礼是不允许的。自秦汉迄，引礼入法、以法辅礼，礼制不许可的，国家法也禁止。因此，历代国家法

---

〔1〕 田家英：《中国妇女生活史话》，中国妇女出版社 1982 年版，第 57~66 页。

〔2〕 罗竹风主编：《汉语大辞典》（第 4 册），汉语大辞典出版社 1989 年版，第 2617 页。

〔3〕 《白虎通·嫁娶》。

都有禁止重婚的规定。[1]三是妻妾享有的具体权利不同。传统中国社会的妻子与丈夫的权利不对等，相较于明媒正娶的妻，妾的命运更悲惨，她们几乎没有权利可言。明媒正娶的妻拥有与之相匹配的身份权利，正式缔结婚姻关系后，妻子可以依附丈夫取得亲属身份，被视为家庭成员，可以上祭宗庙，下衍后代，妻家与夫家顺理成章形成姻亲关系，妻拥有对子女（包括庶子女）的教养权等。而一般情况下，妾是不被视为家庭成员的，“家长与妾之间的不平等较夫妻之间更甚”[2]。妾不能获得亲属身分，在家庭中的地位类似于仆妇，不仅要受老爷太太的奴役，在少爷小姐面前也要表现得谦逊卑微。传统社会强调妻妾有别下的一夫多妾制，在形式上可视为一夫一妻制，且为了防止妻妾易位，嫡庶乱序，礼与法对妻妾的身份地位加以了严格划分与规范。礼法规定妻妾有别的主要目的是为了维持宗法差等秩序不因妾而紊乱。蓄妾之风的盛行，从男女平权的角度来分析，不仅是妻受到了不公平的对待，作为妾也是悲惨的受害群体。在一夫一妻多妾婚制中，丈夫凌驾于妻子之上，妻子凌驾于小妾之上，妾处于家庭权力金字塔的最底端。她们通常被视为延续子嗣之工具、娱乐消遣之玩物、分担家事之奴仆，即要听命于夫，又要服从于妻，不管是身份地位、还是财产所有，甚至亲子抚养，几乎没有任何权利。妾处于传统中国社会男女有别、身份差等的宗法伦理纲常之最底层。妾制是“漠视男女平等、损害人性尊严、违反婚姻道德、紊乱善良风俗之不合

---

〔1〕“秦汉以后，用律辅礼，故礼制上所否认之妻妾易位，或尊妾为妻，历代各律每禁止之；其尤著者，则为重婚罪之制定是也。重婚云者，有配偶而于其关系存续期间中，与他人更为婚姻，或同时与二人以上者结婚之谓也。”参见陈顾远：《中国婚姻史》，商务印书馆 2014 年版，第 42 页。

〔2〕瞿同祖：《中国法律与中国社会》，中华书局 2007 年版，第 143 页。

理制度”[1]。纳妾（蓄妾）即违背了夫妻之间所负的忠贞义务，又是对女性权利（包括妻的权利与妾的权利）的蔑视，是传统礼法社会男权独大的典型体现。

二、民初妾制的“废”与“存”

（一）一夫一妻主义的兴起

一夫一妻多妾婚制在传统中国延续了几千年，丈夫在妻子之外拥有无数个妾为同居伴侣，在旧时中国人的眼里是习以为常的事，不足为怪。在传统宗法社会里，在夫的统领之下妻妾关系基本处于一种平衡的状态，妻妾和睦相处，享齐人之福获得社会的普遍认可。几乎没有人对这样的夫妻不平权、妻妾不平权、妾基本没有权的做法提出异议，即使是处在该不平等制度旋涡中心的女性——妻们与妾们，也少有提出抗议的。当然历史上也有极个别爱憎分明的正房夫人难忍与妾共事一夫，拒绝丈夫纳妾，她们也被贴上“善妒”的标签留名史册，如唐初名相房玄龄之妻卢夫人，就因宁死不许夫纳妾，成为“妒妇”的典范而“威名”远扬。在中国古代的婚姻制度中，“善妒”对妻子而言是个大罪名，丈夫是可以据此出妻的。随着辛亥革命的胜利，改朝换代，移风易俗，封建帝制被新政权取代，社会观念发生着翻天覆地的变化，与黎民百姓息息相关的婚姻制度不可避免地受到了影响，一夫一妻多妾的传统婚制开始受到质疑，仁人志士们[2]开始反思纳妾旧俗，一夫一妻主义

---

〔1〕 林秀雄：《婚姻家庭法之研究》，中国政法大学出版社2001年版，第341页。

〔2〕 以陈东原的说法是“清代对于女性之摧残，已经到了极度了，但也竟出了几个同情女性的人”，这几个人中的代表是“两个女性的同情论者”：李汝珍与俞正燮。参见陈东原：《中国妇女生活史》，商务印书馆2015年版，第191页。

开始萌兴。

传统中国纳妾现象盛行，但整个社会并非一致对妾制完全失声。在历史的长河里，偶有零星的反对纳妾的声音出现。唐时就有房玄龄夫人无畏死亡的威胁坚决反对丈夫纳妾，而至风雨欲满楼、旧制崩塌的清末社会，反对妾制之声呈起扬的态势。清代文人李汝珍在小说《镜花缘》（1815 年完稿）中就构想了一夫一妻、反对妾制的理想社会。[1]在第五十一回中，“妻管严”强盗头子欲纳妾，不仅被自己的压寨夫人抓起来大打板子，该强盗夫人还大表夫妻平等、纳男妾娶女妾的观点。作者李汝珍借强盗夫人之口宣扬了男女平权、反对纳妾的主张，这并非作者心血来潮之语，实际上也是对当时社会中涌动的冲破男尊女卑罗网暗潮的反应。[2]胡适认为《镜花缘》是“讨论妇女问题”之书，他对《镜花缘》的后续影响力作出了大胆的预测，“将来一定要在中国女权史上占一个很光荣的位置”[3]。

---

〔1〕《镜花缘》的男女平权、一夫一妻、反对妾制构想可分别见于第三十三回粉面郎缠足受困，长须女玩股垂情、第四十二回开女试太后颁恩诏，笃亲情佳人盼好音、第五十一回走穷途孝女绝粮，得生路仙姑献稻、第五十二回谈春秋胸罗锦绣，讲礼制口吐珠玑等。参见（清）李汝珍：《镜花缘》，岳麓书社 1989 年版，目录。

〔2〕妇人道：“既如此，为何一心只想讨妾？假如我要讨个男妾，日日把你冷淡，你可欢喜？你们作男子的，在贫贱时原也讲些伦常之道，一经转到富贵场中，就生出许多炎凉样子，把本来面目都忘了；不独疏亲慢友，种种骄傲，并将糟糠之情，也置度外。这真是强盗行为，已该碎尸万段！你还只想置妾，那里有个忠恕之道！我不打你别的，我只打你‘只知有己，不知有人’；把你打的骄傲全无，心中冒出一个‘忠恕’来，我才甘心！今日打过，嗣后我也不来管你。总而言之，你不讨妾则已，若要讨妾，必须替我先讨男妾，我才依哩。我这男妾，古人叫作‘面首’：面哩，取其貌美；首哩，取其发美。这个故典并非是我杜撰，自古就有了。”参见（清）李汝珍：《镜花缘（注释本）》，易仲伦注，崇文书局 2015 年版，第 194 页。

〔3〕胡适：《野蛮时代的悲悯与关爱：胡适论女权》，中国言实出版社 2014 年版，第 107~108 页。

与李汝珍同时代的学者余正燮[1]著《妒非女人恶德论》等文，引经据典陈述了纳妾弊端，倡导男女平权。首先，余正燮认为二女事一夫不利于家庭和睦。他引《易林》云："二妇同夫，志不相思；心怀不平，志常愁怨"[2]，《汉书·贡禹传》亦言："夫妇之道，言致一也"，"天地絪緼，万物化醇；男女构精，万物化生"[3]。其次，本着对女性的同情之心，余正燮认为妻子因妾生妒，乃人之常情，是"不得已的反抗"[4]。丈夫蓄妾而妻子却无动于衷，这是冷漠，冷漠将导致家庭解散。[5]《易》曰妒非但不是女子的恶德，妒而不忌，乃是品行高尚啊。[6]而后，余正燮引用前朝律典，认为纳妾不应滥觞，应该加以限制。如何刹住纳妾盛风？余正燮主张先从限制纳妾的数量着手。他大为赞同《明会典》中有条件的纳妾制度，据《明会典》"刑部律例"载：亲王可纳媵妾一次，数量是十人；世子郡王纳妾名额是四名，当二十五岁还没有儿子则可纳两名妾，三十岁还无子则可再纳两名妾；将军至三十岁无子，则可以纳两名妾，至三十五还无子则可以再纳一名妾；中尉至三十无子可纳一名妾，至三十五岁无子则可再纳一名妾；平民四十以上

---

〔1〕 俞正燮（1775—1840），清代学者、思想家，字理初，安徽黄山黟县人。《癸巳类稿》《癸巳存稿》为其代表作，其中的《节妇说》《妒非女人恶德论》等作品表达了对女性的同情、对男女不平权的批判。

〔2〕（清）余正燮："癸巳类稿"，载中华全国妇女联合会妇女运动历史研究室编：《中国近代妇女运动历史资料（1840—1918）》，中国妇女出版社1991年版，第7页。

〔3〕（清）余正燮："癸巳类稿"，载中华全国妇女联合会妇女运动历史研究室编：《中国近代妇女运动历史资料（1840—1918）》，中国妇女出版社1991年版，第8页。

〔4〕 陈东原：《中国妇女生活史》，商务印书馆2015年版，第192页。

〔5〕 "夫买妾而妻不妒，则是恝也，恝则家道坏矣。"参见蔡元培：《中国伦理学史》，北京联合出版公司2014年版，第99页。

〔6〕 "三人行则损一人，一人行则得其友。言致一也，是夫妇之道也。依经史正义言之，妒非女人恶德，妒而不忌，斯上德矣。"参见（清）俞正燮撰：《癸巳类稿》（二），涂小马等校点，辽宁教育出版社2001年版，第443页。

无子才可以纳妾一名。[1]

如此一来，“妇女无可妒，礼法之最善者也”[2]。俞正燮对女性的同情之心及男女平权主张对后世产生了深远的影响。蔡元培将俞正燮所著《癸巳类稿》及《癸巳存稿》列为其一生中受益最大的三本书之一，理由是“自《易经》时代以至于清儒朴学时代，都守着男尊女卑的成见，即偶有一二文人，稍稍为女子鸣不平，总也含有玩弄等的意味”[3]，但俞正燮氏笔下却对女性饱含着深深的同情，宣扬着男女平权的理想。蔡氏之“不纳妾”主张，想必也受俞氏“一夫一妻”主义的影响。周作人也对俞正燮勇于为妇女打抱不平大为赞赏，认为他尊重人权，能公平看待“一切事物”，对“两性问题常有超越前人的公论”。[4]当然，受封建礼法传统及时代背景的拘囿，俞正燮没有提出全面废除妾制的主张，但其提出的对蓄妾的约束之策，为一夫一妻主义在清末民初的萌生、兴起提供了助力。

（二）废妾之声高涨

1. 废妾思潮涌动。民初时期，相较于清末微弱的废妾之声，反对蓄妾、倡导一夫一妻制的呼声日益见涨。虽然在行进的过程中阻力重重，民初的废妾运动呈现出在曲折中奋勇前进的态

〔1〕“亲王妾媵十人，一次选；世子郡王妾媵四人，二十五岁无子具二人，有子即止，三十无子始具四人；将军三十无子具二人，三十五无子具三人；中尉三十无子娶一妾，三十五无子具二人；庶人四十以上无子者，许娶一妾。”参见（清）余正燮：《癸巳类稿》，载中华全国妇女联合会妇女运动历史研究室编：《中国近代妇女运动历史资料（1840—1918）》，中国妇女出版社1991年版，第8页。

〔2〕（清）余正燮：《癸巳类稿》，载中华全国妇女联合会妇女运动历史研究室编：《中国近代妇女运动历史资料（1840—1918）》，中国妇女出版社1991年版，第8页。

〔3〕蔡元培：《蔡元培自述》，中国言实出版社2015年版，第24页。

〔4〕（清）俞正燮撰：《俞正燮全集》（叁），于石、马君骅、诸伟奇校点，黄山书社2005年版，第223页。

势。在废妾运动行进过程中，倡导思想解放的五四运动与以反封建为主题的新文化运动发挥了重要作用。新文化运动与五四运动是民初废妾运动从犹豫不决到全面反对的分水岭。

犹豫不决时期，1912 年至 1915 年，即辛亥革命胜利后至新文化运动与五四运动发生前这个阶段。在此阶段，是否废除妾制？人们是“犹抱琵琶半遮面”，持犹犹豫豫的态度，毕竟蓄妾之风在中国存续了几千年，有其深厚的社会根基，要一举而废之，谈何容易，废妾之路注定是一个漫长而又艰辛的征程。

全面反对时期，至 1915 年起，随着新文化运动的开展，五四运动的爆发，人们发出了“礼教吃人”的呐喊。正所谓“一发不可牵，牵之动全身”，女权的种子开始播散到华夏大地的各个角落，婚姻家庭领域要求自由恋爱、婚姻自由、一夫一妻、男女平权、解放女性的呼声越演越烈。1921 年 12 月，中华女界联合会在《新青年》发文《改造宣言》鼓励女性们应该藉女权福音之西风，反抗男女尊卑有别的传统礼教的压制，积极争取女权。〔1〕因此，要彻底解决妇女问题，“一方面要合妇人全体的力量，去打破那男子专断的社会制度，一方面还要合世界无产阶级妇人的力量，去打破那男子专断的社会制度，一方面还要合世界无产阶级妇人的力量，去打破那有产阶级（包括男女）专断的社会制度”〔2〕。

随着新文化运动和五四运动的推进，民初废妾之声高涨，

---

〔1〕“最近这解放的福音吹到东方来，就是被阴阳尊卑的孔教压迫而失了精神上呼吸的中华女子，也得着一点新鲜空气，想抬起头来发出一点微声要求解放，这不能不说是我们人类可以乐观的地方。”参见陈独秀、李大钊、瞿秋白主编：《新青年》（第 9 卷），中国书店出版社 2011 年版，第 535 页。

〔2〕李大钊：“战后之妇人问题”，载《新青年》1919 年第 6 卷第 2 期，第 58 ~ 64 页。

对妾制弊端的批判之声此起彼伏。[1]1911年，杜亚泉认为废妾是“男女平权发达”之趋势所驱，蓄妾乃“社会之害”，社会之“毒素”：首先不利于家族和睦，“家族之中以蓄妾之故，害其平和，因而损失名誉，损失财产，损失生命”；其次不利于国家社稷，“尝试翻阅吾国四千年以来之历史风云扰扰，事变纷纷，若所谓宫廷之祸，宦官之祸、外戚之祸固无不因蓄妾而发生，即其他兴亡之迹，争战之端，若求其原因，穷其竟委殆无不胚胎于女祸者”。再次，蓄妾导致“男女分配不均”，不利于社会稳定，“男性者不得女性之调和，其性质易陷于躁妄与暴戾”。最后，蓄妾不利于子女养育，“导致子孙失其飞翔千里之翼，忘其作巢孵卵之能，而以刀俎之烹割为其生活中纵欲之代价”[2]。1919年，赵紫宸在《妾婢制度的因果和铲除的方法》一文中分析了妾婢制度的原因及妾制的恶果，作者将妾之恶果归结为“精神的消耗”“家庭的不睦”“德行的消耗”“生计的衰落”“子女所受的恶影响”五端[3]。1927年，王应培认为娶

〔1〕民初时期见诸报纸、杂志关涉废妾的文章主要有：杜亚泉：“论蓄妾”，载《东方杂志》1911年第4期，第15~19页；赵紫宸：“妾婢制度的因果和铲除的方法”，载《解放与改造》1919年第1卷第6期，第43~53页；天津妇女改良会报：“论纳妾之非理及其遗害无穷”，载《真光报》1911年第10卷第6期，第36~39页；单毓元：“中国禁止纳妾之方法”，载梅生编：《中国妇女问题讨论集》（第6册），新文化书社1923年版，第107页；曾祖衡：“革除婢妾制度”，载《妇女旬刊》1925年第186期，第1~3页；陈东原：“征文发表：中国婚姻制度与习尚之沿革及其相随的弊害”，载《国闻周报》1926年第3卷第32期，第14~18页；王应培：“一夫一妻制”，载《幻洲》1927年第1卷第10期，第466~469页；范皕诲：“提倡一夫一妻制与论娶妾之害”，载《妇女旬刊》1928年第270~272期，第12~13页；郁嶷：“妾制之研究”，载《法律评论（北京）》1928年第235~260期，第146~150页；易家钺：“中国的家庭问题·蓄妾问题”，载梅生编辑：《中国妇女问题讨论集》（第3册），蔡又培校订，新文化书社1929年版，第140~149页等。

〔2〕杜亚泉：“论蓄妾”，载《东方杂志》1911年第4期，第15~19页。

〔3〕赵紫宸：“妾婢制度的因果和铲除的方法”，载《解放与改造》1919年第6期，第47~48页。

妾有四害："第一有害于国家，因妾被西方人藐视"；"第二有害于社会，容易滋生社会问题"；"第三有害于家庭，不利于夫妻和睦，子女成长"；"第四有害于自身"。〔1〕1929年，易家钺在《中国的家庭问题·蓄妾问题》一文中指出，妾没有法律上的独立人格，通常受到非人的对待，因此，还不如将一妻多妾更换为一夫多妻，这样一来，至少在身分上，女子们是平等的了。〔2〕

积极响应废妾呼声的民初时人，不管是在男界还是女界，大有人在，但总体上以具有先见之明的男士为主力。清朝进士、留洋学生、民国教育总长、后来的北京大学校长蔡元培则是支持废妾，倡导一夫一妻主义的男界代表。秉持男女平权理念的蔡元培不仅在言论上支持废妾，还以身作则，公开发表的"不纳妾"征婚声明。蔡元培夫人去世后，登门做媒者络绎不绝，蔡公开发布择偶声明表示：①女方要能读书写字；②男方不蓄妾；③男方去世，女方不必守节可以再嫁；④离婚自由，如果感情不和，可以离婚。蔡元培在他的婚姻中，恪守了在择偶声明中的不娶妾诺言。除了以身作则之外，蔡元培还与唐绍仪、宋教仁等二十多名社会政商界精英创设"尚公德，尊人权，贵贱平等"的社会改良会。〔3〕该会章程中，"不置婢妾"，居需改良的社会恶习之榜首。同时，蔡元培又是"六不会"的成员，该会

〔1〕王应培："一夫一妻制"，载《幻洲》1927年第1卷第10期，第466~469页。

〔2〕"与其赞成一妻数妾制，不如赞成一夫数妻制。为什么呢？妻在名位上，还是平等的，还有人格的。只是有妾这件事，我始终不表赞成：因为妾在法律上没有人格，在社会上，有时直不齿于人类。"易家钺："中国的家庭问题·蓄妾问题"，载梅生编辑：《中国妇女问题讨论集》（第3册），蔡又培校订，新文化书社1929年版，第140页。

〔3〕蔡元培与唐绍仪、宋教仁等自上海乘"新铭轮"北上，在船上发起组织"社会改良会"，其宗旨在以人道主义及科学知识为标准，改良社会上种种恶习惯。参见蔡元培：《中国人的修养》，北京民主与建设出版社2015年版，第202页。

要求会员“不嫖、不赌、不娶妾、不吸烟、不饮酒、不食肉”。

2. 梁启超的困惑。民初时期的大部分知识分子群体是“废妾”运动的主力军，他们为废除妾制、男女平权奔走呼号，但在当时妾风盛行趋势影响下，时常面临道德上支持“废妾”与现实中“纳妾”的困惑。知识分子阶层领军人物梁启超也有同样的情感困局。梁启超是兴女学、禁缠足、主废妾的倡导者，但他也经历了婚内发生新恋情的困惑。1900 年，梁启超（时年 27 岁）讲学檀香山时邂逅华侨女子何蕙珍，该女爱慕梁氏，并主动求婚于梁，梁对何蕙珍也颇为欣赏，“尤善操西语，全檀埠男子无能及之者，学问见识甚好”，又“目光炯炯，绝一好女子也”。梁在给妻子的家书中详细描述了当时对何的爱慕之心，几乎不能入寐了。[1]最终，即使何蕙珍甘愿屈身为妾，梁氏还是打消了这样的念头。

3. 林语堂的同情与潘光旦的容忍。民初时期，社会主流观点倾向于废妾实行一夫一妻制，但“废妾”运动实际上却分为三派：第一派力主“废妾”；第二派主张“妾制犹存”；第三派是“容忍派”，主张从社会革新历程、女性权益保护方面，暂时容忍妾的存在。林语堂与潘光旦就属第三派。林语堂认为国人

〔1〕 梁启超在信中云：“我回寓所后，愈益思念蕙珍，由敬重之心，生出爱恋之念来，几于不能自持，明知待人家闺秀，不应起如是念头，然不能制也。酒阑人散，终夕不能成寐，心头小鹿，忽上忽落，自顾生平二十八年，未有如此可笑之事者。”“吾因蕙仙得谙习官话，遂以驰骋于全国；若更因蕙珍得谙习英语，将来驰骋于地球，岂非绝好之事。”但是，转念又考虑到自己的社会地位及承担的国家责任，“吾尝与同志创立一夫一妻世界会，今义不可背，余今日万里亡人，头颅声价，至值十万……况余今日为国事奔走天下，一言一动，皆为万国人所观瞻，今有此事，旁人岂能谅我”，“吾之此身，为众人所仰望，一举一动，报章登之，街巷传之，今日所为何来？君父在忧危，家国在患难，今为公事游历，而无端牵涉儿女之事，天下之人岂能谅我？我虽不自顾，岂能不顾新党全邦之声名耶。”参见董方奎：《梁启超家族百年纵横》，崇文书局 2012 年版，第 196 页。

娶妾主要是基于“子嗣延续”和“代替离婚”两个因素的考虑。[1]林认为，两性关系天生不平等，女性是天生的弱者。[2]特别是对缺乏独立性的中国妇女而言，离婚是致命的打击。[3]因此，从维护女权、保全家庭的角度看来，蓄妾不失为一种挽救婚姻的好办法。[4]而潘光旦在对民国20年代中国之家庭问题进行调查后，认为中国一夫多妾制历史根源深厚，要以断腕之势立刻废除妾制是不可行的，他也主张要暂时容忍妾制的存在。[5]

（三）蓄妾之风不减

当然，废妾的理想与现实尚有差距。民国初期，废妾之声高涨，但蓄妾之风不减。那么，民初时期妾的数量是多少呢？以1906年成立的南满铁道株式会社对广州妾数调查数据为参考，该调查涉及20世纪20年代左右广州河南区与老城区妾的数量的调查，调查数据显示[6]：

---

〔1〕“坚持以男性为中心的嗣续观念，亦为鼓励娶妾之一大主因。有些中国好妻子，倘值自已不能生产男孩子，真会自动要求丈夫纳妾”；“结婚和离婚为最困难的社会问题，至今犹无人能解决之，人类的智慧上还没有发明过完全解决的办法”。参见林语堂：《吾国与吾民》，江苏人民出版社2014年版，第142页。

〔2〕“即婚姻为妇女唯一之保障，无论何时，男子的道德倘有疏懈，受痛苦者，厥为女性，不论是离婚是娶妾是重婚或滥施恋爱。”参见林语堂：《吾国与吾民》，江苏人民出版社2014年版，第140页。

〔3〕“在中国妇女尚未具备有西方姐妹们之独立精神时，那些弃妇常为无限可怜的人物，失掉了社会地位，破碎了家庭。”参见林语堂：《吾国与吾民》，江苏人民出版社2014年版，第140页。

〔4〕“中国人把婚姻看作一个家庭的事物，倘若婚姻不顺利，他们准许娶妾，这至少可使家庭保全为一社会的单位。”参见林语堂：《吾国与吾民》，江苏人民出版社2014年版，第143页。

〔5〕潘光旦：《中国之家庭问题》，载李文海主编：《民国时期社会调查丛编》（一编·婚姻家庭卷），福建教育出版社2014年版，第229页。

〔6〕图表中数据来自：南满洲铁道株式会社东亚经济调查发行局刊发于《经济资料》1926年第3号的文章。

调查区域	家　数	同人口	妾的数量
河南区	3200	19 200	1070
老城区	每十家就有妾一人		
某调查员的调查	278	1698	260

据此，调查人员估计在广东地区，“有百万人口，妾应有55 000人”，“若按此比例推至全国，妾的数量就十分惊人了吧？”〔1〕虽然南满洲铁道株式会社在广州所作的妾数调查，调查范围仅仅涉及广州的两个城区，以此而推算广东乃至全国妾的数量，难免有以偏概全之嫌，但也揭露了当时妾普遍存在的社会现实，蓄妾之风气并没有因为西风的“搀扶”和国人的“自醒”而遏制，乃至到了民初后期还不时有人在感慨妾风之盛行。

1928年，范皕诲说：“然而方今一般新老军阀，一般高等政客，平日搜刮人民之脂膏，得以豪华富有，正在坐拥多丽，恣意淫乐，以致上行卜效，捷于影响，道路流传，某人得某官或某差，已经积资若干万，娶妾若干数的新闻，每每不绝于耳。”〔2〕1926年，欧阳畹兰说，纳妾在中国极为普遍，凡是稍富裕点的男性，必然蓄几名妾来彰显他的财富〔3〕。1928年，郁嶷认为，中国社会盛行的妾制，自秦汉延续到今，虽国家法偶加限制，但自清迄，一下子开了禁，人们争相以媵妾作为夸耀的资本、财富

〔1〕参见南满洲铁道株式会社东亚经济调查发行局刊发于《经济资料》1926年第3号的文章。

〔2〕范皕诲：“提倡一夫一妻制与论娶妾之害”，载《妇女旬刊》1928年第270～272期，第12～13页。

〔3〕“一夫多妻之在中国，真可以说盛行极了。……有钱的人家必得娶几个小老婆来显示显示他的富有。”参见畹兰：“征文发表：中国的婚姻习惯”，载《国闻周报》1926年第3卷第18期，第5页。

的象征。而到了民国，蓄妾之风更是持无忌惮，越演越烈。[1] 1928 年，王超然认为蓄妾之风是妇女解放运动的“恶魔”与“大障碍”有违于人道，有悖于男女平等原则。[2] 1932 年，李剑华认为助长中国男子“失婚”的原因，除了男多于女的客观因素之外，妾娼制度是一个重要影响因素，且民初政府的废除之举是不彻底的[3]。“民国十三年（1924 年）四月，北京政府有所谓蓄妾制限令的颁布，但不是废妾，只是限制妾罢了”[4]。当代学者程郁在《清至民国蓄妾习俗之变迁》一书中，认为近代中国妾的问题与当时的社会改良息息相关。[5]

纳妾之风盛行，那么，纳妾的理由是什么呢？当时纳妾的理由主要体现在繁衍子嗣、弥补不幸的婚姻、满足个人私欲三个

---

〔1〕“汉秦以来，妾制流行，遍尽闾阎。……明律虽有民年四十以上无子，方听纳妾，违者笞四十之限制，而清律则消除之，自是厥后，凡达官贵人，富商巨贾，无不以姬妾盈前，争相夸耀，讫于民国，斯风尤炽，此举世所共见。”参见郁嶷：“妾制之研究”，载《法律评论（北京）》1928 年第 235~260 期。

〔2〕“我们虽然呼喊了好久，在人道上，男女平等的原则上，文明各国的通例上，两性的生理上，情感上，男子绝对不应纳妾；可是环顾国内，纳妾的非但没有减少，而且似乎尚有增加之势。这种痛心的现象，实是妇女解放运动的大障碍，摧残人道的恶魔。”参见王超然：“妾的问题”，载《妇女杂志（上海）》1928 年第 14 卷第 3 期，第 2 页。

〔3〕“中国的妾与娼妓的数目，没有完备的统计可查，故其详细不可知。试就妾来说，中国的官僚、军阀、绅士及其他有产阶级，纳妾是最普遍的一件事。”参见李剑华：《由中国男多于女所发生的失婚问题及其影响的假设》，载中国社会学社编：《中国人口问题》，世界书局 1932 年版，第 254~255 页。

〔4〕参见李剑华：《由中国男多于女所发生的失婚问题及其影响的假设》，载中国社会学社编：《中国人口问题》，世界书局 1932 年版，第 254~255 页。

〔5〕程郁认为：“近代以来，中国社会的改良每一步都异常艰难，与此相应，家庭婚姻关系中腐朽的旧习俗也难以革除，同时先进分子不断导入越来越激进的新主张，在激变的二十世纪前期，反对传统大家族的议论不久便被‘家庭消灭论’所压倒，‘自由恋爱论’很快便被绝对的‘性解放论’所替代。”在这个艰难的过渡时期，“中国的婚姻关系呈现出矛盾混合的状态。在封闭的农村，乡民还对妻子的通奸施以残酷的私刑；而在开放的大都市，一般民众已容忍男女青年的同居，在这样的背景下，蓄妾制得以延续，直到二十世纪五十年代方才严禁。”参见程郁：《清至民国蓄妾习俗之变迁》，上海古籍出版社 2006 年版，第 290 页。

方面：

1. 繁衍子嗣。此纳妾理由立足于国人传统的伦理观，孟子所曰“不孝有三，无后为大，虽县宦腾达，名扬青史，苟嗣续厥然，使祖宗之宗祀，由我而斩，无不为大戚”。有时人在分析娶妾者的心理时认为“求子嗣，此昊于无后不孝及老而无养之说也”[1]。没有子嗣的难题虽然可以通过立嗣来解决，但嗣子终究比不过亲生子在血缘上、情感上来得亲近，所以人们更愿意选择纳妾的方式来解决无子的难题。“艰于子嗣”，是“不妨置妾”的头号理由，即使随着医学的昌达，没有子嗣（一般而言指没有生育男孩）不是妻子单方面的过错已成共识，但“求子”仍旧是丈夫们冠冕堂皇、更符合传统宗法伦理纲常的纳妾理由。传统中国社会，因“无子”而纳妾的丈夫们通常不会受到社会道义的谴责，来自妻方的“拒妾”阻力也小得多。当然，也有时人认为当时以无子为由而娶妾，是对孟子“无后不孝”之言的误解，“孟子之言为不娶妻而无后者”，而非“娶妻而无后者”。[2]

2. 弥补不幸的婚姻。民初时期，婚恋观念日益开放，青年们开始尝试着拒绝“父母之命，媒妁之言”，追求以爱情为基石的自由恋爱。当时的青年们对爱情有着无比的憧憬与向往，“他们称自由恋爱是男女互相爱悦的一种天真烂漫，最真、最善、最美的感情”[3]，开始争取在婚姻问题上的自主权。虽然有人已经开始以实际行动抗争之，但是，在这个新旧过渡时期，旧

〔1〕 郁嶷：“妾制之研究”，载《法律评论（北京）》1928年第235~260期。

〔2〕 仪圣：“论今日娶妾者之心理及所以禁之之道”，载《妇女杂志（上海）》1919年第7期，第6~8页。

〔3〕 余华林：《女性的“重塑”——民国城市妇女婚姻问题研究》，商务印书馆2009年版，第20页。

式包办婚姻比比皆是，即使一些先进青年（如胡适、鲁迅）的婚姻也难逃父母之包办。旧式包办婚姻的恶果之一就是导致妾风盛行，“当兹过渡时代，婚姻多不美满者，此等人离婚既不便，重婚又不可，宜许其置妾”〔1〕。1923年，《妇女杂志（上海）》刊登了两位读者的来信。一位名为李希龙的读者来信倾诉他友人的不幸婚姻：“我有一友人和他的已婚妻（父母主婚的）感情十分不好，但是处于旧礼教的家庭，没有别的，只好受着痛苦罢了。到了后来他考入中学校，不知不觉就和第三人她，彼此往来，发生恋爱；可是费尽许多手续，终不能把没有爱情的她实行离异（父母不允），和有恋爱的她正式结婚，因此他对于这个问题常是悲观”。另一位名为袁懋君的读者来信倾诉的是自己的不幸婚姻：“我是已经娶了妻子的人了，在理我是不能再和别的女郎发生恋爱，可是我那个妻子，那是我的祖父给我娶的，现在已经好多年了，一则当然是买卖式的婚姻，和我不发生真实的恋爱，我和那K女士是由朋友渐渐地到了love的地步，现在她和我又有了婚姻的约，我若是把伊娶了来，我犯了重婚的罪，我若是把家中的前妻休了，我那家中的人都说我的妻很会办事，所以我有点解决不下，要请先生费心代我解决咧！”〔2〕李希龙与袁懋君两位已婚男性表达的是对旧式包办婚姻的苦楚与对新的恋情的向往，据当时法律规定“不得重婚”，原配夫人又不能离异，“第三人她”或“K女士”有沦为

〔1〕 潘光旦：《中国之家庭问题》，载李文海主编：《民国时期社会调查丛编》（一编·婚姻家庭卷），福建教育出版社2014年版，第372页。

〔2〕 李希龙、袁懋君、章锡琛：“关于重婚问题的两封信”，载《妇女杂志（上海）》1923年第9卷第12期，第110~111页。

"新式的妾"的风险。[1]

3. 满足个人私欲。以私欲而纳妾，民初时人论述较多。潘光旦认为，妾制与男性的私欲有关，妾制有利于遏制卖淫，他甚至主张既然妾有利于调节人们的生活，就顺其自然吧。[2]一篇题为《论今日娶妾者之心理及所以禁之之道》的文章认为："求纵欲。此说至谬。破女子之人格，继一己之淫欲，真是万恶之首，无可再言，即为求乐，计亦未得纳妾之苦，不堪言状，彼惟中于一时之欲，未深思耳。"[3]孟子曰："食色性也，男女性欲，本于天然，虽圣贤豪杰，不能以独异，故宣尼删诗，不去郑卫，陶潜幽居，乃赋闻情，以苏武之节烈，而钟情胡女，以项羽之英勇，而流连虞姬，后世学者，如宋儒盛倡窒欲之说，英人马查士力主伦理限制之义，而终不奏效者，其故可观矣"；"女子以色衰而宠驰，男子非别置妻妾，乃不足以畅其性欲矣。吾国人之纳妾者，类在中年以后，其明微也"。[4]纵观民初士农工商各个社会阶层，虽然国家法已经确立一夫一妻的婚姻形式，但从军阀官僚到巨富商贾再到城乡平民，纳妾是非常普遍的。部分军阀官僚妻妾数统计如下表所示：[5]

---

[1] 新式女性与有妇之夫发生恋爱，可是男子方面却由于种种束缚不能与原配离婚，新式女子只好不计名分甘愿与之同居，从而"制造成不少新式的妾"。参见余华林：《女性的"重塑"——民国城市妇女婚姻问题研究》，商务印书馆2009年版，第361页。

[2] "或谓男性本多妻，且有妾制之社会，卖淫之风不若无妾制者之甚；妾制既有调节生活之效用，宜任其自然"。参见潘光旦：《中国之家庭问题》，载李文海主编：《民国时期社会调查丛编》（一编·婚姻家庭卷），福建教育出版社2014年版，第372页。

[3] 仪圣："论今日娶妾者之心理及所以禁之之道"，载《妇女杂志（上海）》1919年第7期，第6页。

[4] 郁嶷："妾制之研究"，载《法律评论（北京）》1928年第235~260期，第149~150页。

[5] 表中数据主要来自程郁著作《清至民国蓄妾习俗之变迁》一书。参见程郁：《清至民国蓄妾习俗之变迁》，上海古籍出版社2006年版，第313页。

军阀官僚	妻妾数
袁世凯	妻妾九人
张作霖[1]	妻妾六人
张宗昌[2]	二十三房妾
曹　锟	妾三名以上
张　勋	妾三名以上
黎元洪	一妻二妾
徐世昌	一妻二妾
曹汝霖	妾二名
杨　森[3]	妻妾十二位

三、民初妾身份之法律塑造

（一）由"积极"到"消极"的立法变迁

民国初期，在"废妾"呼声日益高涨与"蓄妾"世风固存的双重夹击之下，法律制度对妾的问题作出了什么样的反馈？立法者在拟定这些涉及妾的法律文件时又秉承什么样的立法理念？当面对"废妾"与"蓄妾"的冲突时，司法实践又是如何进行调和的？要回答上述问题，就有必要追溯关涉妾的法律制

〔1〕张作霖对此的解释是："他们又说我有许多姨太太。我那里肯自己去娶这些姨太太？这都是那些臭官僚政客送给我，不收又不好意思。"竹楼主人：《近代名人轶闻》，北平新新印书局1935年版，第1050页。

〔2〕张宗昌人称"三不知"将军："不知钱有多少，军队有多少，老婆有多少"。据苏全有在"军阀张宗昌妻妾知多少"（载《文史精华》2002年第1期）一文统计，张氏一共有23房妾。

〔3〕杨森纳妾的理由是："我是一个爱前进的人，我也要找一个爱前进的伴侣。"参见陶春芳等编：《黑色家族的覆灭》，珠海出版社1995年版，第30~32页。

度的演变历程及其演变特征。[1]

清以前的历代法律几乎都有涉及妾的明确的规定，涉及妾的社会关系已经纳入了中国古代法律体系的调整范围，妾制在中国传统社会具备合法存在的法律依据。仅关于男子纳妾的数量一项，自晋律迄至明会典均有明文规定。如《九朝律令·晋律考》规定了王公贵族及各级官员的纳妾数量。[2]至唐，还对各种类型的妾作了三六九等的划分，如皇太子的妾，据《唐六典》卷二记载，等级分类如下："良娣等级的妾为二人，地位等同于三品官；良媛等级的妾为六人，地位等同于四品官；承徽等级的妾为十人，地位等同于五品官；昭训等级的妾为十六人，地位等同于六品官。"《明会典》规定："亲王妾止于十人，郡王妾止于四人，将军妾三人，中尉妾二人。"[3]虽明律同时又规定了纳妾的年龄限制："民年四十以上无子者，方听娶妾，违者笞四十"，"但此等法律，多成具文"。[4]

由晋至清，上千年的历史长河中，法律层面对妾制予以明确的认定，"明示认可"是传统中国法对妾的立法态度，到了民初时期，关涉妾的立法状况发生了什么样的变化呢？以下将追寻民初民事立法活动的运动轨迹分析当时关于妾的立法状况。

---

〔1〕 当代学者不乏关于民国时期涉及妾的法律制度的研究，主要有：程郁在其著作《清至民国蓄妾习俗之变迁》中讨论了民国时期妾在法律上的身份地位及其变迁；余华林在其著作《女性的"重塑"——民国城市妇女婚姻问题研究》中讨论了一夫一妻主义下对民国时期的涉妾法律条文与判例；朱颖在其博士学位论文中讨论了民国时期的妾问题及立法争议；汪雄涛通过考察大理院解释例，讨论了民初时期妾的身份、妾的转正、重婚三个关涉妾的法律问题；中国台湾地区学者梁弘孟以财产关系为中心讨论了大理院判解中妾的身份与地位。

〔2〕《九朝律令·晋律考》载："第一、第二品有四妾，第三、第四品有三妾，第五、第六品有二妾，第七、第八品有一妾"，"诸王置妾八人，郡公、侯妾六人"。

〔3〕 刘发岑：《人类婚姻史概论》，巴蜀书社2010年版，第183页。

〔4〕 吕思勉：《中国通史》（上），北京理工大学出版社2016年版，第23页。

在本书第三章中已经讨论了民初时期，解决离婚冲突的法源选择问题：几经讨论，由临时参议院一锤定音，剔除前清《大清现行刑律》中与“民主国体抵触”的部分，其他皆适用前清现行律的规定。源自《大清现行刑律》[1]的《现行律》“民事有效部分”传承了帝制时期旧法体系的特色，对妾的规定也延续了“明示认可”的态度，关于妾的规定见诸“妻妾失序”[2]“服制图”[3]“娶亲属妻妾条”“娶部民妇女为妻妾条”“纵容妻妾犯奸条”“妻妾殴夫条”等条款中。[4]

清末民初进行了频繁的民律修订活动并形成了三个《民律草案》[5]。在《大清民律草案》中，一改以往的明文规定妾制的立法态度，首次消极地对待妾的问题，法律条文不再直接明文规定妾的合法性，只是在《亲属法》第四章“亲子”中有涉及妾生子女的规定：①亲权；②嫡子；③庶子；④嗣子；⑤私生子。[6]为何 1911 年的《大清民律草案》对妾制的态度由传统的“积极确认”转向“消极回避”呢？究其原因还在于西学东渐下的“中学为体，西学为用”的影响。按当时立法活动参与者的解释，如此修律的原因在于：婚姻家庭亲属涉及人情世故

[1] 1910 年颁行。

[2] 《现行律》“民事有效部分”规定妻妾身份不可乱：“凡以妻为妾者，处十等罚。妻在，以妾为妻者，处九等罚，并改正。若有妻更娶妻者，亦处九等罚。”

[3] 在“服制图”里规定：“妾为家长族服之图”。

[4] 参见谢振民编著：《中华民国立法史》（上册），张知本校订，中国政法大学出版社 2000 年版，第 743 页。

[5] 通常认为清末修订法律馆编订《大清民律草案》五编是民律第一次草案；由法典编纂会、法律编查会、修订法律馆继续编订的《民律亲属编草案》和《民国民律草案》为民律第二次草案；南京国民政府法制局纂拟的《亲属法草案》《继承法草案》是民律第三次草案。参见谢振民编著：《中华民国立法史》（下册），张知本效订，中国政法大学出版社 2000 年版，第 740 页。

[6] 谢振民编著：《中华民国立法史》（下册），张知本校订，中国政法大学出版社 2000 年版，第 746 页。

的法律规范，承载了中国几千年的风俗习惯，想要全盘推翻完全强行运用西方的法理予以重新修订，必然是削足适履反而起不到预期的效果。规范这一类社会关系不易操之过急，只要不与宪法相抵触，则可或适用儒家经典，或适用道德伦理，或适用现有法规加以调整。[1]因此，对纳妾惯习而言，虽然不明言之，但以“非妻”代替妾的称谓，并对妾所生“庶子”的身份在亲属法中做了规定，正妻之外的妾生育的子女为庶子女，而嫡庶有别一直为传统礼法所确认。[2]

1914年（民国三年）至1926年（民国十五年）期间，以1911年修订完成的《大清民律草案》为范本，当局设立法律编查委员会、修订法律馆分别主持了两次民律草案编撰活动，先后形成《民律亲属编草案》和《民国民律草案》，1915年形成的《民律亲属编草案》“实际上是《大清民律草案》的再版，其章目大致与大清民律亲属法草案相同，只是删去了极少数民国绝对不能用的条文”[3]。两次民律草案编撰活动秉承了《大清民律草案》的立法理念，在法律条文的表述上回避了“妾”的文字表述而以“非妻”代替，在一定程度上体现了民初时期男女平权思想在婚姻领域的积极影响，但是这样的影响是微弱的。

---

〔1〕“人情（事）法缘于民情风俗而生，自不能强行规抚，致贻削趾就履之诮。是编凡亲属、婚姻、继承等事，除与立宪相背，酌量变通外，或取诸现行法制，或本诸经议，或参诸道德，或取诸现行法制，务期整饬风纪，以维持数千年民彝于不敝。”参见杨鸿烈：《中国法律发达史》，中国政法大学出版社2009年版，第506页。

〔2〕“本律以非妻所出之子为庶子，即所谓妾出是也。外国一夫只有一妻，于正妻外既无所谓妾媵，则于嫡子外亦无所谓庶子。故泰西各国只有嫡子、私生子之分，吾国社会习惯于正妻外置妾者尚多，故亲属中不得不有嫡子、庶子之别。”参见怀效锋主编：《清末法制变革史料》（上卷·宪法、行政法、诉讼法编），李俊等点校，中国政法大学出版社2010年版，第760页。

〔3〕朱颖：“民国时期妾的法律地位研究”，华东政法大学2014年博士学位论文，第88页。

面对当时蓄妾之风不减，特别是军阀显贵群体中妾风颇盛的社会现实，一方面为了避免法律制度一举废除妾制给根深蒂固的婚俗习惯带来过于猛烈的冲击而引发严峻的社会问题；另一方面为了维护军阀显贵阶层的利益，国家法为妾制余留了一些存在空间："还保留着这个制度，这明明是替一般有权有势的人留地步"[1]。在具体的司法实践中，则避开法律条文而以《暂行新刑律补充条例》（1914年）、大理院判解等形式对涉妾问题作了规定与说明。如关于妾的身份，大理院民国七年（1918年）上字第922号判决例云："妾为家属之一员，应于其他家属受相当之待遇"[2]。关于妾与家长间名分之成立应具备什么要件？大理院民国七年（1918年）上字第186号判决例[3]谓：妾名分的取得，一方面，需要家长作出认可该女子为正妻之外配偶的明确意思表示；另一方面，该女子母家有愿意其为人妾的明确表示。如果仅仅是男女同居关系，则难以确定是否取得妾的名分。

虽然人们意识到纳妾惯习"违反社会正义及家庭和睦"，非但国民党"党义"且"现代思潮，对于妾之制度，均认为应予以废除"。[4]迫于男女平权、尊重女权的压力，北洋政府不得不

---

〔1〕周大年："畸形婚姻下的妾制（附表）"，载《妇女杂志（上海）》1930年第16卷第3期。

〔2〕郭卫编：《大理院判决例全书》，吴宏耀、郭恒、李娜点校，中国政法大学出版社2013年版，第385页。

〔3〕"在现行律并无规定明文。依据条理正当解释，须其家长有认该女为自己正妻以外之配偶而列为家属之意思。而妾之方面则须有入其家长之家，为次于正妻地位之眷属之合意，始得认该女为其家长法律上之妾。若仅男女有暧昧同居之关系，自难认定其有家长与妾之名分。"参见郭卫编：《大理院判决例全书》，吴宏耀、郭恒、李娜点校，中国政法大学出版社2013年版，第385页。

〔4〕高维濬："党治下纳妾之处罚问题"，载《法律评论（北京）》1929年第6卷第45期，第7~8页。

响应社会进步革新的呼唤，出台一些限制“纳妾”的条文、条例，以彰显新生政权也是与时俱进的，然而这些条文与条例系“新瓶装旧酒”，与旧法统的妾制规定一脉传承，并没起到多大的禁妾、废妾效果，反而被时人讥笑为“国家在另辟财源”。〔1〕民初时期立法层面对于妾的问题持回避放任的状态一直延续到南京国民政府时期的立法活动中。1930 年，南京国民政府中央政治会议在讨论民法亲属编的立法意见时，对于妾之问题，直接表态“妾之问题毋庸规定”，理由是“妾之制度亟应废止，虽事实上尚有存在者，而法律上不容承认其存在，其地位如何毋庸以法典及单行法特为规定”。〔2〕时人施毓贞评价民国十九年（1930 年）公布的《民法亲属编》在涉及妾的问题时“不予规定”的做法将导致蓄妾之风盛而不衰：国家法对于侮辱女子尊严的妾制并未明令禁止，不禁止意味着听之任之。既然法不禁止，蓄妾者也毫无忌惮，则社会上蓄妾之风盛行。〔3〕有人还认为这是在为蓄妾大开方便之门：“然亦无明文禁止，一取放任态

〔1〕 北洋政府限制纳妾条文规定的纳妾条件为：①妻因病难以生育而经专门医士鉴定属实者；②妻年逾四十而无子者；③妻与夫别居二十年而无同居之意者；④依新法第 62 条兼祧他房者。参见程郁：“民国时期妾的法律地位及其变迁”，载《史林》2002 年第 2 期。而后，1928 年，南京国民政府司法部也颁布了《限制置妾通令》，内容与前者大同小异：①本妻过 40 岁而不分娩者许可置妾；②蓄妾必得父母之许可及本人之同意；③蓄妾需得报告官厅许可；④违反以上规定科以 20 元以上 500 元以下之罚金；⑤老年密买少女为妾者处二等有期徒刑或 6000 元之罚金。参见胡长清：“读南京司法部限制置妾通令”，载《法律评论（北京）》1928 年第 235~260 期。

〔2〕 转引自林秀雄：《婚姻家庭法之研究》，中国政法大学出版社 2001 年版，第 342 页。

〔3〕 “……但于极不平等与极其侮辱女子人格之娶妾问题，并无明文禁止，法无明文禁止，即法律放任之行为也。方今世风不古，道德沦亡，法所严禁者犹且故犯，不禁者更何所忌惮耶？”参见施毓贞：“修改刑法声中之一点贡献”，载《妇女共鸣》1932 年第 1 卷第 7~8 期。

度。是以表面法律上虽无妾之地位，而实际上妾之形成仍极便利。”〔1〕1937年，沙千里在谈及妾的立法问题时认为，立法层面不准蓄妾，而司法实践中又以判解的形式确认妾的法律地位，这种立法理念与司法实践相背离的做法可能会酿成社会的不良之果。〔2〕

（二）由依附关系到契约关系的身份改造

民初时期的夫妾关系由从身份依附关系变迁为无名契约关系。在传统中国社会，较之明媒正娶的妻，妾与夫（家长）的结合方式松散、随意，妾与夫之间形成了一种婚姻之外的特殊两性关系。有学者认为这种关系是同居关系：“一个妇女和一个男子同居”的关系。〔3〕有学者认为是婚姻性质关系：“在法律上，妾与丈夫的结合是带有永久意向的”，因此这种关系是“作为一种永久的且具有婚姻性质的关系（matrimonial relationship）”。〔4〕还有学者认为是副次婚姻关系：“媵、妾的地位，虽比妻为低，仍系合法配偶，即是副次的婚姻关系”〔5〕。我国台湾地区学者林秀雄则认为妾与家长之间是相奸关系。〔6〕不管是同居关系、类婚姻关系、副次婚姻关系还是相奸关系，在清及以前的传统中国社会，夫妾之间因非婚姻的同居关系构成妾对夫强烈的人身依附关系是毋庸置疑的。在夫妾关系中，男权

---

〔1〕记者：“司法界解释法律之疑点”，载《妇女共鸣》1932年第1卷第10期。

〔2〕沙千里：《法律讲话——婚姻·子女·继承》，生活书店1937年版，第121、129页。

〔3〕Chiu V. Y.，“Marriage Laws and Customs of China”，*Inst. of Advanced Chinese Studies and Research*，New Asia College，The Chinese University of Hong Kong，1966，p. 32.

〔4〕转引自苏亦工：《中法西用：中国传统法律及习惯在香港》，社会科学文献出版社2007年版，第184页。

〔5〕戴炎辉：《中国法制史》，三民书局1979年版，第221页。

〔6〕林秀雄：《家族法论集》（三），汉兴书局有限公司1994年版，第223页。

的威力发挥到了极致，“妾则微且贱矣，夫爱则留之，恶则遣之，无关轻重”[1]。

从立法层面看，民初时期的夫妾关系突破了身份依附的限制，被国家法塑造为无名契约关系。随着男女平权理念、一夫一妻主义在民初中国的广为传播，涉及妾制的立法理念悄然发生了变化，人们逐渐意识到妾制与人人平等、男女平权思想格格不入，是践踏女权的流弊，清末修订的《大清民律草案》尝试在法律条文中回避妾的相关问题，民初的立法者们也在数次民律草案的起草修订中对妾继续持消极的态度。然而，虽然法律条文拒绝明文调整与妾相关的社会关系，当时的社会现实却是大量的妾依然存在。此时，大理院的判解就担当了弥补法律空缺、缓和法律制度与社会需求冲突的重任。在民初的司法实践中，大理院的推事们运用判解的形式融入先进的法律理念来调整社会冲突，以图在通过接引西制融通中习的模式来解决社会纠纷。就夫妾关系问题，既然法律制度含糊不定，那就通过大理院的判解来做明确的指引。关于夫妾之间是身份关系还是契约关系，大理院通过民国五年（1916年）上字第840号判决例给予了明确的答复。大理院判定夫妾关系是基于男女同居而形成的一种有别于婚姻的合法无名契约关系。[2]随后，民国六年（1917年）上字第852号判决例也肯定了“妾之身分，系由契约而生”。民国八年（1919年）上字第106号判决例进一步

---

〔1〕（清）沈之奇撰：《大清律辑注》，怀效锋、李俊点校，法律出版社2000年版，第757页。

〔2〕“家长与妾之关系与夫妻关系不同，此种关系虽亦发生于一种契约，而其性质及效力既与婚姻有别，则关于此种契约之解除，自不能适用离婚之规定，应认为无论何时，如该家长或该女有不得已之事由发生，即可解除契约。”参见郭卫编：《大理院判决例全书》，吴宏耀、郭恒、李娜点校，中国政法大学出版社2013年版，第384页。

阐释了夫妾契约是一种无名契约："纳妾之契约，实为无名契约之一种，其目的专在发生妾之身分关系"[1]。将夫妾关系由身份关系定性为契约关系，意味着"妾之地位，就随着古代法到近代法之进化，而出现'由身份到契约'之变化"[2]。在法律层面，将人身依附关系改造为契约关系，虽然不能完全保障妾权，但相对于从前几乎"零权利"的状况，至少开始将妾作为独立的民事主体对待，也意味男女平权在民初中国迈出了一大步。

四、大理院夫妾脱离判决例与解释例

（一）大理院夫妾脱离判解

清末民初的法律开始拒绝在文本中书写妾的权益以彰显立法层面摒弃旧习而与时俱进，但事实上，当时社会上大量的女性还充当着妾，对与妾相关联的各种社会关系，在司法实践中该如何调整？调整的依据是什么？特别是关涉夫妾脱离的情况，是参照夫妻离婚的范例进行裁决，还是另辟蹊径加以处理？民初大理院关于妾的判决例与解释例发挥了"造法""释法"功能，解决了涉妾法律缺失的问题。通过梳理获得大理院关于妾婚姻问题的判决例十个，解释例五个，这些判决例与解释例主要分为两类：一是对妾的身份的认定；二是对夫妾脱离方式、理由的解释。关于大理院判解对妾之身份的认定在前文中已做阐述，下文中将以大理院的判例为中心，兼顾解释例，探讨民初夫妾脱离的方式、理由，以观察其间性别差等对待的变迁，男女平权的发展势态。

---

〔1〕 郭卫编：《大理院判决例全书》，吴宏耀、郭恒、李娜点校，中国政法大学出版社2013年版，第386页。

〔2〕 林秀雄：《婚姻家庭法之研究》，中国政法大学出版社2001年版，第342页。

1. 十个判决例。

1	民国四年（1915年）上字第378号	“尊长殴伤卑幼及抑勒子孙之妇妾与人通奸者，须本夫知情参与始得离异”
2	民国五年（1916年）上字第840号	“家长与妾解除契约，不适用离婚之规定”
3	民国五年（1916年）上字第1167号	“有妻更娶先经通知者，后娶之人为妾，不得离异”
4	民国六年（1917年）上字第852号	“妾之身分，系由契约而生”
5	民国七年（1918年）上字第132号	“妾与家长准用协议离异”
6	民国七年（1918年）上字第186号	“仅有暧昧同居之关系，尚难认为法律上之妾”
7	民国七年（1918年）上字第1372号	“妾有犯奸情事，其家长等得断绝关系”
8	民国七年（1918年）上字第106号	“纳妾之妾约，实为无名契约之一种”
9	民国八年（1919年）上字第177号	“兼祧后娶之妻，法律上应认为妾”
10	民国十二年（1923年）上字第1170号	“后娶之妻订婚时明知夫有妻者，在法律上仅为妾，不得以‘有妻更娶’离异”

2. 五个解释例。

1	民国二年（1913年）统字第42号	“兼祧双配所娶均在《新刑律》施行前时不为罪。若在《新刑律》施行后娶者，以重婚论。至妻亡有妾，现仍娶妻者，不得以重婚论”
2	民国五年（1916年）统字第428号	“兼祧后娶之妻，应认为妾，已久著为判例矣”
3	民国八年（1919年）统字第939号	“兼祧后娶之妻，得本于后妻之意思，认其为妾”
4	民国九年（1920年）统字第1188号	“兼祧既不能重为婚姻”
5	民国九年（1920年）统字第1298号	“家长与妾之关系，不适用夫妻离异之规定。妾受妻虐待，自可认定其家长与妾之关系，业已解除”

注：表中判解源自郭卫编：《大理院判决例全书》，吴宏耀、郭恒、李娜点校，中国政法大学出版社2013年版；郭卫编著：《民国大理院解释例全文》，吴宏耀、郭恒点校，中国政法大学出版社2014年版。

（二）脱离夫妾契约的方式

民初时期，夫妾关系经历了“由身份到契约”的变迁，妾与家长之间的关系被界定为是一种区别于婚姻关系的契约关系，这里涉及几个问题：如果夫妾要解除这种契约关系，应该采取什么样的方式呢？夫妻离婚的法定方式是否也可以适用于解除夫妾契约关系呢？关于民初时期夫妾脱离关系的法定方式，由于法律条文的回避，依然得从大理院的判例中去寻找答案。

大理院民国五年（1916年）上字第840号判例明确主张夫妾脱离关系不适用夫妻离婚的法律规定。其理由在于：家长与妾的关系，不同于家长与正妻之间的夫妻关系，而是一种契约关系。这种契约关系不是婚姻关系，不具有婚姻的性质及法律效力。因此，家长与妾之契约关系的解除，无须适用离婚的法律规定，只要有“不得已”的事由，家长及妾均有权提出解除夫妾关系。[1]大理院判例中否定了夫妾之间的关系为夫妻关系，夫妾有别于夫妻，因此不能适用夫妻离婚的法律规定，但妾与家长可以通过自愿协商的方式解除这种契约关系，即协议离婚的方式可适用于夫妾脱离。同时大理院民国七年（1918 年）上字第 132 号判例又认定了夫妾脱离中，要尊重双方当事人的意见，他人不得擅自做主。[2]解除同居协议的意思表示应当是由妾与家长自身作出的真实、明确的意思表示，意即他人不能越俎代庖且表示时不能含含糊糊、模棱两可。通过考察相关的司法案例，发现“真实、明确的意思表示”是大理院判决妾与家长脱离关系的重要影响因素。如在倪国清请求判令与其妾倪张氏脱离关系一案中，大理院推事们根据倪国清在第一审中的陈述：如果倪张氏自愿削发为尼，上诉人愿意提供袈裟和度牒。如果倪张氏归返娘家，上诉人则继续提供她的衣食费用，等到倪张氏悔改其行为，再考虑是否接回家。认为倪国清仍然愿意供养其妾倪张氏，不仅保障其衣食，还愿意在对方悔改后允其重返家庭，判定倪国清在此并没有脱离夫妾关系的明确意思表示，不管倪张氏是否有不适当的言行，原审所作出的由上述人将被上诉人领回家去自行管教的裁断是合理的。鉴于倪国清没

〔1〕 参见郭卫编：《大理院判决例全书》，吴宏耀、郭恒、李娜点校，中国政法大学出版社 2013 年版，第 384 页。

〔2〕 “夫妇协议离异，应由自身做主，他人不能代为主持。如妾与家长协议解除关系，当然应予准用。”参见郭卫编：《大理院判决例全书》，吴宏耀、郭恒、李娜点校，中国政法大学出版社 2013 年版，第 410 页。

有明确表示要与倪张氏脱离夫妾关系，意思表示不明确，大理院最终判决驳回上诉人倪国清与其妾解除关系之请求。[1]

“不得适用夫妻离异的规定”是民初司法机关裁决夫妾脱离案件时依据的基本原则，这意味着性别身份差等对待传统礼法的影响力尚未消退，夫、妻、妾三者之间的权利差等安排依旧存在。随着一夫一妻主义的萌芽兴起，基于男女平等、女性权利的考量，在妾权缺失的一片漆黑里，大理院的判解带来了一丝光芒。大理院通过生成一系列具有指导意义的涉妾判例与解释例，使包括妾权在内的“女性权利在法律制度与司法实践层面产生扩展与变化”[2]，通过判解将妾定性为夫之“契约”伙伴，一定程度上赋予了妾有限的法律主体资格，这些扩展与变化可以视为对当时法律文本中妾权亏欠的弥补。

（三）脱离夫妾契约的事由

依据大理院判解，妾与家长可以通过自愿协商一致的方式解除非婚同居关系。同时，只要具备法定事由，妾得以单方面请求与家长脱离关系，反之，在特定情形下家长也可以单方面请求解除夫妾关系。赋予妾之独立请求脱离关系的权利，一定程度上体现了在民初轰轰烈烈的男女平权运动中，妾这一长期处于性别差等秩序最低端的特殊群体开始获得了些许权利，即使这些权利仍受家长权威统领的影响，至少，从当时的司法实践来看，妾开始逐渐脱离男性“玩物”的身份属性，开始被视为社会婚姻关系中的平等主体，开始获得与正妻甚至家长同等的对待。下面将以大理院判解为中心探讨妾得以请求脱离关系

---

〔1〕 该案例内容转引自朱颖：“民国时期妾的法律地位研究”，华东政法大学 2014 年博士学位论文，第 127 页，原引自《法律专刊》1924 年第 53 期。

〔2〕 梁弘孟：“论大理院判解中妾的地位——以财产关系为重心”，载《中正大学法学集刊》2017 年第 55 期，第 87 页。

的“不得已之事由”的具体情形。

根据大理院的判解，“不得已之事由”主要包括四种情形：妾不堪虐待或受重大侮辱、夫婚前欺饰、夫有妻更娶、夫或其尊亲抑勒妻妾与人通奸。

1. 妾不堪虐待或受重大侮辱。妾作为家庭中的特殊存在，通常容易受到其他家庭成员的排斥、打压，尤其是妻妾矛盾尖锐而难以调和，小妾遭受正妻的打骂、侮辱甚至虐待是家常便饭的事。根据民初的大理院判例，如果妾受家长及家长其他家属的虐待，不能与之和睦相处，可以单方面请求脱离夫妾关系。民国五年（1916年）上字第840号判例就支持了不堪忍受正妻打骂虐待之妾提出的解除夫妾关系的诉讼请求。该案中上告人安陈氏（妾）请求与其家长安廷樑（被上告人）脱离关系。依据安陈氏的陈述，她与安廷樑的结合是不幸的：一是在她过门之前安廷樑家中已经有妻妾三人；二是碍于父亲的颜面（父系权威）不敢反抗与安廷樑的“婚姻”；三是安廷樑之妻刘氏凶悍无比，她时常遭到刘氏的打骂虐待，后来竟然被刘氏赶出家门；四是更为寒心的是，家长安廷樑对刘氏的恶行不加制止放任自流。因此，安陈氏以不堪忍受刘氏的打骂虐待提出与安廷樑脱离夫妾关系。大理院在查阅原卷宗后认为安陈氏受刘氏之打骂属实，安陈氏与安廷樑其他妻妾已经不能和睦相处同居一室，属于夫妾脱离之“不得已之事由”，因此，判决安陈氏与安廷樑解除夫妾关系。[1]

民国九年（1920年）统字第1298号解释例重申了民国五年

[1] 该案例转引自朱颖：“民国时期妾的法律地位研究”，华东政法大学2014年博士学位论文，第128页，原引自黄源盛纂辑：《大理院民事判例辑存》（亲属编），犁斋社2012年版，第94~97页。

（1916年）上字第840号判例的“虐待脱离”主张。从文献中的记载来看，该解释例涉及的情况是比较复杂的，包括夫妾关系、妾与后夫的关系、是否涉及诱拐罪行等等，本处以夫妾关系作为关注点。在该解释例中，安徽高等审判厅致函问大理院：

> 某甲的妾丙，不堪甲之妻乙的虐待逃回娘家居住，期间产一子，甲向县署诉追，丙携子归甲。两年后，丙不堪忍受乙之虐待，再次携子外逃，并与庚成婚生子。请问甲与丙之间的关系如何处置。
>
> 大理院的答复是：
>
> 丙如已满十六岁，而其与甲之关系，可认为业已合法解除，则已脱离甲之家长权。其嫁庚实出于自主，是于其自由权，亦无所损。[1]

大理院之所以给予“甲丙已经脱离”的答复，其缘由在于：一是将妾作为可以做出独立意思表示的民事主体；二是根据以往判例“妾受夫及其妻之虐待”可以离异。赋予妾之民事主体资格，显示女性权利在婚姻家庭领域的开始受到关注。此外，从统字第1298号解释例中，还可以观察到民初司法实践的发展趋势：开始逐渐降低刑法对婚姻家庭关系调整的力度，婚姻家庭之事务更当考虑当事人双方意愿而解决，由以男权为中心的父系家族主义转向强调男女平权的个体权利本位的趋向明显。

2. 夫婚前欺饰。根据大理院判例，如果家长在娶妾之前有欺饰情形，妾可以单方面请求解除关系并能获得司法机关的支持。“婚前欺饰”的具体表现形式多种多样，既可以是家长不如

---

〔1〕 郭卫编著：《民国大理院解释例全文》，吴宏耀、郭恒点校，中国政法大学出版社2014年版，第1016~1017页。

实相告家中经济情况，也包括家长隐瞒自身身体疾患，还可以是家长隐瞒婚姻情况[1]等。在民国八年（1919年）的一起妾请求脱离夫妾关系的案件[2]中，该妾诉请解约的理由就是夫婚前没有如实相告经济状况，有“夫婚前欺饰”的情形，据该妾陈述：“与男方初相识时，谎称家境富裕，然而，待与男方归家共同生活后，才发现他是一个穷光蛋”。黑龙江高等审判厅判决支持了该妾的主张。而后，该妾之夫不服上告至大理院。大理院认为该案属于双方缔结夫妾之约时，“家境贫寒”乃被上告人被男方蒙骗而不得知晓，构成可以解除契约的不得已之事由，故原审判决裁定解除双方夫妾关系，合法合理。传统宗法伦理纲常通常被认为是传统中国男尊女卑、男女不平权状况的主要成因，然而，女性自身因素也不可忽略。传统女性们心甘情愿地将身份财产乃至个性“皈依”于男性，大大削弱了她们脱离男性在社会上谋生的职业能力，经济问题对她们来说是个大问题。对大部分为妾的女性而言，她们甘为“如夫人”，通常最基本的意愿是期望以肉体换取供养。民初时期，因夫婚前隐瞒经济状况而提出离异的妾不在少数，除了司法档案的记录，当时报刊也时有报道。如《时报》（1927年7月17日）刊了一则新闻，标题曰“穷措大何苦纳妾”，文中妾季氏诉“夫为竹匠，内有妒妻，家徒四壁，实乃穷措大”，遗弃不养，“成亲两年仅给

〔1〕在夫妻离异理由中有此款。大理院民国九年（1920年）上字第291号判例谓：夫妻成婚后发现一造有残疾者，得请求离异：现刑律载“男女订婚若有残疾，务须明白”通知，各从所愿。则定婚当时未通知身有残疾，至结婚后男女一造发现对造身有残疾者，自可为请求离异之原因（现行律婚姻门男女婚姻条律）。参见郭卫编：《大理院判决例全书》，吴宏耀、郭恒、李娜点校，中国政法大学出版社2013年版，第413页。

〔2〕该案例转引自朱颖：“民国时期妾的法律地位研究”，华东政法大学2014年博士学位论文，第127页，原引自黄源盛纂辑：《大理院民事判例辑存》（亲属编），犁斋社2012年版，第134~137页。

我洋二元八角，只得作工自活”，无奈之下该妾只得告官“请求与被告脱离关系，以便自立”。季氏所云之“自立”估计也是另谋“嫁路”吧，这是经济不独立导致的女性悲哀。

3. 夫有妻更娶。民初时期的夫有妻更娶情形主要分为两种：一是男子已经有了正妻，但以未婚身份再娶妻；二是兼祧的情形。第一种情形中，后娶之妻的身份该如何判定呢？大理院分别在民国五年（1916年）上字第1167号、民国八年（1919年）上字第177号、民国十二年（1923年）上字第1170号判例中给予了答复。第1167号判例认为：如果后娶之妻在被男方明确告知已经娶妻的情况下而仍然嫁之，后娶之妻为妾，并不能以男方欺骗而单方面提起离异的请求。[1]婚时是否“明知”是后娶之妻是能否拥有离异主动权的关键。第177号判例裁定“兼祧后娶之妻，法律上应认为妾。惟定婚之时不知有妻又不自愿为妾者，许其请求离异”[2]。该判例认为兼祧后娶之妻于法律上而言是妾，且认为后娶之妻有知悉男方婚姻状况并据此作出自己判断的知情权与决定权，“知情权”与“决定权”自订婚时迄。四年后的第1170号判例对这种情况加以了更详细的说明：“后娶妻于订婚时明知其夫有妻，或当时不知而知后情愿继续其关系者，均不得请求离异”。理由是“现行律虽载‘有妻更娶妻者，后娶之妻离异归宗’等语。然后娶之妻若于订婚当时明知其夫已有妻室，则虽误于法律上之见解信为正妻，而在法律上究仅为妾之身分，不得更援‘有妻更娶’。即当时不知而于知之

〔1〕“若在许婚当时实已明白通知有妻室在，应则其后之妻在法律上仅为妾之身分，即不得谓为欺饰而遽令离异。”参见郭卫编：《大理院判决例全书》，吴宏耀、郭恒、李娜点校，中国政法大学出版社2013年版，第409页。

〔2〕郭卫编：《大理院判决例全书》，吴宏耀、郭恒、李娜点校，中国政法大学出版社2013年版，第411页。

之后已情愿继续其关系者，亦同。"[1]第 1170 号判例将明知的时间期间由"订婚当时"延长至婚后，后娶之妻婚前不知情但婚后知道了真相仍不表示异议，并愿意继续与家长保持夫妾关系，后娶之妻由此丧失离异请求权。该判例还将后娶之妻对男方婚姻状况的误解，误以为男方尚未婚配或只有妾，也包括在了"明知"情形事项范围内，在一定程度上削弱了后娶之妻这一类妾的离婚请求权。

兼祧之制是传统中国社会解决宗族子嗣延续的惯习，然而兼祧者所娶之两妇身份如何判定？瞿同祖先生认为，一夫一妻是礼法确认的婚制。无论事出何因，一名男子只能有一名正妻，一夫不能配二妇。因此，兼祧后娶情形中二妇身份地位的确认，以迎娶的先后顺序为据，迎娶在先的为正妻，迎娶在后的为侧室。[2]第 177 号判例判定，兼祧情形中，后娶的女子身份为妾。如果该女子定婚时不知道男方已经有正妻，且又不愿意做妾，该女子可以提起解除关系。[3]虽然在常人眼里，兼祧之人同娶两房正妻是合乎情理的，但从法律层面而言是不允许兼祧以特殊之情况为由而突破"一夫一妻多妾"的婚制，故因兼祧而后娶的妻子的身份被定性为妾。在大理院民国二年（1913 年）统字第 42 号、民国五年（1916 年）统字第 428 号、民国八年（1919 年）统字第 939 号解释例中也数次重申"兼祧后娶之妻为妾"。

---

〔1〕郭卫编：《大理院判决例全书》，吴宏耀、郭恒、李娜点校，中国政法大学出版社 2013 年版，第 413 页。

〔2〕"一夫只应一妇，断无二妇并称为妻之理，于是别先后而定名分，只承认先娶者为妻，后娶者为妾。"瞿同祖：《中国法律与中国社会》，中华书局 1981 年版，第 132 页。

〔3〕"兼祧后娶之妻法律上应认为妾，惟定婚之时，不知有妻，又不自愿为妾者，许其请求离异。"参见郭卫编：《大理院判决例全书》，吴宏耀、郭恒、李娜点校，中国政法大学出版社 2013 年版，第 411 页。

民国二年（1913年）西安地方审判厅问[1]：某男属于兼祧双配情形，正妻死亡但妾在世，现在该男又娶一妻，是否构成重婚？统字第42号解释例[2]的答复是：如果兼祧娶二妻的行为发生在《新刑律》颁行之前，则不构成重婚；如果发生在《新刑律》颁行之后，则以重婚罪论。当妻子身亡又再娶，虽然有侧室，也不构成重婚。[3]

该解释例既遵行了当时律令禁止重婚的规定，又给予了“兼祧双配”这种民间惯习纠偏的空间，正如当时的大理院院长余启昌所言“司法当局不能不顾现代思想”，同样，司法当局亦不能不顾传统旧习，在中西新旧的分庭抗争中，尊重法律同时又兼顾习惯是当时司法界不得已的抉择。

4. 夫或其尊亲抑勒妻妾与人通奸。虽然家长与妾之间是一种非婚姻的契约关系，但是妾依然要同妻一样，对家长负担贞操义务，由于“妾相应地以与夫制度性地连接而存在，并非暂时随便的肉体关系”，因此“妾对于夫也负有贞操义务，若与其他男人私通，则作为有夫之妇奸加以处罚”[4]。民初司法实践中，妾如果没有恪守贞操义务，家长或其亲属得以通奸之名请求与该妾脱离关系，因通奸之名而被脱离的妾，根据契约过错责任原则，将丧失被赡养的资格，失去获得赔偿金的权利。在

〔1〕 西安地方审判厅问：“兼祧双配，妻亡有妾，现仍娶妻，是否以重婚罪论。”

〔2〕 统字第42号解释例：“兼祧双配所娶均在《新刑律》施行前时不为罪。若在《新刑律》施行后娶者，以重婚论。至妻亡有妾，现仍娶妻者，不得以重婚论。”参见郭卫编著：《民国大理院解释例全文》，吴宏耀、郭恒点校，中国政法大学出版社2014年版，第279页。

〔3〕 郭卫编著：《民国大理院解释例全文》，吴宏耀、郭恒点校，中国政法大学出版社2014年版，第279页。

〔4〕 ［日］滋贺秀三：《中国家族法原理》，张建国、李力译，法律出版社2003年版，第447页。

民国七年（1918 年）的一起案例中，在家长已经去世的情况下，正妻以妾与人通奸为由而请求脱离关系就获得了大理院的支持。大理院的判决理由是：根据法律规定，妾与人通奸，家长及其尊亲属可以要求与其解除契约关系。[1]当然，如果妾与人通奸是基于夫或其尊亲的强迫，这种情况下，男方不得以该妾与人通奸为由请求脱离关系，反之，妾因男方行为的过错而获得了解除契约的请求权。大理院民国四年（1915 年）上字第 378 号判例认为，夫或其尊长强迫妻妾与人通奸，不能成为要求妾离异的原因。此处的例外情形是，在尊长抑勒妻妾与人通奸的情况下，如果丈夫知晓情况并参与，可以认定为是妾提起离异的理由[2]。夫妾脱离中，通奸处理参照了夫妻离异的规定，即使夫妾之间被国家法定性为无名契约关系，妾同样要负担夫妻之间的忠贞义务，甚至在早些时候，即使家长死亡，妾仍然要为亡夫保守贞节，否则可能会失去被供养的资格而被驱出家门。

〔1〕“按照现行法例，为人妾者，如有犯奸情事，其家长或尊亲属得与之断绝关系。”参见郭卫编：《大理院判决例全书》，吴宏耀、郭恒、李娜点校，中国政法大学出版社 2013 年版，第 385 页。

〔2〕郭卫编：《大理院判决例全书》，吴宏耀、郭恒、李娜点校，中国政法大学出版社 2013 年版，第 407 页。

结 语

陈东原先生曾感慨维新时期妇女运动的影响力："戊戌以前（指改变以前）对于妇女的维新运动虽然还嫌浅薄，但轰轰烈烈，也竟把受了三千年高压的妇女生活，撼动一些了。"〔1〕思潮激荡之下，随着国人的觉醒与自我反思，民初离婚中，夫权至上、男尊女卑的旧传统开始被打破，男女平权有了一定程度的实现。社会的变迁首先从观念的变迁开始。在天赋人权理念的感染下，人们对待离婚问题，不愿再遵循传统性别差序的安排去进行权利设定，开始尝试着平等对待离婚中的男男女女。摆脱传统的桎梏，既包括对以爱情为基石的婚姻自由的认可，也包括对解除婚姻关系的离婚自由的容忍。而离婚中男女平等对待，主要体现在离婚事件中"抑阴扶阳"气质的淡化，人们开始逐渐接受离异的女性，接受离异女性的权利诉求，甚至容忍再婚的离异女性。同时，制度层面对社会观念的变迁也作出了积极回应。自 1911 年 3 月 3 日中国同盟会总章程第 3 条规定："主张男女平权"迄，到了 1924 年 1 月，中国国民党第一次全国代表大会宣布"男女平权"，"于法律上，经济上，教育上，社

〔1〕 陈东原：《中国妇女生活史》，商务印书馆 1937 年版，第 327～328 页。

会上确认男女平等之原则，组进女权之发展”，自此以后，“男女平权”在华夏大地上开启了全新的发展阶段，从原先的理论口号、观念倡导开始落到实处，在婚姻法领域，1912 年至 1928 年期间，历经两次民法草案的起草修订，离婚法律制度呈现出从“男权专擅”到“男女平权”转型的趋势。但是，面对不断涌现的各类民事纠纷事例尤其是离婚诉讼，完全依据《现行律》“民事有效部分”等制定法进行处理已不适切，传统法的专制精神与近代法的平等理念冲突四起。此时，大理院的民事判决例、解释例发挥了补充法律体系缺漏、缓解传统法与近代法冲突而实现“社会统治”的积极作用。

虽然从性别差等到性别平权，是人类社会向前发展的主流趋势，然而，“男女平权”还有漫漫长路要跋涉。即使是在率先倡导男女平等的欧美社会，“男强女弱、男主女从、男富女穷”的男女性别不平等仍是困扰诸多西方国家的一个持久的社会问题。传统中国的男女平权之路更是一个阻力重重的漫长征程。在风云变幻的民初时期，在社会观念、法律制度、司法实践中，出现了“男女平权”的主张，也开始了破除男尊女卑旧习的实践，但民初离婚中男女平权的实现程度是不彻底的、不完全的。首先，社会观念无法完全摆脱根深蒂固的“男尊女卑”观念的束缚。时人们特别是一些遗老遗少们较难以一种平常的胸怀来包容离婚问题，以一种平等的视野来看待离婚事件中的男与女；其次，本应反馈社会观念变迁的离婚法律制度对旧制意犹未尽，有着深深的眷念之情，导致了在制度层面的男女权利失衡，如在因虐待、通奸事由离婚、妾的离婚的相关条文中，均可发现大量“扶阳抑阴”的内容；最后，在具体离婚司法实践中，即使当时的断案的司法官员大部分受到过自由平等理念的洗礼，

“男女平权”在司法官员群体中广为传播，但遗憾的是并未深入人心，有悖于“男女平权”的判决常有出现。如在处理妻子不堪容忍丈夫殴打而提起的离婚诉讼时，判案的法官就容易陷入传统的思维模式，认为丈夫殴打妻子是日常家务事，夫妻双方内部消化就可以了，这种情况下妻子的主张通常难以得到支持。中西交融的“先进性、折衷性、和保守性”的婚姻立法特色与“虚与委蛇”的男女平等司法实践，昭示了该时期婚姻家庭中的男女平等“只能是一种表象而非实质上的演进”。[1]

在传统中国的司法实践中，习惯、律令交相辉映，时而背离，时而交融，在迎合与冲突中勾勒了有趣的法的活动图景。之所以出现这种现象，其根源还在于儒家“礼”“义”“仁”“德”宗法伦理思想对中国法律传统潜移默化的渗透与根深蒂固的影响。儒家宗法伦理思想历经千年的孕育与发展，塑造了具有特色的传统道德理念及社会生活习惯。夏朝尚忠孝，商代敬鬼神，西周主德礼，春秋时期孔子形成仁礼之学，汉儒董仲舒提出“人天感应”，宋明程朱主张“存天理，灭人欲”，儒家宗法伦理成为传统中国社会的民本精神，构建了“父慈、子孝、兄良、弟悌、夫义、妇听、长惠、幼顺、君仁、臣忠”[2]十项“人义”为核心精神元素的宗法社会秩序，并通过“引礼入法”对立法活动加以渗透，形成“礼法合一”（刑事）法律制度体系，在司法实践中又据以“经义断狱”“春秋决狱”，利用刑罚的手段加以维护。虽然儒教注重从“饮食男女”“人伦日用”“洒扫应对”的日常规范入手进行教化感应，规范民众的行为，

---

〔1〕 王新宇：《民国时期婚姻法近代化研究》，中国法制出版社 2006 年版，第 227 页。

〔2〕 转引自祁志祥：《国学人文导论》，商务印书馆 2013 年版，第 278 页。

但其“礼法并治”的最终的目的是为了维护层级分明的宗法社会秩序，至于“以执行道德为目标的国家法视‘户婚田土钱债’一类事务为‘薄物细故’从来不予重视”[1]。在帝国统治者眼里，家庭间纠纷最好留给社会自己解决，国家法要威慑的是更重要的领域。“户婚田土钱债”被视为民间个人事务，只要没有威胁到宗法等级秩序，就顺其自然，依照社会的行事惯例去处理，故中国传统社会调整民事法律关系多依习惯，由此形成了“习惯”“法令”在司法中并用的“二元”的社会秩序调整模式。

在法令体系中，法律从习惯这里吸纳生活的“常态、常规、常例”或“常识、常理、常情”，使法律在具有理性化的同时兼具习惯的生活化、大众化特性。[2]民初关于离婚方面的法令体系与司法实践，同样遗留着这种“二元”调整的痕迹。从《大清民律草案》第 1362 条的规定可窥见一斑：[3]“妻与人通奸者”，丈夫可以提起呈诉离婚解除婚姻关系，“妻与人通奸者”是法定的离婚理由。而丈夫在婚内与他人发生不道德的两性关系，妻子能否要求离婚并得到公权力的支持呢？法律的规定是只有丈夫因通奸而获刑时，“夫因奸非罪被处刑者”，妻子才有提起离婚的权利。第 1362 条的规定既体现了当时法律制度对男性的倾斜，也体现了对当时民间纳妾惯习的默许。临时大总统

〔1〕 梁治平：《清代习惯法：社会与国家》，中国政法大学出版社 1996 年版，第 15 页。

〔2〕 韦志明：“法律习惯化与习惯法律化（上）”，载《青海民族研究》2009 年第 3 期，第 156 页。

〔3〕《大清民律草案》第 1362 条载：“夫妇之一造，以下列情事为限，得提起离婚之诉：①重婚者；②妻与人通奸者；③夫因奸非罪被处刑者；④彼造故谋杀害自己者；⑤夫妇之一造受彼造不堪同居之虐待或重大之侮辱者；⑥妻虐待夫之直系尊属或重大侮辱者；⑦受夫直系尊属之虐待或重大侮辱者；⑧夫妇之一造以恶意遗弃彼造者；⑨夫妇之一造逾三年以上生死不明者。”

袁世凯于民国元年（1912 年）三月十日下达“从前法律及新刑律均准援用令”：“现在民国法律未经议定颁布，所有从前施行之法律及新刑律，除与民国国体抵触各条应失效力外，余均暂行援用，以资遵守。”[1]故，民国初年，继承了清末时期施行的旧法体例，在离婚司法方面直接援引了前清《现行律》“民事有效部分”作为适用的制定法，习惯在离婚领域的影响力也不可小觑。

---

〔1〕“从前法律及新刑律均准援用令”。参见（北洋政府）司法部编：《司法例规》（上），北洋政府司法部 1922 年版，第 7 页。

附　录

一、本书主要参考的大理院离婚判决例[1]

1. 尊亲属冲突须离婚原因。

【正】尊亲属间之冲突在现行法上与婚姻当事人无关，不能为离婚之原因。[民国三年（1914年）上字第223号]

2. 妻妾离异后。其所出子女由父监护。唯亲生母子之关系并不消灭。

【正】夫妇离婚时，得以协议定子女之监护方法。如并未议及，则应归其父任监护之责，而其去家之母即无庸兼顾，不过其亲生母子之关系仍然存在，并不因而消灭。至于妾生子女，当妾被废去其父家时，除其父仍委令监护者外，当然应由其父监护，则更无庸论及。[民国三年（1914年）上字第269号]

[1] 根据《大理院判决例全书》（郭卫编，吴宏耀、郭恒、李娜点校，中国政法大学出版社2013年版）整理。

3. 为娼而无被勒情事者。不得离异。

【正】妇于为娼之始并无被勒情事，与现行律所载“（中略）抑勒子孙妇妾与人通奸一体禁止”（解释为亦得离异归宗）之条件不能适合。[民国三年（1914年）上字第329号]

4. 因贫出外谋生不为逃亡。

【正】若其夫因贫赴外谋生、常有银信寄家者，与现行律所载“夫逃亡三年，准妻告官别嫁”之条不合（现行律婚姻门出妻条例第二）。[民国三年（1914年）上字第329号]

5. 卖妻为娼虽未成。亦准离异。

【正】本夫抑勒其妻、价卖为娼者，较之抑勒通奸、典雇为妻妾及卖休之情形尤不可恕，依当然之条理类推之解释，自在应离之列。即图卖未成确有证据者，亦为义绝，自可据以离异。[民国三年（1914年）上字第433号]

6. 离婚无一定方式。

【正】现行惯例关于离婚无一定之方式，有作成休书者，有立契赎身者，又有仅由言词声明者，是故虽未经一定之方式，而事实已为离婚之协议确有实据者，不得谓为无效。[民国三年（1914年）上字第460号]

7. 别居不能消灭婚姻关系。

【正】别居与离异系属两事。别居者，事实上夫妇不同居而婚姻之关系依然存续，与离异之消灭婚姻关系者不同。[民国三

年（1914年）上字第460号］

8. 因贫不给衣饰非离婚原因。

【正】家道贫寒，不给衣饰，不成为法律上离异之理由。［民国三年（1914年）上字第765号］

9. 妄冒成婚与殴妻至折伤及抑勒通奸者离异。

【正】现行律载“有为婚而女家妄冒者，处罚，追还财礼；男家妄冒者，加一等，不追财礼。未成婚者，仍依原定；已成婚者，离异。”又载“夫殴妻至折伤以上，先行审问夫妇，如愿离异者，断罪离异。”又载“抑勒妻妾与人通奸者，妇女不坐并离异归宗”等语。是离婚之制本为现行律例所认许，不过须具备一定之条件而已（现行律婚姻门男女婚姻条律、又斗殴门妻妾殴夫条律、又犯奸门纵容妻妾通奸条律）。［民国三年（1914年）上字第866号］

10. 抑勒通奸律文所称义父赅义母言。

【正】现行律载“抑勒乞养女与夫通奸者，义父处罚，妇女不坐并离异归宗”等语、所谓“义父”，其意义自系赅义母而言。［民国三年（1914年）上字第999号］

11. 先期强娶非离异原因。

【正】现行律载“其应为婚者，虽已纳聘财，期约未至而男家强娶及期约已至而女家故违期者，并处罚”等语。是未至期约而强娶者，除制裁部分已失效力外，别无离异之规定，是尚不成为离异之原因（现行律婚姻门男女婚姻条律）。［民国三年

(1914 年) 上字第 1077 号]

12. 因故意过失致婚姻应离者，负抚慰他造之义务。

【正】婚姻关系依法须离异者，其原因系由一造之故意或过失，则此一造对于他一造之故意或过失，则此一造对于他一造应负慰抚之义务。[民国三年（1914 年）上字第 1085 号]

13. 夫逃亡三年属实者，虽未告官亦得改嫁。

【正】现行律载“若再许他人已成婚者，女归前夫；前夫不愿者，倍追财礼，给还，其女，仍从后夫。”又例载“夫逃亡三年不还者，并经听官告给执照，别行改嫁”等语。寻绎立法本旨，女子本以不许重复婚嫁为原则，但夫若逃亡多年不知下落，使女久待亦非人情，故以许其改嫁为例外。其必经官告给执照者，无非令官署得以调查其逃亡不还之事实是否真实及其年限是否合法，以凭准驳，而防后日之争议。故女子如实因夫逃亡三年以上不还而始改嫁，虽当时未经告官领有执照，而事后因此争执，经审判衙门认其逃亡属实而年限又属合法者，其改嫁仍属有效，不容利害关系人更有异议（现行律婚姻门出妻条例第二)。[民国三年（1914 年）上字第 1167 号]

14. 妇人离异后改嫁，夫家不得干涉。

【正】现行律载“夫妻不相和谐，两愿离异者，不坐。”又载“嫁娶皆由祖父母、父母主婚”各等语。可见离婚一事原非法律所禁。而妇人一经依法离异，即与夫家断绝关系，应否改嫁即应归母家主持，决非夫家所得干涉，自更无前夫家族凭空置喙之余地？[民国四年（1915 年）上字第 213 号]

15. 纵妻犯奸者。夫不得请求离异。

【正】现行律载“妻犯七出之状有三不去之理，不得辄绝，但犯奸者，不在此限。”是妻对于其夫有不贞洁之行为者，当然可为离异之原因。惟对于此类行为，其夫实已故纵在前（并非仅因保全名誉为事后之掩饰）者，则妻之责任即已解除，夫不得业以故纵之行为请求与妻离异。[民国四年（1915年）上字第331号]

16. 尊长舅姑抑勒殴伤，须本夫知情参与始得离异。

【正】查现行律例，惟本夫抑勒妻妾与人通奸及夫殴妻至折伤以上者，始得离异。若尊长殴伤卑幼及抑勒子孙之妇妾与人通奸者，除本夫系属知情参与或致令废笃疾者外，不得认为离异原因。盖殴伤抑勒咎在尊长舅姑，而与本夫之义究未断绝也（现行律犯奸门纵容妻妾犯奸条律、又斗殴门妻妾殴夫条律）。[民国四年（1915年）上字第378号]

17. 离婚原因由夫构成者，对于其妻负赔偿义务；即由妻构成者，妻之财产亦不因离婚而丧失。

【正】夫妇于诉请离婚以后，其财产上之关系，现行律并无规定明文。惟据通常条理，若离婚之原因由夫构成，则夫应给妻以生计程度相当之赔偿。但纵令离婚之原因由妻造成，夫对于妻亦只得请求离婚而止，妻之财产仍应归妻。[民国四年（1915年）上字第1407号]

18. 妻犯七出者离异。

【正】现行律载“凡妻于七出无应出之条及于夫无异绝之状而擅出之者，处罚。虽犯七出（即无子、淫佚、不事舅姑、多言、盗窃、妒嫉、恶疾）有三不去（与更三年丧、前贫贱后富贵、有所娶无所归）而出之者，减二等，追还完娶”等语。是出妻于律有一定之条件，与条件不相合者，即不容擅出（现行律婚姻门出妻条律）。[民国四年（1915年）上字第1793号]

19. 因事出外不为弃妻。

【正】现行律夫妻除不相和谐两愿离异者外，非有合法条件不能离异。遗妻不养，虽合法定离异之条件，惟其夫系赴京应试而离家，并非无故遗弃者，亦自不足为请求离婚之根据。[民国四年（1915年）上字第1433号]

20. 吸烟、赌博非离婚原因。

【正】吸烟、赌博两事于法固有一定制裁，而以为离异原因则有未合。[民国四年（1915年）上字第1925号]

21. 聘财不能因离婚而概予追还。

【正】定婚之方式有二：①婚书；②曾受聘礼。此项要件必具备其一，始发生定婚之效力。故聘财在现行法上不过定婚之一要件，婚姻一经成立，则聘财之效用即完，除有法定追还财礼之明文或事出诈欺者外，自无因离婚之故概予追还之理。[民国五年（1916年）上字第56号]

22. 协议离婚为法所许。

【正】协议离婚为现行律所准许（现行律婚姻门出妻条律）。[民国五年（1916年）上字第147号]

23. 离婚后嫁女费用由父支给。

【正】婚姻解消之效力原不及于所生子女，无论离婚以后子女归何造监护，而于监护范围以外，于父母之权利义务并无何等影响。故离婚后归母监护之女，其嫁资仍应由父支给。[民国五年（1916年）上字第409号]

24. 前妻已离异而更娶者。后娶之妻不能以此为离异原因。

【正】前妻已经离异，其夫妇关系早已失其存在者，则因而更娶，自无不法之可言。此后娶之妻，即不适用"有妻更娶，应行离异"之规定，寻绎律意，自极显然。[民国五年（1916年）上字第556号]

25. 有一去不返之意思者为背夫在逃。应准离异。

【正】背夫而逃，在现行法虽为离异原因之一，然律文所谓"在逃"云者，必其出于一去不返之意思；非谓其妻偶有所适，未经预先告知其夫，即谓为"背夫在逃"（现行律婚姻门出妻条律）。[民国五年（1916年）上字第598号]

26. 宥恕为离婚诉权之抛弃。

【正】夫妇一方对于他一方之行为既经宥恕者，即应认为离婚诉权之抛弃。[民国五年（1916年）上字第606号]

27. 买休卖休者离异。

【正】用财买休、卖休和娶人妻者，其妇人依法自应离异归宗（现行律犯奸门纵容妻妾犯奸条例）。[民国五年（1916年）上字第654号]

28. 夫之语言行动足使其妻丧失社会上之人格者，为重大侮辱。

【正】凡妻受夫重大侮辱，实际有不堪继续为夫妇之关系者，亦应准其离婚，以维持家庭之平和而尊重个人之人格。至所谓重大侮辱，当然不包括轻微口角及无关重要之詈责而言。惟如果其言语行动足以使其妻丧失社会上之人格，其所受侮辱之程度至不能忍受者，自当以重大侮辱论。如对人诬称其妻与人私通，而其妻本为良家妇女者，即其适例。[民国五年（1916年）上字第717号]

29. 虐待侮辱舅姑而为所宥恕者，不得再请离异。

【正】因虐待舅姑或为重大侮辱而应离者，若经舅姑明白表示宥恕者，不得再以之为请求离异之原因。[民国五年（1916年）上字第742号]

30. 妇虽犯奸，夫不愿离。不得由舅姑嫁卖。

【正】有夫之妇因犯奸义绝与夫，依现行律之规定，同得由其夫请求离异。惟若夫无愿离之情而其舅姑私擅卖之者，当然不能生效（现行律婚姻门出妻条律）。[民国五年（1916年）上字第872号]

31. 擅卖妻之妆奁非离婚原因。

【正】夫不得妻之同意擅卖妻妆奁，固有不合，然未便准其遽行离异。[民国五年（1916年）上字第963号]

32. 夫妇关系非有法定原因不得离异。

【正】夫妇关系一经合法成立后，非确合于法定离婚原因，不得由一方任意请求离异。[民国五年（1916年）上字第1028号]

33. 惯行殴打即为不堪同居之虐待。

【正】本院判例所谓"夫虐待其妻致令受稍重之伤害"者，实以伤害之程度较重，足为虐待情形最确切之证明之故。如其殴打行为实系出于惯行，则所受伤害不必已达到较重之程度，既足证明实有不堪同居之虐待情形，即无不能判离之理。[民国五年（1916年）上字第1073号]

34. 夫妇受彼造重大侮辱者离异。

【正】夫妇之一造因受他造重大侮辱而提起离婚之诉者，一经查明实有重大侮辱之情形，自应准其离异。[民国五年（1916年）上字第1073号]

35. 兼祧亦不许并娶。

【正】有妻更娶既干例禁，则兼祧并娶，亦属显违科条。良以并偶匹敌有乖正义，不容借口兼祧，以违夫妻齐礼之义。[民国五年（1916年）上字第1167号]

36. 虐待至不堪同居者离异。

【正】夫妇之一造经彼造常加虐待至不堪同居之程度者，许其离异。[民国五年（1916年）上字第1457号]

37. 殴打而不能认为虐待者。须至折伤废笃始得离异。

【正】现行律“妻殴夫”条载：“夫殴妻妾（中略）至折伤以上（中略），先行审问夫妇，如愿离异者，断罪离异”等语。又“殴祖父母、父母”条载：“若非理殴子孙之妇致令废疾（中略）笃疾者（中略），并令归宗”等语。是妻为其夫或祖父母、父母所殴者，如按其情形不能认为不堪同居之虐待，则非至折伤或废笃疾，不得请求离异（现行律斗殴门妻妾殴夫条律；又殴祖父母、父母条律）。[民国六年（1917年）上字第18号]

38. 出外不告舅姑尚非不事舅姑。

【正】现行律所谓“不事舅姑”系指不孝舅姑而言，与出外不告舅姑自是有别（现行律婚姻门出妻条律）。[民国六年（1917年）上字第85号]

39. 后娶之妻主张不愿作妾者。应判令离异。

【正】依律后娶之妻绝不能更有妻之身份，其请予更正名义，固难照准。但如有不愿作妾之主张，则应令离异。[民国六年（1917年）上字第662号]

40. 协议离婚必须出于夫妻之情愿，非父母所可强制。

【正】据现行律载“嫁娶皆由祖父母、父母主婚。祖父母、父母俱无者，从余亲主婚”。又载“夫妻不相和谐、两愿离异者，不坐”各等语。是男女婚姻之主婚权虽属于祖父母、父母等，而协议离婚则因有明文规定，必出于为夫妻者之两相情愿而后可，自不得牵引主婚之律条以为口实（现行律婚姻门男女婚姻条律第二及出妻条律）。［民国六年（1917年）上字第735号］

41. 确有不孝事实训诫不悛者，为不事舅姑。

【正】按现行律七出之条虽列有“不事舅姑”一项，然细译律意，所谓“不事舅姑”，系指对于舅姑确有不孝之事实并经训诫怙恶不悛者而言。若因家庭细故负气归家，其夫家遂拒而不纳致不得事舅姑者，尚不在应出之列（现行律婚姻门出妻条律）。［民国六年（1917年）上字第947号］

42. 诬告其妻犯奸为重大侮辱。

【正】夫之于妻如有诬奸告官之事实，则行同义绝，并非轻微口角及无关重要之詈责可比，应认为有重大侮辱，准其妻请求离异。［民国六年（1917年）上字第1012号］

43. 买休卖休无论出于诈欺胁迫或自愿皆离异。

【正】妻之改嫁无论是否由于其夫之诈欺、胁迫抑或出于合意，但如果系用财买休、卖休者，依律自应令与其夫离异（现行律犯奸门纵容妻妾犯奸条例）。［民国六年（1917年）上字第1068号］

44. 夫妇于涉讼中相诋毁，不得为重大侮辱。

【正】夫妇不睦以致涉讼，在涉讼中互相诋毁，虽故甚其

词，究不能据此指为重大侮辱。[民国六年（1917 年）上字第 1138 号]

45. 离异无论由何原因，听妻携去妆奁。

【正】离婚之妇无论由何原因，其妆奁应听携去。[民国六年（1917 年）上字第 1187 号]

46. 离婚时协定子女监护方法之契约有效。

【正】夫妇协议离婚原为现行律例所认许，故于夫妇俩愿离异时，关系离婚后子女之监护方法有所协定者，自应认为有契约之效力。[民国六年（1917 年）上字第 1194 号]

47. 协议离婚不容余亲及族人妄有争执。

【正】余亲及族人就男女之协议离婚不容妄有争执。[民国六年（1917 年）上字第 1261 号]

48. 有妻更娶者，后娶之妻离异。

【正】现行律载“有妻更娶者，后娶之妻离异”等语。是后娶之妻于法本不能取得妻之身份（现行律婚姻门妻妾失序条例）。[民国七年（1918 年）上字第 84 号]

49. 妾与家长准用协议离异。

【正】夫妇协议离异应由自身作主，他人不能代为主持。为妾与家长协议解除关系，当然应予准用。[民国七年（1918 年）上字第 132 号]

50. 虐待或重大侮辱妻之父母者离异。

【正】夫对其妻之父母虐待或加以重大侮辱者，应认为义绝，亦应准其离异。[民国七年（1918年）上字第150号]

51. 因一时气忿致他造受轻伤者。不为虐待。

【正】夫妇之一造如果受他造不堪同居之虐待，虽应准许离异，惟因一时气忿偶将他造致伤而事属轻微者，自不能遂指为不堪同居之虐待。[民国七年（1918年）上字第264号]

52. 空言声称嫁卖不为义绝。

【正】夫对于妻其嫁卖显著之事实，仅以他种原因未遂所为者，得予离异。若其夫仅以空言声称嫁卖，而并无真实嫁卖之意思者，即不得认为已有义绝行为，率请离异。[民国七年（1918年）上字第787号]

53. 妻妾自愿为娼。其夫虽经纵容，不得请求离异。

【正】妻妾自愿为娼，其夫虽经纵容并无抑勒情事者，妻不得据以请求离异。[民国七年（1918年）上字第946号]

54. 夫之所在可以探知及音信常通者。皆非逃亡。

【正】现行律载“夫逃亡三年不还者，并听经官告给执照，别行改嫁”等语。其经告给执照，无非使官署得有机会以便调查，并非改嫁之条件。苟其夫逃亡属实，并已经三年者，则其改嫁仍属有效。惟所谓逃亡须确有失踪不返之情形；若其所在可以探知，信常通者，虽离家较久，亦自不得以逃亡论。[民国

七年（1918年）上字第1381号]

55. 妻于夫故后有淫乱情形。翁姑得令其退回母家，脱离亲属关系。

【续】现行律载“淫佚”及“不孝翁姑”虽在七出之列，惟出妻制度既系夫妻间之系，则夫故之后，翁姑于媳当然不能援用。惟子媳苟有淫乱行为，其翁姑为维持一家加以相当之惩戒，或为家庭和平计，勒令其退回母家，脱离亲属关系，固不能谓为不当（现行律婚姻门出妻条例）。[民国八年（1919年）上字第64号]

56. 妻背夫在逃改嫁，得以离异。

【续】妻背夫在逃辄自改嫁者，既于其夫有义绝情状，其夫自得据以请求离异。[民国八年（1919年）上字第166号]

57. 定婚时不知有妻又不愿作妾者，许其离异。

【续】兼祧后娶之妻，法律上应认为妾？惟定婚之时不知有妻又不自愿为妾者，许其请求离异。[民国八年（1919年）上字第177号]

58. 不能以曾经涉讼为理由请求离异。

【续】请求离异，须具有法律上一定之原因始能准许。倘因涉讼以后不能和睦，即据为应行离异之理由，则凡男女一造希图离异，一经涉讼即无依法准驳之余地，法定条件不几等于虚设？[民国八年（1919年）上字第177号]

59. 夫仅无力养赡。不为离异原因。

【续】夫对于其妻纵令无力养赡，而既非确有遗弃之意思，即不足为离婚之原因。[民国八年（1919 年）上字第 359 号]

60. 妇女被夫典雇。不能当然视为业已离异。

【续】现行律载“凡将妻妾受财典雇与人妻妾者，处罚；妇女不坐。知而典娶者，各与同罪并离异”等语。原谓妇女被夫典雇得据为请求离异之原因，并非一有典雇事实即当然视为业经离异（现行律婚姻门典雇妻女条例）。[民国八年（1919 年）上字第 411 号]

61. 夫逃亡而存有资财足供妻之生计或有赡养之人者。不得谓为逃亡。

【续】现行律例所谓“夫逃亡三年不还”者，须夫之踪迹不明而有置妻不顾之事实若夫仅因故留滞在外，尚存有资财足供其妻之生计或另有赡养其妻之人，自非弃妻不顾，不得以逃亡论（现行律婚姻门出妻条例第二）。[民国八年（1919 年）上字第 434 号]

62. 夫因妻不善事舅姑而气忿殴骂，不能指为虐待。

【续】夫因其妻不能善事舅姑加以训诫，而一时气忿致有殴骂情事者，究与有意虐待不能同论。[民国八年（1919 年）上字第 700 号]

63. 已成婚犯奸盗不为离异原因。

【续】 男子犯奸盗，依律虽为解除婚约之原因，惟律文既明载“未成婚”字样，则已成婚者自不能据此请求离异（现行律婚姻门男女婚姻条律）。[民国八年（1919年）上字第753号]

64. 夫妻呈诉离婚后其子女不便由父监护者。得由审判衙门指定监护人。

【续】 夫妻呈诉离婚后，其子女虽应归其父监护，但如有特别情形（如子女年幼不能离母或父有遗弃情事等），不宜由父监护者，审判衙门亦得斟酌其子女之利益指定监护之人。[民国八年（1919年）上字第957号]

65. 律载居丧身自嫁娶者，指居丧本人而言。

【续】 律载“妻妾居夫丧而身自嫁娶者，处罚并离异”。“身自”云者，系指嫁人之居丧妻妾本身而言（现行律婚姻门居丧嫁娶条律）。[民国八年（1919年）上字第1072号]

66. 夫给妻离婚后之赔偿慰抚费。应斟酌妻之身分、年龄等而定。

【续】 离婚原因如果由夫构成，则夫应暂给其妻以相当之赔偿或慰抚费。至其给与额数，则应斟酌其妻之身分、年龄及自营生计之能力与生活程度，并其夫之财力如何而定。[民国八年（1919年）上字第1099号]

67. 离婚字据无须一定方式。

【续】离婚字据现行法上并无一定之方式。协议离婚事实既经证明，即当事人未在字据画押、盖印，亦不能谓为无效。[民国八年（1919年）上字第1115号]

68. 纵容妻妾通奸或为娼，若事出两愿。即不得请求离异。

【续】现行律载“凡纵容妻妾与人通奸，本夫、奸夫、奸妇各处罚。抑勒妻妾及乞养女与人通奸者，本夫、义父各处罚，妇女不坐并离异归宗”等语、所谓“并离异归宗”者，系指被抑勒之妻妾及乞养女除不坐罪外，并得请求与本夫或义父离异。若其纵容通奸事出两愿，即无许一造请求离异之理。又纵容抑勒妻妾或乞养女为娼，与纵容抑勒通奸相同，自可依据此项律文以为判断（现行律犯奸门纵容妻妾犯奸条律）。[民国九年（1920年）上字第86号]

69. 成婚后发现一造有残疾者。得请求离异。

【续】现行律载“男女订婚若有残疾，务须明白通知，各从所愿”。则订婚当时未经通知身有残疾，至结婚后男女之一造发现对造身有残疾者，自可为请求离异之原因（现行律婚姻门男女婚姻条律）。[民国九年（1920年）上字第291号]

70. 夫被妻殴。得请离异，无须至折伤之程度。

【续】现行律“妻妾殴夫”条载“凡妻殴夫者，处十等罚，夫愿离者听”等语。是妻苟有殴夫情事，夫即得据以请求离婚，并无须至折伤之程度（现行律斗殴门妻妾殴夫条律）。[民国九

年（1920 年）上字第 537 号]

71. 虐待一造不得对于被虐待之一造请求离异。

【续】夫妻一造受他造不堪同居之虐待者，为保护受虐待一造之利益，固应准其请求离婚。然于虐待之一造，要不得准其自行请离。[民国九年（1920 年）上字第 809 号]

72. 先娶之妻得以其夫重婚为理由请求离异。

【续】现行律载“有妻更娶，后娶之妻离异归宗”。至于先娶之妻能否以其夫有重婚事实主张离异，在现行法上并无明文规定。惟依一般条理，夫妇之一造苟有重婚情事，为保护他一造之利益，应许其提起离异之诉以资救济。[民国九年（1920 年）上字第 1124 号]

73. 所谓夫逃亡三年之解释。

【续】现行律例所谓“夫逃亡三年不还，并听经官告给执照，别行改嫁”云云，系指夫于逃亡三年以后仍继续在外生存莫定，并无归还之音信者而言。若其夫于成讼前早已由外归来，自不能追溯往昔情形，而引用现行律以为请求改嫁之论据（现行律婚姻门出妻条例第二）。[民国十年（1921 年）上字第 843 号]

74. 妻之在逃非立意背失者。不得离异。

【续】现行律载“若妻背夫在逃者（中略），听其离异”等语。“背夫”云者，系指立意背弃其夫而言。如在逃系因别事，即非立意背弃其夫，尚不得为离异之原因（现行律婚姻门出妻条律）。[民国十一年（1922 年）上字第 810 号]

75. 定婚时年龄妄冒，惟因此陷于错误，始得离异。

【续】 定婚时年龄纵有妄冒，亦惟上诉人因此陷于错误，始得据为离婚之原因。[民国十一年（1922年）上字第1519号]

76. 后娶妻于订婚时明知其夫有妻，或当时不知而知后情愿继续其关系者，均不得请求离异。

【续】 现行律虽载“有妻更娶妻者，后娶之妻离异归宗”等语。然后娶之妻若于订婚当时明知其夫已有妻室，则虽误于法律上之见解信为正妻，而在法律上究仅为妾之身分，不得更援“有妻更娶”之律请求离异。即当时不知而于知之之后已情愿继续其关系者，亦同。[民国十二年（1923年）上字第1170号]

77. 僧道娶妻，不问其妻是否知为僧道，均应判准离异。

【补】 查现行律载“凡僧道娶妻妾者，还俗离异”等语。推阐律意，原在厉行僧道之教规。而关于僧道之一切教规，依《管理寺朝条例》第十五条第一项“除有背公共秩序、善良风俗者外，仍应从其习惯。”现僧道不许娶妻之教规既尚未更改，且征诸现时之公序良俗，亦并不相违背，则上开律文自仍应认为有法之效力而有强行之性质，故僧道于未还俗前而娶妻者，不问所娶之妻是否知其为僧道，均应判令离异。[民国十三年（1924年）上字第2379号]

78. 夫于妻诬奸告官，应认为有重大之侮辱。

【补】 查夫妻一造受他一造重大之侮辱者，得以请求离异，如夫之于妻有诬奸告官之事实，即属行同义绝，应认为有重大

之侮辱，此在本院迭经著为先例。[民国十四年（1925年）上字第44号]

79. 解除姘居契约。毋须适用关于妻妾离异之规定。

【补】姘居非妻与妾之关系，即令初时结有一种契约，亦尤拘束终身不许分离之理；故解除该项契约，无须适用关于妻妾离异之规定。[民国十五年（1926年）上字第224号]

80. 夫因犯奸处刑，应准援用现行律未婚男犯奸听女别嫁之规定。

【补】夫犯奸，通常固不可与妻犯奸并论而径许离异，但若已因犯奸处刑，则情形又有不同。为保护妻之人格与名誉计，自应援用现行律“未婚男女所奸，听女别嫁”之规定，许其离异。[民国十五年（1926年）上字第1484号]

二、本书主要参考的大理院离婚解释例[1]

1. 民国四年（1915年）统字第358号。

民国四年十月二十日大理院复江苏高等审判厅电

江苏高等审判厅鉴：

祃电悉！查抑勒妻妾，与人通奸，准其离异，律有明文，于童养媳自应准用。

大理院帮印

〔1〕根据《民国大理院解释例全文》（郭卫编著，吴宏耀、郭恒点校，中国政法大学出版社2014年版）整理。

附：江苏高等审判厅原电

大理院钧鉴：

民事婚姻预约案件，童养媳之未婚夫及其姑，纵容抑勒卖娼，应否解除婚约，归还母家？请电复示遵。

苏高审厅祃印

2. 民国五年（1916年）统字第437号。

民国五年五月四日大理院复江西高等审判厅电

江西高等审判厅鉴：

东电悉！舅姑抑勒子妇与人通奸，如其夫亦知情而不阻止，可认为有义绝情状者，自应许其离异。

大理院支印

附：江西高等审判厅原电

大理院鉴：

四年十月贵院复苏厅智电，是否依四年五四六号判例，专指本夫而言？抑舅姑抑勒，亦准离异？乞速电示。

赣高审厅东印

3. 民国五年（1916年）统字第465号。

民国五年七月八日大理院复山西高等审判厅函

径复者：

准贵厅函开：案据交城县知事吴鸿恩详称，为详请训示事，窃有某甲因贫极与妻乙商明，凭媒写立卖契押字，得价卖与某丙为妻，事经半载，忽状诉某丙奸拐，侦查研审，甲认和卖，乙认被和卖，丙认和买，做媒及写契之丁认得劳金钱文。查大理院法律解释，关于卖妻及子女，均应依《刑律补充条例》第九条处罪。又因贫而卖子女，即非营利，类推解释，因贫卖妻亦非营利，是甲应依《刑律》第三百四十九条第二项处断，丙应依第三百五十三条第二款第一项处断，仍有亟待请示者数事：一，甲先既得价，复控奸拐，是否应并论诬告罪，依《刑律》第一百八十二条免除之？二，乙被和卖，丙系和买，是否仍应论奸罪？三，丁系事前作媒，临时书写卖契，是否应依其实施者处断，准正犯论？四，甲丙买卖，均系不法，似乙即均当与之离异，但乙若请求愿归甲或丙时，是否能准其请求？五，甲所得价，系不法行为，应否追缴没收？如法应追缴，而甲实无力缴出，当如何处分之？六，设法不应追缴，甲所得价，而乙又得归于甲，是否应令甲还丙所出身价？以上各节，悬案待判，合无仰恳训示只遵等情到厅，案关解释法律，理合函请钧院迅赐指示，以便转饬遵照等因到院。

本院查本案情形，甲之和卖，自应依《刑律》第三百四十九条第二项处断，事后复控奸拐，亦应以诬告论。惟丙之成立罪名与否，应参酌本院四年统字第二百一十三号解释之标准判断，既系和买为妻，则奸非罪自不成立。至丁应以甲之准正犯论，乙妇应依前清现行律离异归宗，甲所得价，固应没收，但此种没收，《刑律》无追征明文，故已费失者，自不能追征。相应函复责厅转饬查照。此复！

4. 民国七年（1918年）统字第813号。

民国七年七月十日大理院复广西高等审判厅电

广西高等审判厅鉴：

审字第十一号函悉！甲对于乙虐待果属有据，且系非理殴打致陷乙于废、笃疾时，自应准乙与丙离异。又妇为子之父强奸者，院例亦准离异。

大理院灰印

附：广西高等审判厅原函

径启者：

案据中渡县知事杨熙光电称，“如舅甲强奸童养媳乙，经乙告发讯实。乙复诉称，因此始则虐待，继又逐回家，甲子丙与乙之婚姻应否离异？甲应处以何种徒刑？律无明文，刻下县属发生此种案件，立待判决，乞即解释蚀遵”等情到厅，查关于刑事处刑部分，应依《刑律》第二百八十五条处断，当经指令遵照。惟丙、乙婚姻应否离异之处，在现行律无相当之规定。案关法律解释，贵院有统一解释法律之权，相应函请解释赐复，以便转令遵照。

此致大理院院长！

5. 民国七年（1918 年）统字第 828 号。

民国七年八月八日大理院复广西高等审判厅函

径复者：

准贵厅函开：案据河池县知事黄祖瑜呈称，“设有奸夫以一种药料，交由相奸人暗搀入本夫之食品内，其目的并非欲毒杀本夫，其药料亦不达杀人程度，不过欲使本夫之威严心性，变为故纵不羁之心性，以达其肆无忌惮之目的。此种行为，损害个人法益及有碍善良风俗，固不待言，若以《刑律》第三百一十一条未遂论，核与犯人之心术情节，殊有未合，若援用同律第十条，又不符有罪必罚之本旨。可否援引第八十八条第二项第五款，依第三百一十三条第二款处断？其疑义一。又批准援用之大清现行律出妻门载，‘凡妻，无应出及义绝之状而出之者，处八等罚（中略）；若犯义绝应离而不离者，亦处八等罚’。‘义绝’二字，并无具体之范围。设有中人家产之甲，娶贫贱之乙为妻，幼时未知男女之欢爱，夫妻尚无异词。迨情窦既开，甲遂抱有嫌贫爱富之念，始终不肯与乙为床笫之欢，决意娶妾，然又不表示与离异；乙因受甲虐待，遂请求离异。如此发生二说：子说谓，床笫之欢，为婚姻之最大目的，甲、乙情形，自可认为达于义绝之程度，应从乙之请求，准予离异。丑说谓，‘义绝’二字，赅括遗弃不养而言，不必与乙为床笫之欢，始可以承宗祧（即另立妾意）。甲乙情形，自不能认为义绝。二说究以孰是？再夫妻离异，法律无准夫家收回财礼之明文。如准离异，应否退回财礼？其疑义二。又如上例甲、乙吵闹时，遇其五十余岁岳丈丙出头干涉，甲又拳击丙之门齿，脱落二枚。法律上对于门齿，究认为《刑律》第八十八条第一项第五款之身体？或认为同项第六款之容貌？抑应认为第三百一十三条第三款之轻微伤害？其疑义三。以上三种，均为职县现有之案，关于认定罪刑，颇有疑义，特请明白解释，免失出入。伏查解释法律疑义，系属大理院特权，理合具呈文恳查核转院解释示遵，实为公便”等情到厅。相应函请贵院解释赐复，以便转令遵照等因到院。

查第一问题，照函述情形，如果所施毒药，系属有意使本夫迷失本性，自应依《刑律》第三百一十三条，并查明伤害程度，适用第八十八条以致废疾或笃疾处断。倘其意仅在威胁其夫纵令奸通，应依《刑律》第三百五十八条，以强暴、胁迫妨害人行使权利论罪。但此等事实，颇不近情，审理时宜注意是否毒杀未遂，勿为所蒙。

第二问题，查妻受夫不堪同居之虐待，应认义绝，准予离异，本院早有判例。

函述情形，如有程度可认为不堪同居之虐待，自可准其离异。

第三问题，击落齿牙二枚，应以轻微伤害科断，希查照本院统字第三百二十二号解释。

以上各项，相应函复贵厅转饬查照。

此复！

6. 民国八年（1919年）统字第1134号。

民国八年十一月二十日大理院复安徽高等审判厅电

安徽高等审判厅：

沁代电悉！现行律所谓“不事舅姑”，系不孝之义，即指虐待及重大侮辱而言。如果查明所称事实，确已达于虐待或重大侮辱之程度，始得判令离异。

大理院号印

附：安徽高等审判厅原电

北京大理院钧鉴：

查现行律关于出妻之规定，凡不事舅姑及多言者，均在应离之列。兹有甲夫乙妇，不相和谐，甲夫并无虐待妻之行为，乙妇因不见悦于其夫，遂迁怒于舅姑，时时寻衅诟詈并有击碎家中什物情事。舅姑不堪其扰，即令甲、乙出外居住，甲不愿离父母另居，遂向乙提起离婚之诉，于是分二说：第一说谓，夫妇间因事口角，固不成为离婚原因。惟甲并无虐待行为，乙因不见悦于夫，一再与舅姑寻衅，故意诟谇不休，实属有乖妇道，显犯不事舅姑及多言之条件。甲请求离婚，以保家室之和平，并无不合第二说谓，乙因不见悦于夫，致生诟詈此种口角细故，尚不能构成离婚之原因。二说未知孰是，合请钧院解释示遵。

安徽高等审判厅叩沁印。

7. 民国九年（1920年）统字第1203号。

民国九年一月二十日大理院复直隶高等审判厅函

径复者：

准贵厅第二二零零号函开：据天津律师公会呈称，“为呈请事，窃据本会律师杜之堂呈称，‘为呈请转呈解释事，窃律师引受案件，代作呈词，应以法律为根据。大理院解释例全文正文今有夫甲妻乙，往岁由甲向法庭请求离婚，只判令由甲给生计费，另居观效，一年如不改悛，听甲离异另娶。一年之中，甲被丙、丁、戊、已殴毁侮辱。甲在县诉丙、丁等伤害，乙帮助丙、丁等单独递呈攻甲及丙、丁等被处刑罪，乙又造作伤痕，诉甲伤害。经第一审查明自残，将甲宣告无罪，甲亦未提诬告之诉。确定后，甲拟提起离婚之诉，是否合乎离婚条件？有两说：或谓，离婚影响及于社会者甚大，故所定条件极严，除散见现行律各条应行离异外，不得比附。此为不合条件。或谓，法律所以许离婚者，为保持家室之和平。今既助人控夫，又陷夫于罪，即在恩义两绝之列。律谓若犯义绝，应离而不离者，即此谓也。此谓条件已备。二说未知孰是，请求贵会呈请解释’等情。据此，理合具呈请求解释等情前来。”据此，查统一解释，系属贵院职权，据呈前情，相应函请贵院，迅予解释，俾便遵循，至级公谊等因到院。

查妻自己或助人诬告其夫，确实有据者，自可认为义绝，准其离异。相应函复贵厅查照可也。

此复!

8. 民国九年(1920年)统字第1408号。

民国九年月十六日大理院复直隶高等审判厅函

径复者:

准贵厅第一三一九号函称,据直隶第一高等审判分厅呈称,“据清丰县知事呈为呈请解释事。今有某甲娶妻某乙,业已数年。甲因外出谋事,将妻乙送往岳家寄居年余,回归往叫,适妻乙不在岳家,由甲状诉到案。讯据某乙供称,因糊口无资,往邻县亲戚家中就养,并称夫甲时常虐待,不能复合,经县判令仍回夫家完聚在案。讵知乙回家后,甲遂实行虐待,并自制木狗私刑,将妻乙钉锁至十数日之久,不令动转。乙受虐不过,乘间逃脱,甲追至丙村,复用铁钩将妻乙痛打不堪,随即逃避。经丙村首事人等,将乙抬送到案,验讯属实,甲随亦投案,供认前情不讳,乙誓死不回甲家,坚请断离。查大理院上字第一四五七号判例,载‘夫妇之一造,经彼造常加虐待,至不堪同居之程度者,许其离异’等语。甲虐待妻乙,讯证明确,可否准其离异?如准其离异,甲是否构成《刑律》第三百四十四条及第三百一十三条之俱发罪,抑或甲之伤害行为,应认为正当防卫,止构成私擅监禁人罪?此应请解释者一也。县属发生以上案件,急待解决,理合具文呈请查核示遵”等情前来。查该县所呈各节,均关法律解释,除指令俟呈请转请解释后,再行饬知遵照外,理合呈请鉴核,俯赐转请核示等情前来,应函请迅为解释等因到院。

主要参考文献

一、中文文献

（一）史料

1. （汉）郑玄注、（唐）孔颖达疏：《礼记正义》，龚杭云整理，北京大学出版社 1999 年版。
2. （春秋）孔子等：《四书五经全解》，明德译注，中国华侨出版社 2013 年版。
3. 中华书局编辑部编：《二十四史》（简体字本），中华书局 2000 年版。
4. （宋）欧阳修、（宋）宋祁撰：《新唐书》（第 3 册），陈焕良、文华点校，岳麓书社 1997 年版。
5. （明）宋濂等撰：《元史》（中），阎崇东等校点，岳麓书社 1998 年版。
6. 姚大力、刘迎胜主编：《清华元史》（第 1 辑），商务印书馆 2011 年版。
7. 金沛霖主编：《四库全书子部精要》（下），天津古籍出版社、中国世界语出版社 1998 年版。
8. 吕思勉：《中国通史》，中国文史出版社 2014 年版。
9. ［美］费正清编：《剑桥中国晚清史（1800—1911 年）》（上），中国社会科学院历史研究所编译室译，中国社会科学出版社 1985 年版。
10. 胡珠生编：《宋恕集》（上），中华书局 1993 年版。
11. （清）俞正燮撰：《俞正燮全集》（叁），于石、马君骅、诸伟奇校点，黄山书社 2005 年版。

12. 夏东元编：《郑观应集》（上册），上海人民出版社 1982 年版。
13. 康有为撰：《大同书》，上海古籍出版社 2014 年版。
14. 梁启超著，张品兴主编：《梁启超全集》（第 1 册），北京出版社 1999 年版。
15. 梁启超：《变法通议》，何光宇评注，华夏出版社 2002 年版。
16. 谭嗣同：《谭嗣同集》，岳麓书社 2012 年版。
17. 蔡元培：《中国人的修养》，上海教育出版社 2018 年版。
18. 广东省社会科学院历史研究室、中国社会科学院近代史研究所中华民国史研究室、中山大学历史系孙中山研究室合编：《孙中山全集》（第 1 卷 · 1890—1911），中华书局 1981 年版。
19. 中国社会科学院近代史研究所中华民国史研究室、中山大学历史系孙中山研究室、广东省社会科学院历史研究室合编：《孙中山全集》（第 2 卷 · 1912），中华书局 1982 年版。
20. 莫世祥编：《马君武集（1900—1919）》，华中师范大学出版社 1991 年版。
21. 邵田田编著：《秋瑾研究文集》，西泠印社出版社 2014 年版。
22. 李贵连：《沈家本评传》（增补版），中国民主法制出版社 2016 年版。
23. 程树德：《九朝律考》，商务印书馆 2010 年版。
24. （清）沈之奇撰：《大清律辑注》，怀效锋、李俊点校，法律出版社 2000 年版。
25. （明）李清：《折狱新语注释》，吉林人民出版社 1989 年版。
26. 刘俊文撰：《唐律疏议笺解》（上），中华书局 1996 年版。
27. （清）祝庆祺等编：《刑案汇览三编》（第 2 编），北京古籍出版社 2004 年版。
28. （清）全士潮等纂辑：《驳案汇编》，何勤华等点校，法律出版社 2009 年版。
29. （清）许梿、（清）熊莪纂辑：《刑部比照加减成案》，何勤华等点校，法律出版社 2009 年版。
30. 上海商务印书馆编译所编纂：《大清新法令（1901—1911）》（点校本 ·

第8卷），林乾、王丽娟点校，商务印书馆2010年版。
31. 大理院编辑处编：《大理院判例要旨汇览（正集）》，大理院编辑处1919年版。
32. 郭卫编：《大理院判决例全书》，吴宏耀、郭恒、李娜点校，中国政法大学出版社2013年版。
33. 郭卫编著：《民国大理院解释例全文》，吴宏耀、郭恒点校，中国政法大学出版社2014年版。
34. 郭卫：《民国大理院解释例全文》（第5版），万籁出版社1931年版。
35. 黄源盛纂辑：《大理院民事判例辑存》（亲属编），犁斋社2012年版。
36. 蒲坚编著：《中国古代法制丛钞》（第2卷），光明日报出版社2001年版。
37. 曾代伟：《金元法制丛考》，社会科学文献出版社2009年版。
38. 胡庆育：《法学通论》，上海太平洋书店1933年版。
39. 徐思达：《离婚法论》，天津益世报馆1932年版。
40. 胡长清：《中国民法总论》，中国政法大学出版社1997年版。
41. 谢振民编著：《中华民国立法史》（上册），张知本校订，中国政法大学出版社2000年版。
42. 谢振民编著：《中华民国立法史》（下册），张知本校订，中国政法大学出版社2000年版。
43. 杨鸿烈：《中国法律发达史》，中国政法大学出版社2009年版。
44. 张晋藩主编：《中国法制史》（第2版），高等教育出版社2007年版。
45. 胡长清：《中国民法亲属论》，商务印书馆1986年版。
46. 瞿同祖：《瞿同祖法学论著集》（第2版），中国政法大学出版社2004年版。
47. 吴经熊：《法律哲学研究》，上海法学编译社1933年版。
48. 陈顾远：《中国婚姻史》，商务印书馆2014年版。
49. 陈鹏：《中国婚姻史稿》，中华书局2005年版。
50. 陈东原：《中国妇女生活史》，商务印书馆2015年版。
51. 董家遵：《中国古代婚姻史研究》，卞恩才整理，广东人民出版社1995

年版。
52. 陶毅、明欣:《中国婚姻家庭制度史》，东方出版社 1994 年版。
53. 中华全国妇女联合会妇女运动历史研究室编:《中国近代妇女运动历史资料（1840—1918）》，中国妇女出版社 1991 年版。
54. 吕颐颐、郑永福:《中国妇女运动（1840—1921）》，河南人民出版社 1990 年版。
55. 张枬、王忍之编:《辛亥革命前十年间时论选集》（第 2 卷），生活·读书·新知三联书店 1963 年版。
56. 怀效锋主编:《清末法制变革史料》(上卷·宪法、行政法、诉讼法编)，李俊等点校，中国政法大学出版社 2010 年版。
57. 任公:“本馆论说:过渡时代论”，载《清议报》1901 年第 83 期。
58. 梁启超撰:“戒缠足会叙”，载《时务报》1896 年第 16 期。
59. 胡长清演讲，马存坤笔记:“协议离婚问题”，载《法律评论（北京）》1930 年第 7 卷第 34 期。
60. ［日］与谢野晶子:“贞操论”，周作人译，载《新青年》1918 年第 4 卷第 5 期。
61. 胡适:“贞操问题”，载《新青年》1918 年第 5 卷第 1 期。
62. 章锡琛:“新性道德是什么”，载《妇女杂志（上海）》1925 年第 11 卷第 1 期。
63. “王宠惠谈科罪问题”，载《大公报》1934 年 11 月 14 日。
64. 梅生编辑:《中国妇女问题讨论集》（第 3 册），蔡又培校订，新文化书社 1929 年版。
65. 郁嶷:“妾制之研究”，载《法律评论（北京）》1928 年第 235~260 期。
66. 胡长清:“读南京司法部限制置妾通令”，载《法律评论（北京）》1928 年第 235~260 期。
67. 李文海主编:《民国时期社会调查丛编》（一编·婚姻家庭卷），福建教育出版社 2014 年版。
68. 陈独秀、李大钊、瞿秋白主编:《新青年》（第 9 卷），中国书店出版社 2011 年版。

69. 胡适：《野蛮时代的悲悯与关爱：胡适论女权》，中国言实出版社 2014 年版。

（二）著作

1. 瞿同祖：《中国法律与中国社会》，中华书局 1996 年版。
2. 杜芳琴、王向贤主编：《妇女与社会性别研究在中国（1987—2003）》，天津人民出版社 2003 年版。
3. 夏晓虹：《晚清文人妇女观》（增订本），北京大学出版社 2016 年版。
4. ［美］林毓生：《中国意识的危机："五四"时期激烈的反传统主义》（增订再版本），穆善培译，贵州人民出版社 1988 年版。
5. ［澳］李木兰：《性别、政治与民主——近代中国的妇女参政》，方小平译，江苏人民出版社 2014 年版。
6. ［英］玛丽·沃斯通克拉夫特、［英］约翰·斯图尔特·穆勒：《女权辩护：妇女的屈从地位》，王蓁、汪溪译，商务印书馆 2009 年版。
7. ［美］黄宗智：《清代以来民事法律的表达与实践：历史、理论与现实》（卷三·过去和现在：中国民事法律实践的探索），法律出版社 2014 年版。
8. ［美］黄宗智：《清代以来民事法律的表达与实践：历史、理论与现实》（卷二·法典、习俗与司法实践：清代与民国的比较），法律出版社 2014 年版。
9. ［美］黄宗智：《法典、习俗与司法实践：清代与民国的比较》，上海书店出版社 2007 年版。
10. 余华林：《女性的"重塑"——民国城市妇女婚姻问题研究》，商务印书馆 2009 年版。
11. ［日］滋贺秀三：《中国家族法原理》，张建国、李力译，法律出版社 2003 年版。
12. 孙桂燕：《清末民初女权思想研究》，中国社会科学出版社 2013 年版。
13. 宋少鹏：《"西洋镜"里的中国与妇女：文明的性别标准和晚清女权论述》，社会科学文献出版社 2016 年版。
14. 张岱年：《中国伦理思想研究》，江苏教育出版社 2005 年版。

15. [加] 罗杰·赛勒:《法律制度与法律渊源》，项焱译，武汉大学出版社 2010 年版。
16. 黄源盛:《民初法律变迁与裁判（1912—1928）》，台湾政治大学法学丛书编辑委员会 2000 年版。
17. 黄源盛:《民初大理院与裁判》，元照出版有限公司 2011 年版。
18. 黄源盛:《中国传统法制与思想》，五南图书出版公司 1998 年版。
19. 张勤:《中国近代民事司法变革研究——以奉天省为例》，商务印书馆 2012 年版。
20. [美] 罗斯科·庞德:《法律史解释》，邓正来译，中国法制出版社 2002 年版。
21. 王新宇:《民国时期婚姻法近代化研究》，中国法制出版社 2006 年版。
22. 郑全红:《中国传统婚姻制度向近代的嬗变》，南开大学出版社 2015 年版。
23. [日] 谷口安平:《程序的正义与诉讼》，王亚新、刘荣军译，中国政法大学出版社 1996 年版。
24. 史尚宽:《亲属法论》，中国政法大学出版社 2000 年版。
25. 余志勤、张玉萍:《婚姻过错论》，西北大学出版社 2008 年版。
26. 王坤、徐静莉:《大理院婚姻、继承司法档案的整理与研究：以民初女性权利变化为中心》，知识产权出版社 2014 年版。
27. 林秀雄:《婚姻家庭法之研究》，中国政法大学出版社 2001 年版。
28. 费成康主编:《中国的家法族规》，上海社会科学院出版社 1998 年版。
29. 刘慧英:《女权、启蒙与民族国家话语》，人民文学出版社 2013 年版。
30. [美] 摩尔根:《古代社会》，杨东莼、马雍、马巨译，中央编译出版社 2007 年版。
31. 田家英:《中国妇女生活史话》，中国妇女出版社 1982 年版。
32. 程郁:《清至民国蓄妾习俗之变迁》，上海古籍出版社 2006 年版。
33. 梁治平:《清代习惯法：社会与国家》，中国政法大学出版社 1996 年版。
34. 韩廉:《社会性别视角中的戊戌妇女运动——兼与西方早期女权运动相

比较》，湖南人民出版社 2008 年版。

（三）期刊与学位论文

1. ［美］黄宗智："法律不能拒绝历史"，载《法制资讯》2013 年第 10 期。
2. ［美］黄宗智："认识中国——走向从实践出发的社会科学"，载《中国社会科学》2005 年第 1 期。
3. 陈柏峰："'迈向实践'的法学——读黄宗智著《过去和现在》"，载《学术界》2010 年第 3 期。
4. 李向军："历史反思与理论构建——黄宗智学术研究座谈会综述"，载《史学理论研究》1994 年第 1 期。
5. 崔兰琴："家·国·人：传统离婚制度结构刍议"，载《河南财经政法大学学报》2013 年第 5 期。
6. 崔兰琴："中国古代的义绝制度"，载《法学研究》2008 年第 5 期。
7. 崔兰琴："中国古代法上的'和离'"，载《法学研究》2010 年第 5 期。
8. 崔兰琴："独立抑或附属：再论和离的法律地位——兼与范依畴商榷"，载《政法论坛》2012 年第 2 期。
9. 范依畴："中国古代的'和离'不是完全自由的两愿离婚"，载《政法论坛》2011 年第 1 期。
10. 李淑媛："休妻弃放——唐代离婚法'七出'、'义绝'问题再探"，载《法制史研究》2010 年第 17 期。
11. ［日］中田熏："唐令と日本令との比较研究"，载《法制史研究》2004 年第 1 期。
12. 金眉："论唐代婚姻终止的法律制度"，载《南京社会科学》2001 年第 11 期。
13. 曾代伟："蒙元'义绝'考略"，载《西南民族大学学报（人文社会科学版）》2004 年第 11 期。
14. 段晓彦："《大清现行刑律》与民初民事法源——大理院对'现行律民事有效部分'的适用"，载《长安大学学报（社会科学版）》2016 年第 3 期。

15. 经君健："试论清代等级制度"，载《中国社会科学》1980年第6期。
16. 汪雄涛、曾青未："民初法律冲突中的离婚问题——以大理院解释例为素材的考察"，载《云南大学学报（法学版）》2009年第5期。
17. 黄源盛："民初大理院（1912—1928）"，载《政大法学评论》1998年第60期。
18. 黄源盛："民刑分立之后——民初大理院民事审判法源问题再探"，载《政大法学评论》2007年第98期。
19. 徐静莉："民初司法判解中女性权利变化的总体趋势——以大理院亲属、继承判解为中心"，载《山西师大学报（社会科学版）》2008年第2期。
20. 张生："民国《民律草案》评析"，载《江西社会科学》2005年第8期。
21. 王盈赢："通奸的禁制及其流变——以中国为例"，载《学理论》2012年第14期。
22. 郭松义："清代403宗民刑案例中的私通行为考察"，载《历史研究》2000年第3期。
23. ［美］斯坦利·库茨："民主与一夫多妻制（上篇）"，吴万伟编译，载《社会学家茶座》2006年第3期。
24. ［美］爱德华多·波特："'一夫多妻制'与'一夫一妻制'"，赵德亮译，载《现代阅读》2012年第4期。
25. 梁弘孟："论大理院判解中妾的地位——以财产关系为重心"，载《中正大学法学集刊》2017年第55期。
26. 徐静莉："民初女性权利变化研究——以大理院婚姻、继承司法判解为中心"，中国政法大学2008年博士学位论文。
27. 顾程雯："北洋政府时期的女性离婚权考察：以大理院判解为中心"，天津商业大学2014年硕士学位论文。
28. 张永鋐："法律继受与转型期司法机制——以大理院民事判决对身分差等的变革为中心"，台湾政治大学2004年硕士学位论文。
29. 钱泳宏："清代夫妻相犯研究——基于《大清律例》与刑科档案的法文化考察"，华东政法大学2010年博士学位论文。

二、外文参考文献

1. Paul Heng-chao Ch'en，*Chinese Legal Tradition under the Mongols*：*The Code of* 1291 *as Reconstructed*，Princeton，New Jersey：Princeton University Press，1979.

2. Tai Yen-hui，"Divorce in Traditional Chinese Law"，in David C. Buxbaum ed.，*Chinese Family Law and Social Change in Historical and Comparative Perspective*，Seattle and London：University of Washington Press，1978.

3. Samita Sen，"Motherhood and mothercraft：Gender and Nationalism in Bengal"，*Gender & History* 5. 2，1993.

4. Chiu V. Y.，"Marriage Laws and Customs of China"，*Inst. of Advanced Chinese Studies and Research*，New Asia College，The Chinese University of Hong Kong，1966.

后　记

本书在作者博士论文的基础上形成，虽然几经修改，但还存在着一些不足。文献收集方面尚有遗漏，如关于民初离婚判例的全文收集不全面，在研究中引用的一些案例全文只能间接参考一些学者的成果。在文章的具体研究方面，由于研究主题的限定，与民初离婚相关的一些领域尚未涉及，如在讨论民初的离婚理由时，仅选择了当时具有代表性的离婚事由，如虐待、通奸、夫妾离婚问题进行研究，对重婚等问题尚未涉及。同时，虽然在研究中时时自醒，历史的研究无疑都是后人看前事，要以“了解之同情”，尽量约束主观，避免先入为主，用后来关照解释历史，但行文时难免有今人视野的偏颇。

张小玲

2019 年 12 月